내려놓으려면, 붙잡아야 하는 것들

꿈이 산산조각 나고 삶이 무너지고 있을 때 해야 할 일

프랭크 바이올라

이 남 하 옮김

내려놓으려면, 붙잡아야 하는 것들

지은이	프랭크 바이올라
옮긴이	이남하
초판발행	2023년 2월 6일
펴낸이	배용하
책임편집	배용하
교열교정	최지우

등록	제364-2008-000013호
펴낸곳	도서출판 대장간
	www.daejanggan.org
등록한곳	충청남도 논산시 가야곡면 매죽헌로1176번길 8-54
편집부	(041) 742-1424 전송 (0303) 0959-1424

분류	기독교	영성	신앙운동
ISBN	978-89-7071-620-6 03230

 값 18,000원

What to Do When Your Dreams Are Shattered
and Life Is Falling Apart

HANG

ON,

LET

GO

FRANK VIOLA

차…례

당신에게 이 책이 왜 필요한가?

빛을 발하려면 타는 불을 견뎌내야 한다.

안톤 빌트간스 Anton Wildgans

나는 불가능한 상황에 직면한 사람들을 생각하며 이 책을 집필했다. 통제력을 다 잃어버리고 희망도 사라져버린 당신 같은 사람을 위해서다.

어쩌면 당신의 자녀에게 심각한 문제가 생겼을 수 있다. 또는 당신이나 당신이 사랑하는 사람이 극심한 병고에 시달리고 있을 수도 있다. 또는 당신의 결혼 생활에 위기가 닥쳤거나 당신에게 소중한 사람이 당신을 버리고 떠났을 수도 있다. 아니면 당신이 직장을 잃었거나, 쌓아온 경력이나 명성을 잃었을 수도 있고, 다른 어떤 사태의 전환이 일어나 당신에게 있는 것을 송두리째 앗아갔을 수도 있을 것이다.

내가 염두에 둔 상황들은 최악의 불행에 속할 것이다. 그것은 건강의 위기, 관계성의 위기, 아니면 경제적인 위기일 수 있다. 당신의 인생이 완전히 결딴난 것처럼 느낄 정도로 중대한 위기일 수 있다. 당신의 문제 해결 능력powers이 전부 고갈되어 쓸모없어지고, 당신의 문제 해결 기량skills 역시 "따끔한 침 한 통의 가치도 없는aren't worth a bucket of warm spit" 상황일 수 있다. 이

문구는 존 낸스 가너[John Nance Garner]가 한 말에서 빌려온 것이다. *1

만일 당신이 그런 상황에 부닥쳤다면, 이 책은 당신에게 필요할 것이다. 그렇지 않다면, 당신은 언젠가 그런 상황에 놓이게 될 것이다. 좋지 않은 소식을 전해서 미안하지만 한편, 내가 소개할 내용은 지금 지옥의 모서리를 걷고 있는 당신의 지인에게 크나큰 도움을 줄 수 있을 것이다.

내가 서두에서 분명히 해 둘 것이 있다. 이 책은 고통suffering에 관한 책이 아니다. 고통에 관해 다루기는 하겠지만, 그것이 나의 우선적인 주제는 아니다. 이 책은 당신에게 닥칠 수 있는 삶의 최악의 상황에도 불구하고 어떻게 견뎌내고 잘 살아내는가에 관한 책이다. 그리고 역경에 의해 파멸되지 않고 오히려 어떻게 그 역경으로 말미암아 성장하게 되는지에 관한 책이다. 또 당신에게 닥친 큰 위기, 즉 당신의 우주가 붕괴하고 하늘이 무너지는 것 같은 위기에 어떻게 반응하는 지에 관한 책이다. 또 어떻게 그 위기의 반대편 출구인 당신 자신의 2.0 버전이 되어 나올 수 있는지에 관한 책이다.

당신이 어떤 시련을 겪고 있는지는 내가 정확히 알 길이 없다. 아마 그것은 그 누구도 상상할 수 없는 끔찍한 상황일 수 있을 것이다. 하지만 내가 이 책을 집필한 이유는 나 자신이 깊고도 어두운 동굴을 경험하면서 생생한 교훈을 얻었기 때문이다. 당신도 견뎌내도록 보장할 수 있는 그런 교훈 말이다.

나도 당신처럼 깨어진 꿈, 끔찍한 아픔, 그리고 극심한 절망의 바닷속에 빠진 것의 의미를 안다. 그야말로 헤아릴 수 없고 이해할 수도 없는 고통을 겪는다는 것의 의미를 나도 안다.

이 책은 생명선a lifeline이다. 내가 제시하는 원리들은 무사히 육지에 당도

_____

* 역자 주: 미국의 32대 부통령인 그가 부통령직이 별로 가치가 없다는 뜻으로 말한 것이다.

할 수 있도록 당신을 준비시켜줄 것이다. 당신이 물에 젖고 지칠 수는 있겠지만 익사하지는 않을 것이다.

오래가는 고통을 수반한 절망과 좌절의 중압감을 나는 이해한다. 결코, 이루어질 수 없는 사면을 기다리는 절망적인 사형수처럼 느꼈던 적이 내 인생에 여러 번 있었다.

나는 내가 배운 것들을 나누고자 이 책을 썼는데, 그것은 당신이 계속 버텨내고 헤쳐갈 수 있도록 격려하기 위함이다. 특히 당신이 처한 환경이 가장 어둡고, 설상가상으로 당신 앞에 놓인 지뢰밭을 건너가야 할 때 용기를 주기 위함이다.

내 인생을 통틀어, 나는 어려움에 반응하는 과정 중 수많은 실수를 저질러왔고, 그것을 보여주는 흉터가 있다. 따라서 용기를 주고 방향을 제시하는 것을 넘어, 내가 바라는 것은 그런 실수를 되풀이하는 고통에서 당신을 보호하고자 함이다.

나는 이 책의 장들을 의도적으로 짧게 구성했다. 책 전체를 당신이 위기를 헤쳐가게 하는 현장 안내서로 생각하라. '칸을 나누고, 숫자를 매겨 놓고a paint-by-numbers, 물감을 칠한' 그런 안내서로 여겨라. 또한, 당신에게 닥친 태풍 속을 항해할 수 있도록 도와주고, 감정의 늪에 빠져가는 당신을 구조해줄 실제적인 지침서로 생각하라.

이런 이유로, 나는 이 책을 준비된 자료 또는 도움을 주는 동반자로 간주한다. 따라서 구름이 걷히고 당신이 위기에서 벗어날 때까지 반복해서 이 책으로 돌아올 수 있기를 바란다.

당신은 책만 읽고 수영을 배울 수 없다. 그렇게 수영을 시도하는 사람들은 물에 빠질 가능성이 농후하다. 따라서 당신이 이 책을 읽어가면서 내가 제시하는 원리들을 실천하는 것이 절대적으로 중요하다. 긍정적인 효과를 얻고자 한다면 당신은 이 책의 내용을 적용해야 한다.

　내가 이 책을 쓰게 된 동기와 목적은 두 줄기의 공통점에서 나온 것이다. 하나는 문화적이고, 다른 하나는 개인적이다.

　　문화적Cultural: 지난 5년 동안, 내가 아는 모든 사람이 개인적으로 닥친 쓰나미에 대처해온 듯하다. 이것은 SNS에 있는 나의 친구 리스트에 올라있는 사람들을 포함한다. 건강상의 위기, 경제적 위기, 관계성 안의 위기, 혼란, 비극, 그 밖의 많은 어려움이 그들에게 닥쳤다.

　　개인적Personal: 나는 헤아릴 수 없이 많은 시련과 역경을 경험할 만큼 오래 살아왔다. 그중 어떤 것들은 아픔과 고통에 있어 족히 박사학위 수준은 될 것이고, 어떤 것들은 인간적으로 해결할 수 없는 딜레마였다.

　내가 경험한 시련의 세부적인 것들을 여기서 다루는 것은 중요하지 않다. 왜냐하면, 내가 이 책에서 제시하는 원리들이 모든 형태의 위기, 시련, 역경에 적용되기 때문이다. 그것이 건강의 문제든, 관계성의 문제든, 경제적인 문제든 관계없이.

　내가 터득한 교훈 중 하나는 이것이다. 당신이 예수 그리스도께 속했다면, 당신에게 닥친 모든 위기는 불가피하게 영적인 위기로 연결될 것이다.

　그 이유는 간단하다. 당신이 그리스도 안에 있다면, 하나님은 당신의 시련에 한가지 목표를 갖고 계신다. 그것은 당신을 덜 끔찍한 사람이 되게 하시는 것이다. 이것을 성서에 따른 말로 표현하자면, 당신의 성품을 변화시키시고 예수님을 더욱 닮게 해서 현재의 당신 수준을 최대한 끌어올리시는 것이다.

따라서 이 책은 고린도후서 1:3-4의 정신으로 집필된 것이다.

> 찬송하리로다 그는 우리 주 예수 그리스도의 하나님이시요 자비의 아
> 버지시요 모든 위로의 하나님이시며 우리의 모든 환난 중에서 우리를
> 위로하사 우리가 하나님께 받는 위로로써 모든 환난 중에 있는 자들
> 을 능히 위로하게 하시는 이시로다.

나는 다음과 같이 공공연하게 표명해왔다. 나는 항상 나 자신이 읽고 싶
은 책을 집필하는데, 그것은 내가 다른 곳에서는 찾을 수 없는 책이어야 한
다.

나 자신에게 닥친 역경을 되돌아볼 때, 나는 가장 어두웠던 시기에 내가
씨름하고 있던 주제들을 다룬 열 명이 넘는 저자들의 글을 읽고 또 읽었다.
그리고 그것들을 복사해서 한 곳에 모아 큰 바인더에 끼워 사용했다.

그렇게 하는 내내, 나에게 닥친 시련을 견뎌내게 해줄 꼭 필요한 한 권의
책이 있었으면 하는 바람이 있었다. 물론 성서를 제외하고

이것이 내가 이 책을 집필한 이유이자 비전이다.

당신은 이 책의 내용에 추가해서 시련을 어떻게 견뎌내는지에 관한 음성
파일을 또한 들을 수 있다. 팟캐스트 앱에서 The Insurgence Podcast에 들어
가 episode 42, 43, 45, 47-52, 61, 63을 들으면 된다.*

내 사역의 시작 때부터, 사역의 초점은 하나님의 영원한 목적을 드러내
는 것이었다. 그렇지만 2017년 이후로는, 폭발적인 하나님 나라의 복음에
집중하는 것으로 초점이 좁혀졌다.2

---

* 역자 주: 이 음성 파일은 영어로만 제공되어 있다.

바울과 바나바는 이렇게 말했다. "우리가 하나님의 나라에 들어가려면 많은 환난을 겪어야 할 것이라."[3]

*The Berean Study Bible*은 그것을 이렇게 표현한다. "우리는 하나님 나라에 들어가려면 많은 어려움을 견뎌내야 한다."[4] *The English Standard Version*은 이렇게 번역한다. "많은 환난을 통해서 우리는 하나님 나라에 들어가야 한다."[5]

환난, 고통, 어려움, 그리고 견딤은 전부 다 영광스러운 하나님 나라여기에 '이미, 하지만 아직'으로 존재하는 나라의 충만으로 들어가는데 요구되는 것들이다.

내가 다른 곳에서 논했듯이, 그 나라의 어마어마한 차원으로 들어가는 것은 단지 매표소를 통과하는 것보다 더한 것을 요구한다. 그 나라의 충만함으로 들어가는 것은 역경과 환난을 포함하는 여정이다.

이 책은 당신이 이 어려운 지형을 가로질러 갈 수 있도록 돕고자 설계되었다. 그것은 당신에게 닥친 시련의 한복판에서 당신 자신을 어떻게 추스르는지를 깊이 있게 중점적으로 다룬 것이다.

본론으로 들어가기 전에 한 가지 덧붙일 것이 있다. 나는 각 장의 서두에, 그리고 때때로 각 장의 내용 중에 다양한 사람들이 한 말을 인용한다. 이 인용구들은 메시지의 한 부분이므로 그것들을 간과하지 않기를 부탁한다. 하지만 내가 누군가의 말을 인용했다고 해서 내가 꼭 그 사람이 한 말, 그의 믿는바, 또는 그간 한 일에 동의한다는 뜻은 아니다. 그것은 단지 내가 그 특정한 인용구에 가치를 둔다는 뜻이다. 누군가의 말을 인용하는 것은 그 사람을 홍보하는 것과 같지 않다. 심지어 바울조차도 그가 동의하지 않는 사람들의 말을 인용했다.[6]

마지막으로, 만일 당신이 내용을 더 깊게 탐구하기를 원하고 또 당신의 시련 중에 직접적인 도움을 받기 원한다면, 이 책의 끝에 있는 '부록 2: 그 다음 단계들'을 살펴보라.

1.) Patrick Cox, *Not Worth a Bucket of Warm Spit*, History News Network. Accessed on December 21, 2020, https://historynewsnetwork.org/article/53402.
2. 『인써전스: 하나님 나라의 복음 되찾기』(대장간, 2019)와 『영원에서 지상으로』(대장간, 2009)를 참조할 것.
3.) 행 14:22.
4.) Acts 14:22 BSB.
5.) Acts 14:22 ESV.
6). 행 17:28; 고전 15:32-33; 딛 1:12.

제1부

폭풍우가 몰아칠 때

1. 두 종류의 문제

인간의 마음을 찌르는 것은 오직 두 가지다.
하나는 아름다움이고, 다른 하나는 고통이다.

시몬느 웨일 Simone Weil

우리는 모두 문제들에 직면한다. 그것들은 우리 삶의 일부다.

우리에게는 종종 그 문제들을 다루는 제어장치가 있다. 그런 제어장치는 당신이 아끼는 사람이 마약이나 알코올 중독에 빠졌을 때 개입하려는 계획을 포함할 수 있다.

어쩌면 당신의 부부관계가 심각한 상태에 있어 당신이 결혼 상담을 청했을지도 모른다. 만일 당신의 배우자가 당신과 함께 상담받기를 동의한다면, 부부관계가 회복될 수 있다.

어쩌면 당신의 병아니면 당신이 사랑하는 사람의 병을 치료할 최고의 의사를 찾을 수도 있다.

아니면 당신이 직장을 잃자마자 다른 직장을 찾을 수도 있다.

이 모든 것은 당신이 뭔가 제어할 수 있는 환경이다.

그러나 당신이 전혀 의지할 수 없는 상황들도 있다. 그것들은 불쑥 당신을 집중적으로 공격하면서 천둥소리처럼 당신을 강타한다.

그것들은 당신의 삶을 멈추게 하고 어디로 튈지 모르게 한다.

나는 내 삶 속에서 벌어진 꽤 끔찍한 경험이 있다. 그리고 내가 아는 많은 사람 또한 마찬가지다. 여기에 나의 가까운 친구들의 삶 속에서 일어난 몇 가지 경험을 소개한다.그들의 신분을 보호하고자 이름을 바꾸었다

재럿Jared의 어머니는 의식불명 상태에 빠졌고, 의사들은 그녀가 언제 깨어날지, 또는 깨어날 수 있을지 확신할 수 없다.

라라Lara는 불치병에 걸렸다는 의사의 진단을 받았다. 기적이 일어나기 전에는 그녀가 몇 달밖에 살지 못하거나, 살더라도 평생 지독한 고통 속에 살아야 한다는 것이다.

스캇Scott은 법정 소송에 휘말렸는데, 아무도 그를 구하고고자 하는 이가 없다.

심각한 약물 남용에 빠진 태미Tammy의 딸은 그 누구도 그 문제에 개입하는 것을 거부한다. 그녀는 최근 두 번째 약물 과다복용에서 살아남았다.

갈렙Caleb의 십대 아들은 종종 망상과 환각으로 괴롭히는 조현병에 걸렸다. 지금 그는 가출해서 아무도 그를 찾을 수 없다.

조쉬Josh는 트라우마를 여러 번 겪어서 하루하루의 삶이 온통 상처로 얼룩져 있다. 그는 자살할 충동에 시달리지만 도움을 거절한다.

에린Erin의 아들은 급성 신부전증을 앓고 지금 생명 유지 장치에 의존한다. 의사들은 뇌가 제대로 활동하고 있는지를 확신하지 못한다.

헤더Heather의 오랜 남자친구는 그녀에게 이별을 통고했다. 그녀의 미래에 대한 희망과 꿈이 산산조각이 났다.

애쉴리ashley의 남편은 그녀를 버리고 떠났다. 그는 결혼 상담을 거부하고 모든 연락망을 차단해버렸다.

랜던Landon의 아내는 하나님에 대한 믿음을 버리고 그를 비참하게 대한다. 그는 매일 아침 일어나는 것이 두렵고, 그의 삶을 어떻게 견뎌내야 할

지, 그리고 언제 다시 살 만할 날이 오기나 할지 알지 못한다.

제이슨Jason의 약혼녀는 갑자기 그들의 관계를 끝냈다. 그는 비탄에 빠져 더 살고 싶은 마음이 사라져버렸다.

맥켄지Mackenzie는 남자친구의 폭력적인 성향 때문에 그와 헤어졌다. 그가 그녀를 죽이겠다고 협박했으므로 지금 자나 깨나 주위를 살피면서 불안하게 지낸다.

개빈Gavin은 악의에 찬 비난 공세를 견뎌낸다. 그가 신뢰했던 사람들이 그의 등 뒤에서 칼을 꽂으며 상처에 상처를 더한다.

브룩Brooke은 작정하고 달려들어 그녀의 성품을 공격하고 그녀의 명성을 떨어뜨리려는, 그녀를 시샘하는 지인의 계산된 작전에 당하고 말았다. 그것이 너무 심해서 그녀가 다시 명성을 되찾을 수 있을지 의문이다.

져스틴Justin은 코로나 19 팬데믹 때문에 직장을 잃었다. 그는 다시 직장을 구할 수 없었고, 그의 가족의 생계를 책임질 수 있을지가 불투명하다.

팸Pam은 코로나바이러스에 감염돼 산소 호흡기에 의존해왔다. 의사들은 그녀가 생존할 가능성이 희박하다고 말한다.

타일러Tyler와 그의 아내는 계속 심장 수술을 받아야 하는 장애아를 입양했는데, 수술할 때마다 아이가 생존할 수 있을지 늘 갈림길에 서 있다.

위의 예들은 전부 다 대부분 사람에게는 끝이 보이지 않는 절벽 아래로 떨어지는 듯한 절망적인 경험들이다.

이와 같은 때에 할 수 있는 단 한 가지가 있다면 그것은…

매달리고, Hang On,

내려놓아라. And Let Go

모순되게 들리는가? 글쎄, 그렇다고 볼 수 있다.

실제로, 그것은 인생의 다른 많은 것처럼 역설적이다.

회오리바람이 몰아칠 때, 당신은 하나님께 단단히 매달려야hang on 한다. 동시에, 당신은 결과에서 손을 내려놓아야let go 한다.

당신은 내려놓고 매달린다.

당신은 매달리고 내려놓는다.

당신이 이 책을 계속 읽어가면 내가 말하는 의미가 더 분명해질 것이다.

더 중요한 것은, 당신이 그렇게 하는 법을 터득하게 될 것이라는 사실이다.

당신은 또한 내가 발견한바 거의 알려지지 않은 비결을 터득하게 될 것이다. :

주님은 당신이 매달리고 내려놓기를 기다리고 계신다. 이것이 주님이 개입하셔서 주님만이 하실 수 있는 최상의 것을 하시도록 문을 열게 해줄 것이다.

2. 기분 좋은 아이러니

진정한 발견의 항해는
새로운 풍경을 찾는 것이 아니라
새로운 시각을 갖는 것이다.

마르셀 프루스트 Marcel Proust

아브라함과 그의 아들 이삭의 이야기는 사람이 어떻게 동시에 매달리고 내려놓을 수 있는지를 보여주는 좋은 예다.

하나님은 아브라함에게 굳건한 약속을 주셨다. 하나님은 아브라함이 많은 나라의 아비가 되고 그의 후손들은 별의 수보다 많을 것이라고 그에게 말씀하셨다.

게다가, 하나님은 이삭이 이 약속이 성취되는 매개체가 될 것이라고 말씀하셨다.

그렇지만, 이삭의 인생 어느 시점에서 전능하신 하나님은 이삭을 희생제물로 바치라고글자 그대로! 아브라함에게 명하셨다.

틀림없이, 아브라함은 진퇴양난에 빠진 자신을 발견하게 되었다.

성서는 우리에게 아브라함이 순종했다고 말한다. 아브라함은 그가 받은 가장 소중한 선물인 그의 아들을 내려놓았다.let go 아브라함은 하나님께 항복하고 이삭을 넘겨드렸다.

하지만 동시에, 아브라함은 하나님이나 그분의 약속을 포기하지 않았

다. 그는 하나님께 매달렸다..hang on

히브리서 11장은 그것을 다음과 같이 설명한다.:

> 아브라함은 시험을 받을 때에 믿음으로 이삭을 드렸으니 그는 약속을
> 받은 자로되 그 외아들을 드렸느니라 그에게 이미 말씀하시기를 네 자
> 손이라 칭할 자는 이삭으로 말미암으리라 하셨으니 그가 하나님이 능
> 히 죽은 자 가운데서 다시 살리실 줄로 생각한지라 비유컨대 그를 죽
> 은 자 가운데서 도로 받은 것이니라.1

아브라함은 그가 이삭을 죽이면 주님께서 이삭을 죽은 자 가운데서 다시
살리실 것을 믿으면서 이삭에게서 손을 내려놓고 하나님께 매달렸다.

이것은 아브라함의 인생에서 믿음의 극단적인 테스트이자 시련이었다.

하지만 어느 가을날 아침, 내가 플로리다의 시원한 날씨 속에서 걸으며
기도와 묵상을 할 때, 사람이 어떻게 동시에 내려놓고 매달릴 수 있는지가
불현듯 머릿속에 떠올랐다.

그것은 보기 드문 역설이요 기분 좋은 아이러니였다.

이 두 가지 영적 자극매달리고 내려놓는 것은 언제나 끊임없는 충돌을 일으킨
다.

간단히 말해서, 아브라함은 이삭 1.0을 내려놓았다. 하지만 그에게는 하
나님께서 그의 아들을 죽은 자 가운데서 살리실 것이라는 믿음이 있었다.
즉, 그에게 이삭 2.0을 주실 것이라는 믿음이다.

물론 주님께서 아브라함이 칼로 내리치기 전에 그를 중단시키셔서 이삭
은 죽은 자 가운데서 살아날 필요가 없었다. 그러나 우리는 우리 자신이 겪
는 역경의 심각한 위험 속에서 우리의 부활을 보기 전에 매달리고 내려놓아

야 한다.

앞으로 여러 장chapters에 걸쳐, 나는 매달리는 원리를 살펴볼 것이다. 그러고 나서, 방향을 바꾸어 내려놓는 것에 관해 매우 중요한 교훈을 다룰 것이다.

하지만 이것을 알아야 한다. 당신이 매달리고 내려놓을 때가 바로 하나님께서 당신의 시련을 보석으로, 당신의 아픔을 진주로, 당신의 고통을 섬김으로, 당신의 무거운 짐을 아름다움으로 바꾸시는 때이다.

———————

1. 히 11:17-19.

3. 당신은 공감할 수 있는가?

사람의 염려와 문제를 넘어
그의 영혼의 중심으로 향하는 길은
고요함과 내적 평안을 얻는 데 있어
가장 만만찮은 장애물 중의 하나다.

하워드 서먼 Howard Thurman

내가 겪은 역경 하나하나를 되돌아볼 때, 특정한 패턴이 드러난다.

당신은 콧노래를 부르며 제법 괜찮은 인생을 살아왔다. 그러다가 졸지에 깨어나 당신이 더는 캔사스 주에 있지 않다는 것을 발견하게 되었다 또는 디즈니월드 당신에게 맞는 비유를 택하라. [역자 주: 캔사스 주는 영화 '오즈의 마법사'의 배경으로 설정된 장소이다.]

땅이 꺼져서 당신은 똑바로 볼 수 없고, 똑바로 생각할 수도 없고, 똑바로 걸을 수도 없다.

강제로 올라타게 된 감정의 롤러코스터가 멈춰지지 않는다. "안전벨트를 착용하라"라는 사인sign이 항상 켜져 있다.

첫째 달은 슬픔의 시작이고, 둘째 달은 상상을 초월하는 암흑 그 자체요 공포 영화의 연속이다.

더 깊이 파보면, 나는 한번 또는 그 이상을 다음과 같이 느꼈었다. :

■ 밥맛을 완전히 잃어버려서 나의 허리띠에 구멍을 새로 뚫어야 했 다.아니면 더 짧은 허리띠를 구해야 했다

■ 잠을 설쳐서 꾸준한 수면을 잃어버렸다. 새벽 3시에 깨어나 뜬눈으로 지새우는 게 일상이 되었다. 「워킹 데드The Walking Dead」* 를 실제처럼 느끼게 하는 소름 끼치는 시나리오의 장면으로 가득한 "두뇌 속의 영화mind movies"가 시작된 때가 바로 그때였다.

■ 절망감.
■ 억울함.
■ 극심한 자기혐오내가 겪는 모든 시련에 항상 어느 정도의 죄책감을 느껴왔기 때문에.
■ 엄청난 혼란의 순간들.
■ 심한 고독감과 정신 불안.
■ 사라들 줄 모르는 나의 심적 고통.
■ 끊임없는 초조함. 나는 그 어느 곳에서도 평안을 느낄 수 없었다.
■ 쓰디쓴 눈물과 정신적인 고통이 예기치 못하게 몰려옴.

나는 마치 극장의 의자에 꽁꽁 묶인 상태에서 강력 접착테이프에 의해 강제로 눈꺼풀을 올린 채 공포 영화를 보고 있는 듯한 느낌을 받았다.
어떤 때는 내가 너무 우울해서 사팔눈을 뜨기도 했다. 나는 기분이 몹시 우울했다.

---

* 역자 주: **The Walking Dead**는 미국의 TV 드라마로서, 좀비로 가득한 세상에서 살아남은 생존자들의 사투를 그린 공포 스릴러다.

나는 마치 나병환자촌으로 쫓겨나 지옥 같은 나만의 세계에서 산다고 생각했다.

너무 낙심한 나머지 손가락 마디가 전부 늘어지는 듯할 때도 있었다. 아침에 이를 악물고 안간힘을 다 써서 일어나야 할 때도 있었다.

나는 표준 지도 밖으로 행군하고 있었다. 내가 마치 무저갱 속을 들여다보고 있는 듯했다.

나의 배는 마치 올가미에 걸린 것처럼 느껴졌고, 나의 심장은 가슴에서 잘려나가는 것 같은 느낌을 받았다.

내가 마치 좀비 중 하나인 것처럼 느꼈던 날들도 있었다. 나는 비탄에 빠진 자들과 부상자들의 그룹에 가입했다.

나의 두뇌는 타피오카로 둔갑해서 집중되지 않았고, 머릿속에 논리 정연한 생각을 유지할 수 없었다.

나는 일과를 자동차의 속도 유지 장치처럼 기계적으로 했다. 내가 마치 사자의 입속으로 직행하듯, 나의 모든 계획과 꿈은 소멸하여 충돌을 피할 수 없는 상황이었다.

나는 몇 주 동안 계속해서 아름다운 산봉우리와 뼈마디가 부딪히는 골짜기를 견뎌내야 했다. 어떤 때는 내가 긍정적인 것에 극도의 알레르기 반응을 일으킬 정도로 혼란을 겪었다.

나는 죽음을 목전에 둔 것처럼 정신적으로 진이 다 빠졌다.

삶의 가장 기본적인 활동들이 벅찬 임무처럼 느껴졌다.

1분이 한 시간처럼 느껴졌고, 하루가 일주일처럼 느껴졌다. 시간은 정지된 것 같았다.

미치기 일보 직전의 불안정한 순간들도 있었다. 이 모든 경험이 꿈만 같았다.

나는 대부분 날을 제대로 살아내지 못하고 그냥 살아남았을 뿐이다.

나는 과연 열이 식을 것인지 아닌지 궁금했다.

나는 마음속에서 심지어 이런 흥정을 시작하기도 했다. 지옥 같은 꿈에서 깨어 벌떡 일어날 수 있다면 무엇이든 기꺼이 내주겠다.

나는 모든 경험이 나의 기억 장치 속에서 삭제될 수 있기를 바랐다. 하지만 시간이 지나면서, 하나님의 직접적인 개입 없이는 터널의 끝을 볼 수 없다는 사실이 너무나도 분명해졌다. 나는 결코 다시 볼 수 없게 호수의 밑바닥으로 가라앉아버린 것 같았다.

나의 우주는 산산조각이 나고 말았다.

천사들이 하늘의 난간에 기대서서 나의 반응을 기다리고 있었다.

나는 어떤 날엔 영광스럽게 승리를 만끽했다. 평정을 유지했기 때문이다. 하지만 어떤 날엔 염려와 절망의 모서리에서 지내며 비참하게 실패했다.

나의 가장 힘든 순간들을 지내는 동안, 짜증이 나고 이유도 없이 핵무기로 인류를 전멸시켰으면 좋겠다는 순간적인 충동을 느꼈다.

주님은 포커판의 트럼프카드 전부를 쥐고 계셨고, 나는 마치 그중 한 장도 쥐고 있지 않은 것처럼 느꼈다.

요약하자면, 나는 하나님과 지구전을 하고 있었다. 그리고 오직 주님만이 모든 것이 어떻게 될지를 알고 계셨다.

당신이 이런 나의 경험에 공감할 수 있을지 모르겠다.

만일 공감한다면, 출구는 단 하나밖에 없다. 그것을 지금부터 펼쳐 보이겠다.

제2부

매달리라

4. 당신에게 닥친 위기의 단계들

폭풍이 지나가고 나서, 당신은 어떻게 견뎌냈는지, 그리고 어떻게 살아 남았는지를 기억하지 못할 것이다. 당신은 폭풍이 정말 지나갔는지 아 닌지 확신할 수도 없을 것이다. 그러나 한 가지만은 확실하다. 당신은 폭풍에서 벗어날 때 그 안으로 들어갈 때의 당신이 아닐 것이다. 이것 이 바로 폭풍이 의미하는 바이다.

무라카미 하루키 Haruki Murakami

위기crisis라는 말은 오늘날, 마치 미국 독립기념일에 프리스비Frisbee를 던지 듯이 사용한다. "조니Johnny가 영어 시험을 망쳤으니 그에게 위기가 닥쳤어!"

얼굴이 손바닥에 닿아버렸다.

아니, 조니는 그렇지 않다.

위기는 생사의 갈림길과 같은 상황을 가리킨다. 지나칠 정도로 최대한의 편리함을 추구하는 우리 문화 때문에, 사람들은 모든 것을 최악의 상황과 동일시하는 경향이 있고, 모든 것에 분노하고, 모든 것에 기분을 상한다.

내 식대로 정의를 내리자면, 위기는 우리의 성격을 사람들 앞에 노출함 으로 우리의 영적 성숙의 수준을 드러낸다.

이 장에서 나는 영화가 어떻게 끝나는지를 보여주지는 않을 것이다. 그 대신, 당신이 기대하는 것의 윤곽을 알려주려고 한다. 그리고 책의 나머지 부분에서 상세하게 기술할 예정이다.

당신의 개인적인 불행이 스스로 가져온 것이든지 아니면 의도하지 않고 입은 피해이든지, 같은 단계를 적용한다. **충격, 괴로움, 몸부림, 그리고 변화.**

이것이 나에게 닥친 각각의 시련 속에서 내가 거쳐 간 4단계다. 당신도 역시 지금 처한 악몽 같은 현실의 단계를 하나씩 밟아가고 있을 것이다.

1단계: 충격. 재앙이 닥쳐서 당신은 엄청난 충격을 받고 환멸을 느낀다. 이 모든 것이 당신의 삶을 충격에 빠뜨린다. 그것은 마치 느닷없이 트랙터에 받힌 것과 같다. 당신의 희망과 꿈이 파괴된 잔해가 남는다.

당신은 정신적인 충격을 받고 당황해서 무슨 일이 벌어지고 있는지 믿을수가 없다. 정상적인 생활이 뒤집혔고 당신은 망연자실한 상태에 처하고 말았다.

이 단계는 보통 2주에서 한 달 정도 지속한다. 당신의 시련이 시작될 때, 일반적으로 그것이 그리 오래가지 않으리라 생각한다. 그렇지만 십중팔구, 그것은 한참 더 오래 갈 것이다.

2단계: 괴로움. 괴로움의 단계에 돌입할 때 당신이 경험할 고통의 깊이를 표현할 말은 없다. 그것은 그냥 밤에 잘 때 꾸는 악몽nightmare이 아니라, 더 나아가서 생시에 겪는 끔찍한 체험daymare이다!

당신이 겪는 시련의 둘째 달과 셋째 달에는, 예고 없이 당신에게 엄습하여 고통스러운 눈물을 수반하는 극심한 공격의 벼락을 맞게 될 것이다. 내가 나중에 다루겠지만, 이 눈물에는 엄청난 치유 효과가 있다.

3단계: 몸부림. 이때가 당신이 "새로운 정상new normal"실제로는 비정상이지만에 적응하는 법을 터득해야 할 때다. 이 단계에서는, 당신이 삶 속에 구축한 새로운 일상에 적응하기 시작한다. 그러나 다소 그것에 익숙하게 되었을지라도 당신은 여전히 안식을 누리지 못한다.

사람들은 심각하게 허리가 다쳤을 때 아무리 몸의 위치를 바꿀지라도 편하지 않다. 정신적으로도 심각한 시련을 겪을 때 똑같은 일이 벌어진다. 당신이 무엇을 해도, 어디를 가도, 당신의 영혼은 안식을 누릴 수 없다.

당신은 삶이 산산조각이 났을 때 낯선 새 세상에서 갈피를 잡지 못하고 허우적거린다.

4단계: 변화. 이것은 연기가 사라지고 구름이 걷힐 때 온전히 그 모습을 드러내는 단계다. 뒤를 돌아볼 때, 나에게 닥친 위기는 마치 집을 관통해서 집안 곳곳에 지각 변동을 일으키는 지진과 같았다. 그러나 이제 하나님에 대해 비싼 교훈을 얻게 되고 집을 다시 건축해서, 이전보다 구조적으로 더 튼튼하고 온전하게 되었다.

내 인생에서 직면했던 다양한 위기 가운데서, 나는 내 밧줄의 맨 끝에 있을 때 하나님께 힘껏 기대는 법을 터득했다. 내가 할 수 있었던 전부는 주님께 부르짖고 필사적으로 답을 찾는 것이었다. 그리고 물론 나를 지켜보며 보살피시는 하나님 아버지의 눈앞에서 절규하는 것이었다.

하지만 나는 불안의 폭풍 한가운데를 통과하려는 담대함을 받아들였고, 내 인생의 가장 큰 변화를 일으키는 여정에 나 자신을 맡기고 올라탔다.

그 결과, 각 시련의 끝에 나는 새롭고도 개선된 버전의 나 자신이 되었다. 결코, 완전해진 것은 아니지만 훨씬 더 나아졌다.

나는 당신도 당신의 자신의 2.0 버전이 될 수 있다고 믿는다. 단, 당신이 이 책에 있는 처방전을 붙잡고 그대로 따른다면 말이다. 그 처방전은 나에게, 그리고 내가 아는 사람들에게 확실하게 효과가 있었다.

나는 과거의 나와 비교할 때 다른 사람이 되었다. 더 관용하는 무난한 사람이 되었고, 더 인내하고, 더 친절하고, 더 배려하고, 더 차분하고, 더 태평한 사람이 되었다. 이것은 당신에게 닥친 역경의 불이 남긴 재를 통해 하나님께서 당신의 인생에서 하시고자 하는 일이다.

덧붙이자면, 내 인생에서 얻게 된 가장 심오한 지혜의 일부는 위기를 통해서다. 폴 빌하이머는 그의 탁월한 책 『당신의 슬픔을 낭비하지 말라Don't Waste Your Sorrows』에서 그것을 이런 식으로 표현했다.

> 하나님께서는 이 책에 제시된 진리를 나에게 보여주려고 수년간의 혹독한 연단, 자기 분석, 징계 기간으로 나를 매우 가혹하게 다루셨다. 그것이 몸서리치게 고통스러웠지만 나는 어떤 대가를 치르더라도 놓치지 않았을 것이다. 하나님의 신실하심과 인내하심에 대한 나의 감사는 끝이 없다. 가장 크게 후회가 되는 것은 내가 너무 더디게 배운다는 것이다. 나의 가장 큰 기쁨은 하나님께서 나를 포기하시지 않았다는 것이다.[1]

나 자신도 위와 같이 표현할 수 있었다.

당신이 시련을 낭비하지 않는다면, 그것은 다른 방법으로는 터득할 수 없는 교훈을 당신에게 줄 수 있을 것이다.

------

1. Paul Billheimer, *Don't Waste Your Sorrows*: *Finding God's Purpose in the Midst of Pain*, 2012 edition (Fort Washington, PA: CLC Publications, 1977), 14.

5.환난 날

역경의 용도는 달콤하다.

윌리엄 셰익스피어

당신이 지금 경험하고 있는 역경은 성서가 "환난 날 또는 재앙의 날the day of trouble"이라고 부르는 것이다.

유감스럽게도, 그것은 24시간 이상 지속한다.

하지만 힘을 내라. 아래의 본문들은 하나님께서 당신의 환난 날에 관하여 약속하신 것이다.

여호와께서 환난 날에 나를 그의 초막 속에 비밀히 지키시고 그의 장막 은밀한 곳에 나를 숨기시며 높은 바위 위에 두시리로다. 시 27:5

가난한 자를 보살피는 자에게 복이 있음이여 재앙의 날에 여호와께서 그를 건지시리로다. 시 41:1

여호와 나의 힘, 나의 요새, 환난 날의 피난처시여. 렘 16:19

환난 날에 나를 부르라 내가 너를 건지리니 네가 나를 영화롭게 하리로다. 시 50:15

여호와는 선하시며 환난 날에 산성이시라 그는 자기에게 피하는 자들을 아시느니라. 나 1:7

나는 나 자신의 환난 날 동안 부득불 한밤중에 주님께 부르짖어야 했다. 애 2:18-19; 눅 18:7; 시 22:2; 88:1을 참조할 것

왜 그렇게 했냐고? 나는 환난 날에 잠을 잘 수 없었기 때문이다. 내 생각과 감정이 너무 요동쳐서 안식할 수 없었다.

눈을 감고 잠이 들었을 때조차도 나는 새벽 세 시쯤 깨어나, 고조된 마음이 불러일으킨 참담한 결과의 끝도 없는 재방송을 해야 했다. 그럴 때마다, 나는 서부 텍사스 협곡에서 기어가는 독사의 배보다도 더 낮은 존재같이 느꼈다.

나는 당신이 나의 이 경험에 공감하리라 생각한다.

따라서 한밤중에 잠에서 깨어난 그 시간을 사용해서 당신의 주님께 부르짖어라. 당신의 기도가 천장에 달린 선풍기에 미치지 못한다고 느낄지라도 주님은 그 기도를 들으실 것이다.

주님은 기도를 들으시고 응답하실 것이다.

그저 매달리라. hang on

나는 나의 모든 고난의 날 동안을 참으면서 풀려나기를 기다리겠나이다. 욥 14:14

6. 잘못된 방식으로 상처에 반응하기

그리스도께 강한 신뢰가 있는 사람, 하나님께서 역경 중에 자신과 함께 계심을 과거의 경험으로 증명한 사람, 두려움 없이 머리를 높이 들고 인생의 어두운 골짜기를 통과하는 사람은 결국 그의 동료들에게 힘이 되어주고 영감의 원천이 되는 사람이다.

필립 켈러 Phillip Keller

상처와 아픔은 우리를 예수님께로 가까이 이끌도록 고안되었다. 그것들은 또한 우리가 주님을 더 닮도록 고안되었다. 이것이야말로 하나님께서 우리의 삶에 허락하시는 모든 것그것이 기쁜 것이든 슬픈 것이든 관계없이에 있어 하나님의 주된 목표이다. 롬 5:1-5; 8:28-29; 약 1:2-12를 참조할 것

그렇지만, 우리의 원수는 우리가 육신의 비위를 맞추며 안도와 위안을 얻을 자격이 있다고 믿도록 속이면서 우리의 상처와 아픔을 이용한다.

따라서 상처가 있는 사람은 하나님의 성령이 하시는 일에 귀를 기울이지 않고, 부정한 쾌락이 극심한 슬픔을 달래 줄 것으로 생각하면서 그런 쾌락에 빠진다.

그러나 그것은 결코 그렇게 하지 못한다. 잠깐의 황홀감이 사라지고 나면 이전 그대로의 상태로 돌아가고 만다.

결과적으로, 미끼를 무는 것은 비참하게 되는 지름길이다. 그것은 단지 더 큰 고통을 일으킬 뿐이다.

상처가 있는 사람은 마귀의 목소리에 취약하다.

따라서 당신이 상처를 받을 때 예수님으로부터from 도망가지 말고 예수님을 향해to 달려가라.

주님을 더 친밀하게 알 기회로 당신의 고통을 사용하라. 왜냐하면, 주님은 상처받고 연약한 자들을 부드럽게 대하시기 때문이다.

다음 본문들로 위안을 삼아라. :

여호와는 마음이 상한 자를 가까이하시고 충심으로 통회하는 자를 구원하시는도다. 시 34:18

상심한 자들을 고치시며 그들의 상처를 싸매시는도다. 시 147:3

주여 나는 외롭고 괴로우니 내게 돌이키사 나에게 은혜를 베푸소서 내 마음의 근심이 많사오니 나를 고난에서 끌어내소서 나의 곤고와 환난을 보시고 내 모든 죄를 사하소서. 시 25:16-18

당신은 시험에 빠질 필요가 없다. 이 사실을 알게 된 것이 나의 어두웠던 시기에 나에게 힘을 주었고, 그것이 당신에게도 힘을 줄 수 있다.

7. 당신에게는 친구가 필요하다

**풍요 속에서는 우리의 친구들이 우리를 알고,
역경 속에서는 우리가 우리의 친구들을 안다.**

존 처튼 콜린스 John Churton Collins

진정한 친구들은 우리의 고통 중에 그 모습을 드러낸다. 그들은 불 속으로 들어가 우리와 함께 걸어간다.

가짜 친구들은 떠나서 모습을 감춘다.

따라서 당신이 엄청난 시련을 견딜 때는 언제든지 당신 홀로 그 길을 걸어가지 않는 것이 필수적이다.

내가 하나님께서 항상 당신 곁에 계시지 않는다고 말하는 것이 아니다. 그분은 분명 함께하신다. 하지만 당신은 함께 있어 당신을 보살펴줄 사람들을 필요로 한다.

인생에 닥친 폭풍 속에서 당신이 희망을 잃고 억울함이나 잘못된 생각에 사로잡혀 시달릴 때, 하나님을 알고 당신과 함께 서 있을 친구들이 당신에게 필요하다.

나 자신의 시련 속에서, 나의 친구들은 구조 대원이었다.

나는 거의 매일 그들 중 몇몇 사람에게 전화하거나 문자를 보냈다. 그리고 가능할 때는 그들과 점심이나 저녁 식사를 함께하며 몇 시간 동안 앉아서 내 마음을 쏟아 내고 또 그들의 지혜로운 조언을 듣곤 했다.

홀로 서 있는 사람은 공격을 받고 패배할 수 있지만, 둘이 함께하면 서로 등을 맞대고 이길 수 있다. 셋이 함께하면 더 좋다. 왜냐하면, 세 개의 줄을 꽈서 만든 끈은 쉽게 끊어지지 않기 때문이다. 전4:12

친구는 사랑이 끊어지지 아니하고 형제는 위급한 때를 위하여 났느니라. 잠 17:17

이런 유형의 친구들은 당신의 친형제와 마찬가지다. 물론 당신과 친밀한 가족 구성원들은 내가 친구라고 하는 말에 포함한다.

당신의 친구들은 '역경의 시기를 견디려 태어난' 당신의 형제와 자매들이다.

예수님도 그분의 가장 어두웠던 시간에 곁에서 함께할 친구들을 필요로 하셨다.

겟세마네를 생각해보라.

예수님은 기도하실 때 함께할 열두 제자의 무리를 데리고 가셨다. 그리고 그 12명 중 그분과 가장 가까운 셋을 취하셨다.1

예수님은 광야에서 시험을 받으실 때도 홀로 계시지 않았다. 예수님과 함께한 사람은 한 명도 없었지만, 성서는 그분이 들짐승과 함께 계셨음을 분명히 한다.

성령이 곧 예수를 광야로 몰아내신지라 광야에서 사십 일을 계시면서 사단에게 시험을 받으시며 들짐승과 함께 계시니 천사들이 수종들더라. 막 1:12-13

"함께"라는 말을 주목하라. 들짐승이 예수님과 함께 있었다. 주님이 홀로 계시지 않았다는 뜻이다.

들짐승은 오늘날의 애완동물처럼 하나님의 아들이 시련을 겪을 동안 그분의 친구가 되어주었다.

요점: 완전하고 전능하신 하나님의 아들이 가장 힘들었던 시기에 그분과 동행할 사람들의 위로가 필요했다면, 우리는 얼마나 더 그렇겠는가?

그러므로 만일 당신이 시험이나 고난이나 시련을 겪었다면 친구들에게 연락을 취하고, 당신에게 무슨 일이 일어나고 있는지를 그들에게 털어놓음으로 자신을 낮추라.

그들이 진정 예수님을 따르는 사람들인지 아닌지 확인하는 것을 잊지 말라. 왜냐하면, 환난 날에는 당신이 자기 잇속만 차리는 사람들의 거짓말에 취약하기 때문이다. 이것이 가장 자주 '악인의 꾀the counsel of the ungodly'에 넘어가는 지점이다.

복 있는 사람은 악인의 꾀를 좇지 아니하며… 시 1:1

심지어 그리스도인들조차도 주님과 동떨어진 조언을 할 수 있다. 만일 그들이 성령의 인도에 익숙하지 않다면, 세상 사람들이 생각하고 문제를 해결하는 방식과 똑같이 하는 것이 그들의 기본이다.

그러나 하나님의 길은 극명하게 다르다.

친구들에게 당신의 문제를 털어놓는 것은 수치스러운 일일 수 있다. 특히 당신이 지도자라면 더욱 그렇다.

지옥으로 내려가는 것 같은 경험을 했을 때, 나는 나에게 닥친 시련의 세부 사항을 몇몇 친구들에게 털어놓으면서 몹시 긴장했었다. 하지만 바로 그런 역경을 통해 주님은 산 너머까지 울리는 포효를 발하시며 오셔서 나의 교만뿐만 아니라 스스로에 대한 나의 의존을 깨뜨리셨다.

놀랍게도, 내 친구들은 내가 너무 연약해서 그들에게 도움을 청했기 때문에 나에 대한 그들의 존경심이 오히려 더 커졌다고 말했다.

겸손은 영혼에 좋은 것이다. 그리고 그것은 하나님의 마음에 드는 덕목이다.2

당신의 문제에 관한 세부 사항을 털어놓았을 때 친구들이 당신을 형편없게 생각할 것을 절대로 두려워하지 말라. 하나님을 경외하는 사람들은 당신이 그들에게 솔직할 때 당신을 존경하게 될 것이다.

그들은 아마 이렇게 생각할 것이다. **하나님께서 그렇게 해오셨던 것처럼 당신을 강하게 사용하실 수 있고 나도 당신에게 있는 문제를 똑같이 갖는다면, 내게도 또한 희망이 있다.**

당신이 예수님을 보지 못할 때 당신을 그분께 데리고 갈 사람들이 바로 당신의 친구다.

마가복음 2:1-12에 등장하는 중풍 병자의 이야기를 생각해보라.

고대 가버나움으로 돌아가서 그 배경을 상상해보자.

병들어 다리가 마비된 사람이 거기 있다. 그 사람의 이름을 아밋Amit이라고 하자.

아밋은 걸을 수 없다. 그는 평생을 침상에 누운 채로 지냈다. 직업도, 아내도, 자식도 없다. 즐거웠던 순간도 거의 없었다. 그러나 그에게는 엄청난 가치를 지닌 한 가지가 있었다.

아밋에게는 친구들이 있었다.

하루는, 아밋의 친구 네 명이 병을 고치는 선지자 나사렛 예수에 관한 소문을 듣게 되었다. 그들은 즉시 침상에 누워있는 그들의 친구를 예수님께로 데리고 갈 계획을 세우고 실행에 옮겼다.

그들은 아밋을 들것에 태우고 예수님이 가르치고 계시는 집으로 데리고 갔다.

그들은 문으로 들어가기를 시도했지만, 꽉 막혀 있었다. 그 집이 갈릴리 출신 선지자의 말씀을 들으려는 사람들로 넘쳐났기 때문이다.

창문을 통해 말씀을 듣고자 집 주위를 둘러싼 사람들로 인산인해를 이루고 있었다.

아밋의 친구 중 하나가 지붕을 쳐다보더니 다른 친구를 향해 이렇게 말했다. "너도 나처럼 생각하고 있지?"

아밋의 네 친구는 지붕 꼭대기로 그를 데리고 올라가서 천장에 구멍이 뚫릴 때까지 판자를 뜯어냈다.

한편, 말씀을 가르치시던 예수님의 머리 위 천장에서 잔해물이 떨어졌고, 뚫린 구멍 사이로 햇빛이 쏟아져 들어왔다. 사람들은 그 소란의 원인을 살피기 시작했다. 그때 갑자기 네 개의 머리가 불쑥 나타났다.

아밋의 두 친구가 다른 두 친구에게 예수님을 가리키며 외쳤다. "그분이 보여. 저 아래 계시다."

그들은 예수님이 앉아 계신 곳으로 아밋의 마비된 몸을 내려보내기에 충분할 정도의 큰 구멍이 뚫릴 때까지 판자를 더 뜯어냈다.

예수님 주위의 사람들은 깜짝 놀랐다.

주님은 아밋의 네 친구의 믿음을 공개적으로 칭찬하셨고, 예수님은 그 믿음믿음직한 친구들의 믿음 때문에 아밋을 고치시고 그의 죄를 사하셨다.

여기에 숭고한 원리가 있다. 우리 스스로는 예수님께로 갈 힘이 없을 때 친구들이 우리를 그분께 데리고 갈 수 있다.

결코, 친구 관계를 과소평가하지 말라.

당신의 친구들은 당신이 흘리고 있는 피를 멎게 해줄 수 있는가?

그렇다. 하나님이 개입하셔서 당신의 시련을 끝내실 때까지 잠깐 그렇게 할 수 있다.

그동안, 당신의 친구들은 당신이 살아남는 데 있어 꼭 필요하다.

널리 알려진 아리스토텔레스의 말이 있다. 친구는 두 개의 몸에 깃든 하나의 영혼이다. 당신은 어떤지 모르겠지만, 나는 이 문구를 읽기만 해도 숨이 막히는 듯하다. 신선한 공기를 마시고 싶다!

나는 팀 핸슬이 내린 정의를 훨씬 더 좋아한다. "친구는 당신의 과거를 이해하는 사람이고, 당신의 미래를 믿는 사람이고, 오늘 당신을 있는 그대로 받아주는 사람이다."3

당신이 극심한 시련을 겪을 때는 언제든지 당신의 친구들이 누구인지를 발견한다. 그래서 나는 이것을 터득하게 되었다.

"십자가를 지척에 두고, 많은 사람이 예수님을 저버렸다. 그들은 오늘날도 똑같이 한다! 시련은 친구 관계의 시금석이다."4

만일 당신이 지금 불 속을 통과한다면, 내가 당신에게 격려의 말을 건네고 싶다. 그것은 어두웠던 시기가 끝나갈 무렵 나의 희망이 사라지고 있을 때 내 친구 하나가 나에게 한 말이다.

그것을 여기에 소개한다. :

하나님은 걸작품을 만들고 계십니다. 당신은 다치기 쉽지만 경이로운 곳에 있습니다. 포기하는 것은 선택 사항이 아닙니다. 당신은 지금 이전의 그 어느 때보다 더 가까이에 있습니다. 쉬면서 재충전을 하십시오. 하나님은 일하고 계십니다. 절박함은 변화의 한 부분입니다. 원수에게 좌절의 발판을 내주지 마십시오.

나는 적절한 이야기 하나로 이 장을 마무리하고자 한다.

1923년 9월 14일, 당대의 복싱 스타 잭 뎀시Jack Dempsey와 루이스 앙헬 피르포Luis Angel Firpo의 복싱 시합이 뉴욕에서 열렸다.

뎀시는 세계 헤비급 챔피언이었고 도전자 피르포도 최정상 선수 중 하나였다.

8만 명의 관중이 그 시합을 지켜보고 있었다.

1회가 끝나갈 무렵, 피르포가 날린 주먹에 챔피언 뎀시가 뒤로 넘어지며 링 밖으로 튕겨 나갔다.

순간 도전자가 KO로 승리를 쟁취하는 듯했다. 하지만 링 주위에는 뎀시의 친구들이 에워싸고 있었다. 그가 기자석에 큰 대자로 누웠을 때 링 옆에 있던 신문 기자들이 그를 링 안으로 도로 밀어 넣었다.

다시 시합이 속개되었고, 정신을 차린 뎀시는 피르포를 무찌르고 승리를 거두었다.

이것이 바로 친구들이 하는 일이다. 당신이 역경에 의해 곤두박질쳤을 때, 그들은 링 안으로 당신을 도로 밀어 넣어주고 계속 싸우도록 격려해준다.

당신의 친구들이 당신을 대신해 싸워줄 수는 없지만, 당신을 다시 싸우도록 도와줄 수 있다. 그들은 당신의 문제들을 해결해줄 수는 없지만, 당신이 일어나, 안정을 되찾고, 싸움에 임하는 자리로 데리고 갈 수 있다.

당신이 지금 겪고 있는 것은 당신의 인생에 외롭고도 비참한 시기의 흔적을 남기고, 그것은 당신 스스로 헤쳐나가기에는 불가능한 여정이다. 당신에게는 당신을 든든히 받쳐주고, 필요할 때 당신에게 진리를 말하고 격려해줄 믿음직한 친구들이 필요하다.

친구의 통책은 충성에서 말미암은 것… 잠 27:6

절대로 혼자 고통을 감당하지 말라. 당신의 믿음직한 친구들이 개입하도록 허용하고 심적인 부담을 그들과 나누라.

좋은 친구들은 당신이 연약할 때 버틸 수 있도록hang on 도와줄 것이다.

-----

1. 마 26:36-38.
2. 잠 3:34.
3. Tim Hansel, *Through the Wilderness of Loneliness* (Elgin, IL: David C. Cook, 1991), 5.
4. Frank Laubach, *You Are My Friends* (New York: Harper & Brothers, 1942), 56.

8. 예수님과의 친밀함

**하나님은 그분 자신을 떠나서는 우리에게 행복과 평안을 주실 수 없다.
왜냐하면, 거기에는 그것이 없기 때문이다. 그런 것은 존재하지 않는다.**

C. S. 루이스

질문 하나를 던지겠다. 당신의 위기가 당신이 원하는 대로 끝나는 것과 당신이 예수님과 더 친밀하게 되는 것 중 어떤 것이 당신에게 더 중요한가? 나는 시련을 겪었을 때 스스로 이 질문을 수도 없이 던졌다. 왜냐하면, 하나님께서 내가 그리스도보다 더 중요하게 여기는 내 삶의 뭔가를 겨냥하시고 고통을 사용하고 계셨기 때문이다.

우리는 어떤 것이 제거되는 위기에 처할 때만 그것이 얼마나 중요한지를 통감할 수밖에 없다.

당신이 반드시 선택해야 함을 상상하면서 이 질문을 숙고해보라. 당신에게 더 중요한 것이 무엇인가? 그리스도와의 친밀함인가, 아니면 당신의 시련이 당신이 바라는 대로 끝나는 것인가?

그것은 대답하기에 쉽지 않은 질문이다.

예수님은 우리가 시련을 겪을 때 우리와 더 친밀하기를 추구하신다.

하지만 이것이 무슨 뜻일까?

누군가 이렇게 말한 적이 있다. "친밀함intimacy은 '나의 안을 보다into me

see'는 뜻이다."*

친밀함은 다른 사람의 안을 깊이 보고, 그 사람이 우리 안을 보게 하는 것이다.

그것은 우리의 비밀을 털어놓는 것이다.

물론 예수님은 언제나 우리 안을 들여다보신다. 주님은 그분의 눈 부신 빛과 그칠 줄 모르는 사랑의 날카로운 눈으로 우리 마음의 동기를 꿰뚫어 보신다. 우리는 주님과 친밀할 때, 그 친밀한 특성을 반사하여 발산한다. 우리는 그를 향하여 완전히 열리고 민감해진다.

예수님과의 친밀함은 그분께 무엇이든지 말씀드린다는 뜻이다. 우리가 그분의 손이 닿지 않도록 애써 숨겨온 방들까지도 열어드린다는 뜻이다. 우리 영혼의 그 비밀스러운 어두운 구석 말이다.

뛰어난 웅변가요 독창적인 통찰력의 소유자로서 선구적인 선교사로 활약했던 프랭크 로박은 그것을 이렇게 표현했다.

> 그분[예수님]을 우리 마음의 안방으로 초대할 때조차도, 우리는 종종 그분이 마음속에 있는 저장고의 숨겨진 작은 방에는 접근하지 못하도록 막는다. 그곳은 우리가 음흉한 비밀들을 그분에게서, 그리고 세상으로부터 숨기려고 애쓰는 곳이다… 이것이 왜 우리가 그분의 인정을 받는다는 의식을 갖지 못하는지의 이유이고, 또 왜 우리에게 능력이 빠져 있는지의 이유이다.[1]

친밀함은 예수님을 당신의 가장 친한 친구로 삼는 것을 포함한다. 즉, 당

---

* 역자 주. '인티머시(intimacy)'의 발음이 '인투미씨(into me see)'와 비슷해서 언어유희를 한 것임.

신을 결별하거나, 의절하거나, 저버리거나, 또는 당신과의 벽을 쌓지 않는다.

친밀함은 당신의 몸부림, 당신이 당한 시험, 당신의 의심, 당신의 좌절, 당신의 상처, 당신의 괴로움, 그리고 당신의 아픔을 주님과 나눈다는 뜻입니다.

당신이 아주 힘든 정신적인 고통과 절망에 압도당할 때, 때때로 당신이 할 수 있는 전부는 울면서 이렇게 부르짖는 것뿐이다. "예수님, 예수님, 예수님, 예수님."

주님은 당신의 목소리를 들으신다.

그리고 그분은 당신 가까이에 계신다.

> 내가 환난에서 여호와께 아뢰며 나의 하나님께 부르짖었더니 저가 그 전에서 내 소리를 들으심이여 그 앞에서 나의 부르짖음이 그 귀에 들렸도다. 시 18:6

그런 기도 중엔 정제되지 않은 감정이 복받쳐서 쉰 목소리가 나오는 경우가 있을 것이고, 때로는 윗니와 아랫니가 저절로 부딪혀서 이를 악물어야 할 경우도 있을 것이다.

때때로 당신은 성령이 말할 수 없는 탄식으로 당신을 위하여 간구하심을 경험하게 될 것이다.[2]

그러므로 당신이 겪고 있는 시련의 모든 것에 관해 주님을 향해 마음을 쏟아라. 당신의 감정, 생각, 아픔, 고통, 염려, 의심, 그리고 두려움을 그분께 털어놓아라.

마음속에서만 아니라 소리 내어 아뢰라.

무릎을 꿇기도 하고, 엎드리기도 하고, 걸어가면서, 왔다 갔다 하면서, 그리고 선 채로 기도하라.

일단 당신의 마음속에 있는 모든 것을 쏟은 다음에는 침묵하라. 당신의 생각을 꿰뚫는 주님의 음성을 듣게 될지도 모른다. 아니면 아무런 음성도 듣지 못할 수도 있다.

우리가 바라거나 기대하는 대로 하나님께서 응답하든 하지 않든 관계없이, 고통을 당할 때 우리의 첫 번째 반응이 그것에 관해 주님께 말씀드려야 함을 성서는 분명히 밝힌다.

너희 중에 고난 당하는 자가 있느냐 그는 기도할 것이요. 약 5:13

그리스도께 가까이 가는 또 다른 방법의 하나는 음악과 노래를 통해서다.

내가 많이 들어온 노래 중 하나는 나의 친구 데이빗 루이스David Ruis가 작사하고 부른 「나를 채우소서」라는 제목의 노래다.

나는 언젠가 데이빗에게 전화해서 그 노래의 가사가 뜻하는 바와 무엇에서 영감을 받고 가사를 쓰게 되었는지를 물은 적이 있다. 그는 내가 짐작한 그대로를 확인해주었다. 즉, 그것은 그의 인생에서 어두운 시기에 쓴 가사였다.

여기에 그 가사를 소개한다.:

눈물이 흘러 떨어지고
낙엽이 내 마음에 흩날릴 때,
파도가 밀려오고
태양이 자취를 감출 때,

나를 채우소서, 나를 채우소서. 내가 감당할 수 없을 때까지.

오셔서 나를 채우소서, 나를 채우소서. 내가 감당할 수 없을 때까지.

깊은 바다가 나를 부르며

폭포수가 내 집을 덮을 때,

내가 물속에 깊이 빠지고

스스로 내 발목을 잡을 때,

신비하게도 내 속에서 고요한 기도가 흘러나오네.

오셔서 나를 채우소서, 나를 채우소서. 내가 감당할 수 없을 때까지.

나의 목소리가 은밀한 곳에서 들리는 꿈을 꾸었네.

나의 얼굴을 드러낸 그곳에서.

오셔서 나를 채우소서, 나를 채우소서. 내가 감당할 수 없을 때까지.3

인써전스 팟캐스트The Insurgence Podcast의 에피소드 51, "Practical Lessons on Kingdom Living: Part 2"에서, 나는 이 가사의 의미에 관해 데이빗과 대화를 나누었다.*

신뢰는 친밀함의 한복판에 있다. 우리는 우리가 신뢰하지 않는 사람과 친밀한 관계를 맺을 수 없다. 신뢰가 더 클수록, 우리의 관계도 더 가까워진다.

따라서 우리 주님과의 친밀함은 종종 우리가 그분을 가장 신뢰해야 하는 영역에서 일어난다.

우리의 시련은 주님께로 가까이 이끄시려는 그분의 초청이다. 이런 이유

---

* 역자 주. 이것은 프랭크 바이올라가 진행하는 인터넷 방송의 녹음 파일인데, 물론 영어로 되어 있다.

로, 시련은 그분의 사랑을 나타내는 사인a sign이다. 알다시피, 주님은 그분을 제외하고는 모든 것에 있어 당신을 벌거벗기시기를 원하신다.

왜 그렇게 하시는가?

그렇게 함으로써, 당신이 당신의 소원, 당신의 즐거움, 당신의 꿈, 그리고 당신의 평안을 하나님 이외의 그 어떤 것에서도 찾지 않게 될 것이기 때문이다.

감사하게도, 주님은 당신과 친밀하게 될 것을 약속하셨다.

> 하나님을 가까이하라 그리하면 너희를 가까이하시리라 죄인들아 손을 깨끗이 하라 두 마음을 품은 자들아 마음을 성결하게 하라. 약 4:8

> 하나님께 가까이 함이 내게 복이라 내가 주 여호와를 나의 피난처로 삼아 주의 모든 행적을 전파하리이다. 시 73:28

예수님은 "형제보다 친밀한 친구"이시다.4

당신이 시련을 겪을 때, 주님은 당신의 친구들을 통해서는 물론이고, 직접 다가오셔서 기꺼이 당신을 친구로 삼으신다.

-----

1. Laubach, *You Are My Friends*, 34.
2. 롬 8:26-27.
3. David Ruis, *Wash over Me*, written ⓒ1998 Mercy/Vineyard Publishing (ASCAP)/ Vineyard Songs (Canada). Admin. By Vineyard Worship. Used by permission.
4. 잠 18:24.

9. 믿음의 시련

예수님은 광야에서의 고된 경험 때문에 빚어지셨는데, 그것은 삶이 우리를 그런 광야에 던져 넣을 때 우리가 너무 오만하지 않고 또 너무 놀라지 않게 하려 하심이다.

바바라 루소 Barbara Russo

베드로와 야고보는 모든 그리스도인이 마주하게 될 시련에 대해 둘 다 잘 알고 있었다.

베드로는 그의 독자들이 여러 시험을 당할 때 그것을 이상하게 여기지 말라고 충고했다. 역경은 예수 그리스도의 참 제자를 위한 당연한 과정이다.

사랑하는 자들아 너희를 연단하려고 오는 불 시험을 이상한 일 당하는 것 같이 이상히 여기지 말고 오히려 너희가 그리스도의 고난에 참여하는 것으로 즐거워하라 이는 그의 영광을 나타내실 때에 너희로 즐거워하고 기뻐하게 하려 함이라… 그러므로 하나님의 뜻대로 고난을 받는 자들은 또한 선을 행하는 가운데에 그 영혼을 미쁘신 창조주께 의탁할지어다. 벧전 4:12-13, 19

베드로는 또한 시험이 우리를 정제하고 정화하고자 고안된 것임을 알려주었다. 시험은 하나님이 우리의 삶에서 더럽혀진 요소들을 제거하고자 사용하시는 도구로써, 체sieves와 같은 역할을 한다.

그러므로 너희가 이제 여러 가지 시험으로 말미암아 잠깐 근심하게 되지 않을 수 없으나 오히려 크게 기뻐하는도다 너희 믿음의 확실함은 불로 연단하여도 없어질 금보다 더 귀하여 예수 그리스도께서 나타나실 때에 칭찬과 영광과 존귀를 얻게 할 것이니라. 벧전 1:6-7

다니엘도 같은 진리를 이해했다. :

많은 사람이 연단을 받아 스스로 정결하게 하며. 단 12:10

또한, 주님께서 이사야를 통해서 하신 말씀을 주목하라.

보라 내가 너를 연단하였으나 은처럼 하지 아니하고 너를 고난의 풀무불에서 택하였노라. 사 48:10

야고보는 한 단계 더 나아가서, 하나님이 우리의 시련 중에 우리 안에서 인내를 만들어내시기를 원하신다고 말했다. 인내는 견딤의 또 다른 표현이다.

내 형제들아 너희가 여러 가지 시험을 당하거든 온전히 기쁘게 여기라 이는 너희 믿음의 시련이 인내를 만들어 내는 줄 너희가 앎이라. 약 1:2-3

바울은 이것에 공감하며 다음과 같이 말했다. :

> 우리가 환난 중에도 즐거워하나니 이는 환난은 인내를, 인내는 연단
> 을, 연단은 소망을 이루는 줄 앎이라. 롬 5:3-4

놀랍게도, 신약 성서의 저자들은 고난 중에 즐거워하라고 우리를 권면
한다. 나는 개인적인 경험 때문에 당신에게 이것을 말해줄 수 있다. 가장 어
두운 동굴을 통과하는 동안 즐거워하려고 애쓰는 것은 당신의 턱을 부수고
말 것이다. 그런 때에 즐거워하라고 우리에게 상기시키려면 지진 정도는 발
생해야 할 것이다. 적어도 나에게는, 고난 중에 몸부림치고 있을 때 즐겁게
소리치는 것보다는 거룩한 소음을 내기가 더 쉽다.

그런데도, 나는 가장 어두웠던 시기에 위의 성서 본문들을 읽고 또 읽으
면서 그것을 실천하고자 했다. 내 성경책의 그 본문들에 밑줄을 긋고 반복
해서 읽곤 했다.

당신도 똑같이 할 것을 제안하고자 한다.

왜 그렇게 해야 하는가? 그 본문들이 하나님께서 바로 지금 당신 안에서
행하고자 하시는 심오한 일을 설명해주기 때문이다.

당신에게 닥친 시련의 원인을 이해하지 못하겠지만, 당신은 이 불변의
사실만큼은 신뢰할 수 있다. **하나님은 그분의 영광과 당신의 유익을 얻고
자 그 시련을 사용하고자 하신다.**

하워드 서먼은 그의 탁월한 에세이인 『위기의 압박*The Pressure of Crisis*』에
서 다음과 같이 썼다.

> 우리 집 나무가 강한 바람을 맞아 흔들리고, 나무의 몸통을 지탱하기

위해 접근이 자유롭고 쉽지 않은 모든 나뭇가지가 부러져 나갈 때, 그것들을 꽉 잡아줄 수 있는 것은 아무것도 없다… 폭풍우가 몰려올 때 삶의 활력에 의해 굳건히 지탱되는 것은 유지되기 쉽다. 단련되기는 하지만 확고하게 유지될 수 있다. 반면에, 죽은 것들이나, 메마른 것들이나, 맥 빠진 것들은 떨어져 나가기 쉽다.[1]

우리의 대적들은 결코 허깨비가 아니다. 그리고 우리가 견뎌낸다면 큰 상이 우리를 기다린다. 이생에서뿐만 아니라 앞으로 올 세상에서.

시험을 참는 자는 복이 있나니 이는 시련을 견디어 낸 자가 주께서 자기를 사랑하는 자들에게 약속하신 생명의 면류관을 얻을 것이기 때문이다. 약 1:12

베드로는 현재의 고난과 앞으로 올 세상에 관한 소망을 연결하면서 같은 진리를 암시했다.[2]
바울도 그렇게 했다. :

우리가 잠시 받는 환난의 경한 것이 지극히 크고 영원한 영광의 중한 것을 우리에게 이루게 함이니. 고후 4:17

생각하건대 현재의 고난은 장차 우리에게 나타날 영광과 비교할 수 없도다. 롬 8:18

우리가 이 땅에서 경험하는 변화는 다음 생애로 들어가는 문을 통과한다. 우리가 지금 예수님과 함께 고난을 받으면 앞으로 그분과 함께 영광 중에 왕 노릇을 할 것을 성서는 분명히 말해준다.3

우리의 시련이 빚어낸 찬란함의 극치는 오직 영원한 세계만이 드러낼 것이다. 즉, 우리가 그 시련을 낭비하지 않는다면 말이다.

> 원한과 반항은 오직 사람의 슬픔을 낭비할 뿐이지만, 겸손한 수용과 깨어짐은 "영원한 영광의 중한 것"을 창조할 수 있게 한다… 만일 사람이 원한과 자기 연민과 복수하는 것에 굴복한다면, 그는 자기 슬픔을 낭비한 것이다.4

바울은 데살로니가 교인들에게 그것을 이렇게 피력했다. "너희가 견디고 있는 모든 박해와 환난 중에서 너희 인내와 믿음으로 말미암아… 너희가 하나님의 나라에 합당한 자로 여김을 받게 하려 함이니 그 나라를 위하여 너희가 또한 고난을 받느니라."5

-----

1. Howard Thurman, *Meditations of the Heart* (Boston: Beacon Press, 1981), 140.
2. 벧전 1:6-8; 4:12-13.
3. 딤후 2:12; 계 3:21.
4. Billheimer, *Don't Waste Your Sorrows*, 55, 94.
5. 살후 1:4-5.

10. 도를 넘는 롤러코스터

**사람은 위기의 때에 그가 명령할 수 있는 것보다
더한 인격을 갖고 있지 않다.**

랄프 W. 소크먼 Ralph W. Sockman

내 친구 중 하나가 언젠가 이렇게 말했다. 하나님은 그분의 자녀들을 위해 종종 도를 넘는 롤러코스터 트랙roller coaster track을 준비하신다. 우리는 그 여정이 끝났으면 하는 지점을 알지만, 그 트랙이 어떻게 생겼는지 또는 목적지에 도달하려면 얼마나 시간이 걸릴지는 알지 못한다.

나는 시련을 겪는 동안 그것이 끝날 때까지 내가 견뎌야 할 롤러코스터에 대해 아무것도 알지 못했다. 즉, 그것이 어디서 휘어지고, 어디서 돌고, 어디서 떨어지고, 어디서 올라가는지, 그리고 어디서 이리저리 요동치는지 알 수 없었다.

그러나 나는 나의 개인적인 경험을 통해 이것을 당신에게 말해줄 수 있다. 그렇게 도는 것turns 중에는 황당하기 짝이 없는 경우가 많았다.

당신이 시련을 겪는 동안, 바늘이 긍정적인 방향으로 움직이는 것같이 보일 날들이 있을 것이다. 그러다가, 갑자기 모든 희망이 사라지고 당신이 원점으로 되돌아간 것처럼 느끼게 될 것이다.

이렇게 휘어지고 도는 것이 몇 달 동안 지속할 수 있다. 어떤 경우엔 그것이 몇 년도 될 수 있다.

그럴 때, 로마서 8:28이 당신을 철저한 파괴로부터 보호해줄 것이다.

> 우리가 알거니와 하나님을 사랑하는 자 곧 그의 뜻대로 부르심을 입
> 은 자들에게는 모든 것이 합력하여 선을 이루느니라.

여기에 또 하나의 교훈이 있다. 내가 일말의 희망이 있다고 생각할 때는 언제든지, 시련의 끝을 보려고 상황을 밀어붙이려는 유혹을 받았다. 그러나 이것이 언제나 역효과를 낳는다는 것을 깨닫게 되었다.

"거짓된 희망에 중독되는 것"과 시험과 역경의 기간을 너무 조급하게 끝내려고 애쓰는 것은 위험한 일이다. 우리가 우리의 환경은 느슨한 손으로 붙잡고 하나님께는 단단히 매달릴 필요가 있다.

야고보가 한 말을 숙고해보라.

> 너무 조급하게 무엇에서 벗어나려고 하지 말라 성숙하고 잘 구비되어
> 조금도 부족함이 없게 되도록 인내하라. 약 1:3-4, MSG

당신이 내적으로 믿음에 의해 살 수 있고, 당신이 정한 틀 안에 머물러있다 할지라도, 속히 해결하려고 밀어붙이지 않는 것이 중요하다.

이것이 롤러코스터가 높이 올라갔을 때 받게 되는 유혹이다.

롤러코스터는 끝나야 할 지점과 끝나야 할 때가 있다. 그러므로 당신이 조바심을 내거나 두려워할 이유가 없다.

그저 당신의 안전띠를 매고 단단히 붙잡고 매달리라.

11. 하나님이 자취를 감추실 때

우연의 일치는 자취를 감추시는 하나님의 방식이다.

샬롯 클레멘슨 테일러Charlotte Clemensen Taylor

하나님은 여러 가지 방법으로 우리에게 말씀하신다. 그분은 우선 그분의 말씀을 통해 우리에게 말씀하신다. 하지만 또한 우연의 일치를 통해서도 우리에게 말씀하신다.

몇 가지 예를 들어보겠다.

작년에 나의 지인 중 서로 알지 못하는 사람들이 정확히 똑같은 말을 나에게 해주었다. 그들은 똑같이 독특한 문구를 사용했고, 똑같이 익숙지 않은 성서 구절들을 인용했으며, 심지어 잘 알려지지 않은 노래의 가사를 언급했다.

모두가 따로따로.

내가 단지 몇 번 경험한 것을 얘기하는 것이 아니다. 이런 우연의 일치를 기록해 놓은 것이 몇 페이지도 넘는다. 그것 중 대부분이 넉 달이라는 기간 안에 벌어진 일이다.

이 '확인된 증거들'에 덧붙여서 또 다른 우연의 일치도 있었다.

내 인생을 통틀어 받았던 이메일 가운데 아마도 가장 중요하다고 할 수 있는 이메일에 답장했던 때를 나는 지금도 생생하게 기억한다. 그때 내가 답장을 쓰는 동안 휴대용 컴퓨터가 갑자기 꺼져버렸기 때문이다.

나의 두 손은 키보드 위에서 순간적으로 얼어붙었고, 나는 믿기지 않는 상황 속에서 텅 빈 화면을 응시하고 있었다.

나는 **'아무 일도 아닐 거야'** 라고 생각했다. **'배터리가 죽었으니 다시 컴퓨터를 켜면 내가 완성할 이메일이 기다리고 있겠지. 고맙다, 자동 저장 장치야!'**

그런데 웬걸, 컴퓨터를 다시 켰지만, 평소보다 시간이 더 오래 걸린 후에야 다시 작업할 수 있었고, 믿었던 자동 저장 장치는 작동되지 않았다.

내가 쓴 이메일은 통째로 날아가 버렸다. 영원히.

그때 나는 이것이 하나님의 손에 의해 벌어진 일임을 직감했다. 그래서 그 이메일에 대한 답장을 일주일 뒤로 미루었다.

마침내 답장을 썼을 때 내가 보낸 메시지는 처음에 쓴 것보다 20배 정도 짧았다.

내가 나중에 알게 된 것은, 만일 처음에 쓴 이메일을 보냈다면 비난거리가 되었을 것이라는 사실이다. 그렇지만, 한참 짧은 버전의 이메일이 치명적인 상황을 호전시킨 결과를 낳게 되었다.

컴퓨터가 꺼진 것과 자동 저장 장치가 작동되지 않은 것이 하나님의 손길에 의한 전화위복임이 분명했다. 감사와 찬송이 내 마음속에서 절로 흘러나왔다.

또 하나의 예: 몇 주 전, 나는 여러 달 전에 온라인상에서 나에게 큰 도움을 주었던 친구에게 연락을 시도했는데, 곧 그가 그의 페이스북 계정을 비활성화했음을 알게 되었다.

그에게 연락할 길이 없음을 알게 되자, 속에서 그를 위해 기도하고 싶은 충동이 일어났다.

그런데 몇 시간도 채 안 되어, 그 친구에게서 이메일이 왔다. 그것은 그가 이전에는 한 번도 시도한 적이 없는 일이었다. 우리는 페이스북으로만 메시지를 주고받았었다.

얼마 지나지 않아, 나는 1세기의 집들에 관한 흥미로운 글을 읽고 있었다. 순간 그 내용에 의문이 생겨서 '**이것에 관해 로버트 뱅크스**Robert Banks**에게 질문해야 하겠다. 이 문제에 대해 정확한 사실을 아는 사람은 전 세계에 뱅크스밖에 없을 거야**'는 생각이 들었다.

거짓말처럼 바로 그 당일에, 뜬금없이 로버트 뱅크스로부터 이메일이 왔다. 그가 새로 집필한 **바울의 공동체 사상**(Paul's Idea of Community)의 수정 증보판에 관해 알려주고자 함이었다.

당신은 "그래서 뭐?"라고 반문할 수도 있을 것이다. 하지만 내가 로버트 뱅크스로부터 연락을 받은 것이 아마 20년도 더 될 것이다. 그리고 그때 나는 그의 이메일 주소를 더는 갖고 있지 않았다!

하나님의 손길이 이런 '우연의 일치들' 곳곳에 닿아 있음이 분명하다.

때때로 나는 내 인생의 이런 모든 사건의 파도 속에서 프랭크 로박의 탁월한 책『여러분은 나의 친구다*You Are My Friends*』에 나오는 짤막한 내용을 읽는다.

그것은 하나님께서 여러 사건을 통해 우리에게 말씀하시는 것에 관해 내가 얻은 새로운 통찰력을 확증하는, 그 사건들이 만나는 또 다른 합류 지점이었다.

사람이 하나님의 뜻과 완전한 조화를 이룰 때, 하나님은 앞서서 행하시며 길을 예비하신다. 우리가 절대적인 항복을 시도할 때, 우리는 경험 때문에 압도적으로 설득된다. 다른 사람에게 미신적으로 보일까 봐

절대 말하지는 않지만, 하나님으로부터 왔음을 우리가 알고 있는 우연의 일치가 차곡차곡 쌓인다.[1]

선지자 이사야가 다음과 같이 한 말을 숙고해보라. :

구원자 이스라엘의 하나님이여 진실로 주는 스스로 숨어 계시는 하나님이시니이다. 사 45:15

어째서 하나님은 자신을 스스로 숨기시는 것일까? 그 이유는 우리가 그분을 원하기를 바라시기 때문이다. 하나님은 우리가 그분을 찾기를 원하시고 또 추구하기를 원하신다.

그러므로 하나님은 우리가 그분을 추적할 수 있도록 자신을 숨기신다.

만일 하나님이 눈에 보인다면, 그분을 찾을 필요가 없을 것이다.

하나님은 또한 수많은 사람에 의해 비난을 받고 학대를 당하실 것이다. 하나님이 지금 잘못된 모든 일 때문에 얼마나 비난을 받고 계신지를 위해보라. 사람들은 그들이 원하는 방향으로 일이 되지 않을 때 보이지 않는 창조자에게 악담을 퍼붓기 시작한다.

예수 그리스도를 따르는 사람들에게는 우연의 일치라는 것이 없다. 그 대신, 우리는 하나님께서 가까이 계심을 계시하시고 그분의 사랑을 드러내시는 그분의 손길을 본다.

하나님이 그분의 인자하심의 광선을 우리에게 밝히실 때, 우리는 그 눈부신 빛 아래서 무너져버린다.

이것은 정말 좋은 일이다.

하나님은 한번 말씀하시고 다시 말씀하시되 사람은 관심이 없도다. 욥 33:14

그렇다면, 우연의 일치는 주님께서 우리에게 말씀하시는 방법의 하나다. 특히 우리가 고통의 용광로를 통과할 때 그렇다.

따라서 예의 주시하라.

－－－－－

1. Laubach, *You Are My Friends*, 148-149.

12. 허리케인 전야

어두움이 짙어야 별들을 볼 수 있다.

찰즈 베어드Charles Beard

내가 사는 플로리다에서는 사람들이 허리케인hurricanes에 익숙해져 있다.

언젠가 거대한 폭풍이 플로리다 중부를 휩쓸 것으로 예상하던 해에, 우리는 모두 그것에 대비하고 있었다.

기상캐스터들은 태풍이 진로를 바꿀 가능성이 5%라고 예보했다. 그 시간에도 허리케인은 플로리다의 동부 연안을 강타할 것으로 여전히 예측되었다. 그들이 이것만은 확신하고 있었다.

그것이 우리 지역을 통과하지 않을 확률은 거의 없었다. 우리가 사는 도시가 폭풍의 영향권을 벗어날 가능성은 아주 희박하다고 전문가들은 입을 모았다.

결과적으로, 플로리다주 전역에 걸쳐 슈퍼마켓의 물과 배터리가 밤새 동이나 버렸다.

그러나 놀랍게도 폭풍이 막판에 북쪽으로 진로를 바꾸면서, 심지어 플로리다의 동부 연안에서조차도 아무런 피해를 보지 않았다.

이런 와중에, 나는 나의 개인적인 폭풍 속을 통과하고 있었다. 그리고 마치 주님께서 나에게 이런 말씀을 하시는 것 같은 느낌이 들었다. "플로리다를 지나간 허리케인은 하나의 사인a sign이다.

내가 그것을 아무런 피해 없이 지나가게 하면서 세상을 놀라게 했듯이, 너에게 닥친 허리케인도 똑같이 하겠다."

당신에게 닥친 개인적인 허리케인이 지금 당장은 암담하게 보일 것이다. 당신은 무슨 결과가 생길지 알지 못한 채 철저한 암흑 속에 처해있을 것이다. 모든 정황은 아무런 희망이 없음을 가리키고 있을지도 모른다.

나 자신의 어려웠던 시기를 뒤돌아볼 때, 어떤 경우는 마치 그랜드캐니언Grand Canyon을 가로지르는 나무다리의 판자가 빠져 커다란 구멍이 숭숭 난 위를 걸어가는 듯했다. 내가 떨어져 죽을 것인가? 아니면 하나님께서 뜻밖의 방법으로 나를 안고 건너실 것인가?

오해하지 말라. 나는 하나님께서 악evil을 초래하시거나 우리에게 해를 입히신다고 믿지 않는다. 하지만 그분은 그분의 주권적인 계획에 의해 우리 안에서 완전한 일을 행하시고자 악을 **사용**하신다. 그렇다면 그런 점에서, 우리에게 닥친 것은 무엇이든지 하나님 사랑의 범위 안에 있다.[1]

십자가라는 악이 부활의 영광을 얻고자 길을 열었듯이, 고난의 불도 성령의 능력에 의해 더 심오한 변화를 얻고자 우리를 준비시킨다.

사실인즉슨, 역경은 우리의 삶을 우리 자신의 2.0 버전으로 상향 조정시키는 척도이다.

헬스클럽에서 체력을 단련하는 것은 고통스러울 수 있다. 하지만 우리는 체력 단련이 육체의 인내와 건강을 얻는 것이고, 힘을 기르는 척도임을 안다.

마찬가지로, 삶에 닥친 시련은 영적, 정신적, 그리고 감정적인 인내를 발전시키고자 설계되었다.

우리는 모두 고통에 따라 동기를 부여한다. 그리고 적어도 대부분 사람은 나의 경험과 관찰을 토대로 말하자면, 우리를 변화시키는 데 있어 엄청난 고통이 필요하다.

우리는 우리의 내면이 산산조각이 나기 전에는 평소에 원하던 수준 이상의 도움은 바라지 않을 것이다.

때때로 우리의 방식을 바꾸려면 고통스러운 경험이 필요하다.잠 20:30 GNT

이 점을 분명히 하고 싶다. 역경의 도가니crucible는 당신의 삶을 근본적으로 변화시키려는 것이다.

내가 그냥 무슨 삶의 케케묵은 고난이나 흔한 문제들에 관해 말하는 것이 아니다. 내가 말하고자 하는 것은 황당하고, 괴이하고, 불합리하고, 도저히 이해할 수 없고, 터무니없는 그런 귀찮은 문제들이다.

주님은 결단코 장미 정원a rose garden을 우리에게 약속하신 적이 없다. 그분은 가시나무밭a briar patch을 약속하셨다.2

나는 내가 경험한 많은 시련을 림보랜드Limbo Land, [역자 주: 로마 가톨릭에서 말하는 연옥 비슷한 곳]에서 사는 것으로 묘사해왔다. 왜냐하면, 그 시련들이 결과에 대해서는 아무런 감도 잡을 수 없는 곳, 즉 강제적이고 심히 불확실한 기간으로 나를 밀어 넣었기 때문이다.

그것은 마치 층 간에서 갑자기 멈춰버린 엘리베이터 안에 있는 것 같았다. 그리고 바로 그때 당신은 휴대폰이 먹통이라는 사실을 발견한다.

당신의 허리케인 한복판에서 다음과 같이 기도해보라.

주님, 제가 지금 겪고 있는 시련이 호전될 가능성은 5%도 채 되지 않을 것입니다. 그러나 저는 제가 보고 느끼는 것과 관계없이 주님을 신뢰합니다. 제가 보고 듣는 것이 주님의 뜻과 상반되는 것처럼 보일지라도, 저는 보는 것으로 하지 않고 믿음으로 행하기를 선택합니다. 저는 주님께서 저를 꿰뚫어 보실 것을 알고 있습니다.

삶은 제가 지금 당장 겪고 있는 것처럼 되면 안 됩니다. 그것은 그렇게 되어서는 안 됩니다. 저는 저의 의지와는 상관없이 이 삶의 폭풍 속으로 던져졌습니다. 그리고 제가 할 수 있는 일은 단 하나도 없습니다. 그러나 저는 저 자신을 주님의 뜻에 굴복시키고자 합니다. 주님께서 이것을 하여 주시옵소서.

저는 그저 폭풍에 대비해서 입구를 막고 기다릴 뿐입니다.

아, 하지만 그것 말고 제가 할 수 있는 일이 하나 있습니다.

제가 그렇게 되기를 원하고 또 그렇게 되어야 하는 사람이 될 수 있습니다.

주님 성령의 능력으로 저는 역경 앞에서도 전혀 조바심내지 않는 사람이 될 수 있습니다. 문제 가운데서도 침착한 사람, 재난의 한복판에서도 의연한 사람, 어려움과 마주했을 때도 느긋한 사람이 되고 싶습니다. 당당하고, 분명하고, 일관성 있는 사람, 어떤 분야의 드라마에도 흔들리지 않는 사람이 되고 싶습니다.

이것이 당신에게 닥친 지독한 시련을 통해 하나님께서 당신 안에 이루고자 하시는 일이다. 그리고 일단 주님께서 변화시키기를 원하시는 당신의 성품이 정확히 무엇인지를 보는 눈이 열리면, 당신이 다시는 눈먼 상태가 될 수 없다.

바울은 그의 편지에서 이렇게 썼다. "본성nature, 자연이 너희에게 가르치지 아니하느냐?"3 자연은 분명 우리에게 이 한 가지 사실을 가르쳐준다. 영원히 지속하는 폭풍은 없다. 이 세상의 모든 사람에게는 숨을 거두는 날이 있다.

그러므로 하나님의 자녀들이여, 힘을 내라. 당신의 고통은 평생토록 지속하지 않을 것이다.

성서는 이와 같은 사실에 공감한다.

잠깐 고난을 당한 너희를… 벧전 5:10

그들은 잠시 자기의 뜻대로 우리를 징계하였거니와 오직 하나님은 우리의 유익을 위하여 그의 거룩하심에 참여하게 하시느니라. 히 12:10

우리가 잠시 받는 환난의 경한 것이 지극히 크고 영원한 영광의 중한 것을 우리에게 이루게 함이니. 고후 4:17

그리스도 안에 있는 사람에게는, 우리가 이생에서 경험하는 고난이 하나님의 자비 안에 흠뻑 젖어 있다. 마치 하나님 나라의 복음이 하나님의 영광과 은혜의 온기 안에 흠뻑 젖어 있는 것처럼. 만일 당신이 당신에게 닥친 고난을 낭비하지 않는다면, 하나님께서 당신의 인생에서 뭔가 고귀한 것을 얻고자 그것을 사용하실 것이다. 그분의 찬송이 되게 하도록, 그리고 다른 사람들에게 복이 되게 하도록.

————

1. 부록 I: 누가 당신에게 시련을 가져다주었는가? 에서, 나는 하나님이 어떻게 선을 얻고 자 악을 깊이 있게 사용하시는지를 설명했다.
2. 요 16:33.
3. 고전 11:14.

13. 주님의 역사가 우리의 숙명이다

하나님은 그분의 사람들이 고난받기를 바라시지 않는다. 그분은 오직 성숙하려는 목적으로 고난을 허락하신다. 우리를 온전케 하시려는 목적으로 시련을 허락하시는 것이다.

스티븐 캉Stephen Kaung

당신에게 주어진 그리스도인의 삶은 전부 예수 그리스도를 위해 주어진 것이다. 그러므로 예수님의 역사history가 모든 그리스도인의 숙명the destiny이다.

예수님은 우리의 개척자요 선구자이시다. 따라서 우리가 고난의 길에서 경험하는 것은 무엇이든지 우리 주님이 그것을 먼저 경험하셨다.

결과적으로, 당신이 거부당하거나 배신당한다고 느낄 때는 언제든지 자신이 사랑하시는 신부나 자녀들에게 거부당하고 배신당하시는 주님의 느낌으로 들어가는 것이다.

> 예루살렘아 선지자들을 죽이고 네게 파송된 자들을 돌로 치는 자여 암탉이 그 새끼를 날개 아래에 모음 같이 내가 네 자녀를 모으려 한 일이 몇 번이더냐 그러나 너희가 원하지 아니하였도다. 마 23:37

바울의 말을 들어보라. :

또한 모든 것을 해로 여김은 내 주 그리스도 예수를 아는 지식이 가장 고상하기 때문이라 내가 그를 위하여 모든 것을 잃어버리고… 내가 그리스도와 그 부활의 권능과 그 고난에 참여함을 알고자 하여 그의 죽으심을 본받아… 빌 3:8, 10

당신이 그리스도의 고난의 눈으로 당신의 고통을 본다면, 그것이 당신이 견딜 수 있도록 도와줄 것이다.

그것은 결코 그냥 당면한 문제에 관한 것만이 아니다. 그것은 또한 예수님과 당신의 관계에 관한 것이다.

그리고 죽음이 있는 곳에 부활도 있다.

부활로 이어지는 날들은 당신이 암흑기에 마주할 감정적인 혼란의 단계들에 해당한다.

수난일인 금요일은 두려움, 고난, 그리고 고통의 날이다.

거룩한 토요일은 슬픔, 혼동, 그리고 의심의 날이다.

부활절인 일요일은 생명, 자유, 그리고 기쁨의 날이다.

그러나 당신이 먼저 금요일과 토요일을 통과하기 전엔 일요일을 알 수 없다.

어쩌면 당신이 당신의 행동 때문에 자신의 무덤을 팔지도 모르지만, 그것조차도 부활을 막을 수는 없다.

그러므로 희망을 잃지 말라.

폴 빌하이머가 한 말을 들어보라.

모든 고난은 사람을 하나님께로 인도하고자 의도된 것이다. 그것은 더 온전한 복종, 더 철저한 헌신, 더 증가하는 인내, 더 위대한 영적 아름다움, 하나님과 사람을 향한 더 이타적인 사랑을 이루도록 의도된 것이다. 그것이 성취될 때 그것은 그리스도와 함께한 고난, 그리고 그분을 위한 고난으로 분류될 수 있다.[1]

유감스럽게도, 어떤 사람들은 그들 스스로 폭풍을 일으킨 다음, 비가 쏟아지기 시작할 때 원통 해하고 분노한다.

무슨 수를 써서라도 이런 충동을 거스르라. 그렇게 하지 않으면, 그것이 당신의 인생에서 주님이 하시는 일을 질식시키고야 말 것이다.

빅토르 E. 프랑클은 그의 훌륭한 책『삶의 의미를 찾아서*Man's Search for Meaning*』에서 다음과 같이 관찰했다. 말로 표현할 수 없이 두려운 아우슈비츠 수용소에서 살아남은 사람들은 희망을 품었었는데 반해, 희망을 품지 않았던 사람들은 죽고 말았다.[2]

그러므로 일요일의 약속에 매달리라. 왜냐하면, 이것이 당신의 희망이기 때문이다.

─────

1. Billheimer, *Don't Waste Your Sorrows*, 59.
2. Viktor E. Frankl, *Man's Search for Meaning: An Introduction to Logotherapy, fourth edition*, trans. Ilse Lasch (Boston: Beacon Press, 1992), 84-91.

14. 길이 없는 곳의 길

바다 또는 산, 그 무엇이든 주님께는 방해물이 아니다. 그분은 그것들이 거기에 없는 것처럼 통과하신다. … 그렇다, 하나님께는 결코 자원이 고갈될 수 없고, 하늘은 항상 답을 안다.

T. 오스틴 스팍스T. Austin Sparks

시편 77편은 성서에서 주목할 만한 장이다. 그것은 다윗 왕 때 음악을 총괄했던 아삽의 작품이다.

그 시의 맨 앞에서부터, 아삽은 깊은 시름에 빠졌다. 그는 말할 수 없는 고통 속에서 하나님께 부르짖었다. 그는 주님을 향해 손을 들고 필사적으로 기도하면서 뜬눈으로 지새운 밤에 대해 묘사했다. 하지만 그는 위로를 받지 못했다.

아삽은 하나님을 기억하고 그분이 구해주시기를 간구했지만, 심히 절망하고 말았다. 불안과 근심이 너무 커서 심지어는 말을 할 수도 없을 지경까지 이르렀다.

아삽에게 있어 하나님은 무단이탈AWOL한 상태였다.*

그에게는 하나님의 약속이 더는 소용없었다. 그리고 주님께서 결코 다시 그의 인생에 개입하시지 않을 것이라는 걱정이 그에게 가득했다.

---

*역자 주: AWOL은 세계 제1차 대전 때 나온 군사 용어로서 **Absent Without Leave**의 약자이다.

그러나 그때 뭔가 일이 벌어졌다. 아삽이 주님의 속성들에 초점을 맞추었을 때 그의 관점이 바뀌었다.

> 곧 여호와의 일들을 기억하며 주께서 옛적에 행하신 기이한 일을 기억하리이다 또 주의 모든 일을 작은 소리로 읊조리며 주의 행사를 낮은 소리로 되뇌이리이다. 시 77:11-12

아삽은 자신의 문제들로부터 관심을 돌렸을 때 주님께서 행하신 위대한 일들을 기억하게 되었다. 그는 하나님께서 이전에 행하신 기이한 일들을 기억해냈다. 그리고 그 놀라운 행사들, 특히 홍해를 가르신 일을 되새기기 시작했다.

> 하나님이여 물들이 주를 보았나이다 물들이 주를 보고 두려워하며 깊음도 진동하였고… 주의 길이 바다에 있었고 주의 곧은 길이 큰 물에 있었으나 주의 발자취를 알 수 없었나이다 주의 백성을 양 떼 같이 모세와 아론의 손으로 인도하셨나이다. 시 77:16, 19-20

무슨 일이 벌어졌는가?

이 음악가는 새로운 관점을 발견하였다. 새로운 시각. 그리고 그것과 함께 그는 자신의 하나님께 대한 새로워진 신뢰를 하게 되었다.

아삽이 처음에는 그에게 닥친 역경을 통해 어떤 길도 볼 수 없었다. 그것이 그에게는 끝이었다. 아무런 해결책도 보이지 않았다.

아, 그러나 절박함은 하나님의 영역이다. 그분은 "그것은 불가능하다! that's impossible!"의 땅에 거하신다.

T. 오스틴 스팍스는 고난의 주제에 관해서 가히 백과사전이라 할 수 있다. 나는 개인적으로 시련 가운데 있었을 때 그의 펜 끝에 앉아있었다. 나는 역경에 관해 쓴 그의 많은 책을 읽고 내가 느끼고 있는 것을 그가 이미 글로 표현했음을 알게 되었다.

시편 77편에 대해 그는 이렇게 썼다. :

하늘에 계신 주님은 우리가 길을 볼 수 없을 때, 그리고 길이 불가능하게 보일 때 언제나 길을 갖고 계신다… 갇혔을 때, 막다른 골목에 있을 때, 교착 상태에 빠졌을 때 하늘은 답을 안다. 하늘은 길을 안다.1

아삽은 하나님께서 길이 없는 곳에 길을 만드실 것을 스스로에게 상기시켰다.

그리고 이것은 나 자신의 시련 중에 내가 꼭 알고 확신해야 할 사실이었다.

2차 세계 대전 중 두려운 나치 수용소에서 살아남은 코리 텐 붐Corrie Ten Boom이 다음과 같이 한 말에 귀를 기울여보라.

기도가 놀라운 것은 당신이 아무것도 할 수 없는 현실을 떠나 모든 것이 가능한 하나님의 영역으로 들어가게 하기 때문이다. 하나님은 불가능을 전문으로 하신다. 그분의 절대적인 능력 앞에서는 아무것도 크지 않고, 그분의 사랑 앞에서는 작은 것이 없다.2

아무리 희망적인 끝을 볼 수 없다고 해도, 지금 당장 위의 말에 힘껏 기대라.

19세기의 위대한 경건주의 작가 앤드류 머레이에 의하면,

그리스도인으로서 당신의 삶은 하나님께서 불가능을 행하시는 지속적인 증거가 되어야 한다. 그리스도인으로서 당신의 삶은 하나님의 절대적인 능력에 의해 가능하게 되고 실제화된 불가능의 연속이 되어야 한다.

나는 신앙생활을 통틀어 때로는 믿음에 의해 살았고, 때로는 뒤를 돌아보며 살았다.

당신이 지금 통과하고 있는 인생의 계절에, 당신과 다른 사람들의 인생에서 과거에 하나님이 하셨던 일을 돌아보며 살기를 시작하라.

나는 역경 중에 있을 때 바로 이것을 하지 않을 수 없었다. 나는 하나님이 내 인생에서 행하신 일들의 목록을 작성해서 가까운 곳에 두고, 기도하며 걸을 때나 커피를 마실 때 그것을 규칙적으로 검토했다.

나는 사방이 어둡고 바람이 심하게 불어올 때 과거에 행하셨던 하나님의 손길의 윤곽the outline을 상기하곤 했다. 나는 주님께서 항상 나를 돌봐 주셨음을 분명히 볼 수 있었다.

나는 또한 주님이 당신도 항상 돌봐 주셨음을 믿는다. 그러므로 당신에게는 지금 그분이 당신을 돌봐 주고 계심을 의심할 아무런 이유가 없다.

주님과 그분의 약속에 계속 매달리라.hang on 당신의 손톱을 사용해서라도 매달리라. 당신이 보고, 느끼고, 듣는 것과 상관없이.

치유, 회복, 그리고 기쁨은 당신이 소유한 미래의 자산이다. 당신의 특정한 상황이 어떻게 되든 상관없이.

-----

1. T. Austin-Sparks, *Thy Way Was in the Sea*, transcribed from a message given in December 1957, emphasis in the original.

2. Corrie Ten Boom, *I Stand at the Door and Knock* (Grand Rapids, MI: Zondervan, 2008), 95.

3. Andrew Murray, *Absolute Surrender*(New Kensington, PA: Whitaker House, 1982), 69.

15. 즐거움과 고통

때때로 길은 어두운 곳으로 이어진다.
때로는 어두움이 당신의 친구다.

브루스 콕번 Bruce Cockburn

우리 중 많은 사람은 순전히 의지력willpower과 기도에 의해서만 우리 자신을 변화시키려고 노력해왔다. 그러나 이런 것들은 그 자체로서는 충분하지 않다. 나는 그렇게 해봤기 때문에 이것을 잘 안다.

나는 다음과 같은 결정적인 교훈을 얻었다. 내가 충분히 고통을 느끼고, 충분한 통찰력을 얻고 다른 사람이 되기를 바란다면, 더는 의지력이 필요치 않다.

견딜 수 없는 감정의 기복은 내가 속히, 그리고 핑계 없이 변화되고자 준비된 곳으로 나를 데리고 간다.

나는 변화하 더는 고통에 따라 떠밀리지 않는다. 오히려, 나는 뭔가 다르고 더 나은 것이 되는 즐거움에 따라 이끌린다. 더욱 당당하고, 더욱 침착하고, 더욱 공감하고, 더욱 분명하고, 더욱 그리스도를 닮고자 하는 그런 즐거움.

다시 말하자면, 근본적으로 조정하는 것보다 당신이 있는 그 자리에 머무는 것이 더 불편할 때까지 변화는 일어나지 않는다.

일단 당신이 성장의 즐거움에 따라 이끌린다면, 성장은 그 자체로서 보상이다.

이런 점에서, M. 스캇 펙은 옳게 관찰했다.

> 사실인즉슨, 대개 우리 생애 최고의 순간은 꼭 우리가 불편할 때, 행복하거나 성취되었다는 느낌이 들지 않을 때, 허우적거리며 뭔가 찾을 그때 벌어진다.[1]

수많은 그리스도인이 학대를 받거나 다른 사람의 손에 의해 고통당하는 것을 극복하지 못한다. 이것이 왜 그들의 인생에서 부활이 일어나지 않는지의 이유이다.

그러므로 주님께서 당신을 땅에 심으시게 하라. 그렇게 하면, 뭔가 놀라운 것이 결국 싹트게 될 것이다.

확실히, 당신은 주님의 고난의 쓴잔을 마시고 비틀거리게 될 것이다. 그러나 결국엔 하나님이 당신의 인생에서 뭔가 영원한 것을 얻으실 것이다.

-----

1. M. Scott Peck, MD, *The Road Less Traveled and Beyond: Spiritual Growth in an Age of Anxiety* (New Yor: Touchstone, 1997), 32-33.

16. 그냥 매달리라

**사람이 그의 밧줄 끝에 도달하면,
그 밧줄에 매듭을 지어 매달려야 한다.**

무명 Author Unknown

내가 직면한 문제들이 너무나도 심각해서 아무런 해결책도 보이지 않았던 때가 있었다. 나는 무력한 상황에 놓이고 말았다.

그 문제를 해결하고자 내가 할 수 있는 일은 아무것도 없었다.

모든 능력이 내 손에서 사라져버렸다.

나는 집 안에 들어가자마자 불신과 고통 속에 바닥으로 쓰러졌던 때를 기억한다. 내가 할 수 있었던 것은 그저 매달리고hang on 좋은 결과를 바라며 기도하는 것뿐이었다.

이 말은 반복할 만한 가치가 있다. **당신이 할 수 있는 것이 아무것도 없을 때, 그냥 매달리라!**hang on!

당신에게 답이나, 해결책이나, 구제책이 없을 때, 그저 붙잡아라.

무엇을 해야 할지 전혀 생각나지 않을 때, 당신이 알고 있는 전부가 그 문제를 해결하기에는 당신이 무력하다 느낄 때, 결과가 확실치 않고 그것이 당신의 손에서 벗어났을 때, 그냥 매달리라.

좋다, 그렇지만 **어떻게?** 당신이 아무것도 할 수 없을 때 당신은 무엇을 하는가?

당신은 당신을 구속하시고, 회복시키시고, 새롭게 하시는 하나님의 약속에 굳건히 발을 딛고 그냥 매달린다.

무릎을 꿇고, 온 힘을 다해서 제단의 뿔을 잡고, 소중한 생명을 위해 매달리라.

왜 그렇게 해야 하는가?

당신을 향한 구조의 손길이 건너편에 있기 때문이다.

나는 당신이 현실을 마주하고 보이지 않는 영역을 향해 다음과 같이 선언하기로 결단할 것을 촉구한다. "나는 포기하기를 거부한다. 나는 물러서지 않겠다. 흔들리지도 않겠다. 나는 죽는 한이 있더라도 하나님과 그분의 말씀에 매달릴 것이다. 나는 요동하지 않을 것이다!"

사탄은 도둑질하고, 죽이고, 멸망시키고자 온 도둑이다.1 만일 당신이 사탄을 그냥 놔두면, 그가 당신의 삶에 막대한 피해를 줄 것이다.1

성서는 다음과 같이 하라고 우리를 권면한다. 한편으로는 하나님께 복종하고, 다른 한편으로는 마귀와 그가 하는 일을 대적하라.2

그러므로 대적을 향해 총을 있는 대로 쏘며 나아가라. 동시에, 하나님께서 개입하시도록 그분 앞에 엎드려 부르짖어라.

나는 이것이 주님께서 귀히 여기시고 복을 주실 바로 그 자세임을 믿게 되었다.

다음 장부터 나는, 당신의 삶이 허물어질 때 매달린다hang on는 의미가 무엇인지를 보여주는 몇몇 성서적 예들을 제공할 것이다.

-----

1. 요 10:10.
2. 약 4:7.

17. 하나님의 사자와 겨룬 씨름 한판

**그냥 느슨하게 잡아라.
하지만 놓지는 말라.
너무 세게 붙잡으면
자제력을 잃게 될 거야.**

38 스페셜 록 밴드Rock Band 38 Special

성서는 야곱이 속이는 자라고 우리에게 말해준다. 그는 항상 자기의 유익만을 취하는 일류 조작의 달인a first-class manipulator이었다. 그는 몽상가요 예리한 기술을 가진 음모에 능한 사람이었다.

그렇지만, 그는 자신의 기만적인 개성 때문에 스스로 초래한 대부분 문제를 안고 살았다.

우리는 창세기 32장에서 야곱의 형 에서가 야곱을 만나러 오는 장면을 본다. 여러 해 전에 야곱에게 장자권을 빼앗겼던 바로 그 에서다. 야곱은 에서가 자신을 죽이러 온다고 확신하고 공포에 휩싸였다.

하나님께서 야곱을 곤경에 빠뜨리시고, "일을 마무리 짓자"라는 그의 충동을 자극하기 시작하신 것이다.

야곱은 에서를 기다리는 동안 홀로 있었다. 그때 갑자기 하나님의 사자가 나타나서 그와 씨름을 하기 시작했다. 사실, 그들은 밤새도록 씨름을 했다.

하나님 사자의 체급이 야곱보다 한참 위였다는 사실을 명심하라.

날이 밝았을 때 하나님의 사자는 떠나야 했지만, 야곱이 그를 가게 하지 않았다.

그는 계속 매달리고 있었다!

야곱은 하나님의 사자에게 이렇게 말했다. "당신이 내게 축복하지 아니하면 가게 하지 아니하겠나이다."[1]

그리고 하나님은 야곱에게 호의를 베풀어 주셨다.

왜 그렇게 하셨을까? 야곱이 하나님께 매달려서 그분을 가게 하지 않았기 때문이다. 하나님의 사자는 하나님 자신을 대표한다.[2]

이 이야기에는 당신과 나에게 적용되는 몇 가지 기본적인 원리가 있다.

첫째, 하나님은 우리를 그분과의 싸움으로 초대하신다. 씨름은 가장 가까이에서 겨루는 스포츠이므로 싸움이 근거리에서 개인적으로 행해진다.

둘째, 하나님의 사자는 야곱에게 이름이 무엇이냐고 물었다. 그 이유는 아주 중요하다. 주님은 야곱이 그 자신의 성품과 마주하기를 원하셨다.

야곱의 이름은 **속이는 자** 또는 **조작에 능한 자**라는 뜻이다.

하나님께서 이렇게 말씀하고 계셨다. "야곱아, 네가 문제다. 속이고 조작하는 너의 본성이 너의 요새다. 그래서 나는 그것을 부숴버리겠다. 만일 네가 나에게 그냥 매달린다면 말이다."

셋째, 씨름 시합이 끝났을 때 하나님은 야곱에게 **이스라엘**이라는 새로운 이름을 주셨다. 이것은 야곱의 정체성이 바뀌었음을 시사한다. 그는 이제 그의 2.0 버전이 되었다.

이스라엘의 정확한 의미는 분명치 않지만, 일반적으로 "하나님과 함께 이긴 자" 또는 "하나님과 함께하는 왕자"라는 뜻으로 이해한다.

속이는 자가 왕자가 되었고, 조작에 능한 자가 하나님과 함께 이긴 자가 된 것이다.

요점이 무엇인가? 단순히 이것이다. 당신은 자신을 정확하게 볼 때 변화될 수 있다.

야곱은 살아 계신 하나님과 함께 씨름판에 섰고, 살아남았다.

> 천사와 겨루어 이기고 울며 그에게 간구하였으며 하나님은 벧엘에서
> 그를 만나셨고… 호 12:4

넷째, 야곱은 씨름 도중에 그의 허벅지 관절을 얻어맞았다.3 허벅지 관절은 사람의 몸에서 가장 강한 관절이다. 주님께서 기본적으로 이렇게 말씀하신 것이다.

"야곱아, 나는 네 인생에서 가장 강한 부분을 부숴버릴 것이다. 네가 항상 의존하는 것, 너의 타고난 힘을 부숴버릴 것이다. 그리고 내가 너를 부순 것과 네가 다시는 너 자신을 의지하지 말아야 할 것을 너에게 상기시키고자, 너는 이 시간 이후로 절뚝거리며 걷게 될 것이다."

하나님 나라를 먼저 구하는 모든 사람은 절뚝거리며 걷는다.

요점: 때때로 우리의 계획과 책략과 전략은 최고급으로, 특급으로, 순도 100%로 인증된 시련 앞에서 무용지물이다. 하지만 그럴 때 우리가 할 수 있는 전부는 하나님께 매달려서 그분을 놓기를 거부하는 것이다.

이것이 바로 야곱과 하나님의 사자와의 만남이 우리에게 가르쳐주는 교훈이다.

마침내 연기가 걷혔을 때, 하나님은 에서가 야곱에게 호의를 베풀도록 하셨다. 그리고 그들은 화해했다.

이것이 바로 야곱이 겪은 지독한 시련의 건너편에 서 있었던 기적이었다.

마찬가지로, 당신의 기적도 당신이 겪고 있는 시련의 건너편에 서 있다.
만일 당신이 그냥 매달린다면 말이다.

-----

1. 창 32:26.후주
2. 창 32:30.
3. 창 32:25.

18. 욥의 쓴 약

그리고 이런 일이 발생했다.
제자리걸음을 하지 않게 된 것.

R. 버크민스터 풀러R. Buckminster Fuller

하나님은 기적을 행하신다. 그러나 대부분 우리의 기적은 우리가 회오리 바람을 통과하며 주님께 매달리기 전에는 그 모습을 드러내지 않는다.

욥을 생각해보라. 여기에 하나님께서 자랑하신 몇 명 되지 않는 사람 중 하나가 있다. 전능하신 하나님께서 사탄에게 이렇게 말씀하셨다. "네가 내 종 욥을 주의하여 보았느냐?"[1]

그 말씀이 하나님의 입을 떠난 지 얼마 되지 않아서, 욥은 일생일대의 시련을 겪고 말았다. 주님께서 사탄이 욥의 부와 건강과 소유, 심지어 그의 자녀들까지 앗아가도록 허락하셨다.

욥에게는 그의 아내를 제외하곤 아무것도 남은 것이 없었다.

그 누구도 욥에게 경고한 적이 없었다. 그는 다음과 같은 전갈을 받은 적이 없었다. "욥이여, 큰 재앙이 닥칠 것입니다. 그것은 당신이 상상하는 것보다 훨씬 더 심각할 것입니다. 그러니, 대비하십시오!"

그런 일은 없었다. 욥은 느닷없이 당하고 말았다.

그러나 그의 인생에 밀어닥친 상상을 초월하는 폭풍에도 불구하고, 욥은 사력을 다해서 하나님을 붙잡기로 결단했다.

욥은 이렇게 반응했다. "그가 나를 죽이신다 해도, 나는 그를 신뢰할 것이다."2

그의 아내가 그에게 하나님을 저주하고 죽으라고 했을 때도, 욥의 응답은 고난 가운데서도 인내를 나타내고 그의 모든 소망을 주님께 두는 것이었다.

야고보는 그것을 이렇게 표현했다. :

> 형제들아 주의 이름으로 말한 선지자들을 고난과 오래 참음의 본으로
> 삼으라 보라 인내하는 자를 우리가 복되다 하나니 너희가 욥의 인내를
> 들었고 주께서 주신 결말을 보았거니와 주는 가장 자비하시고 긍휼히
> 여기시는 이시니라. 약 5:10-11

분명히, 욥은 하나님께 불평을 늘어놓고 자기 의를 드러내며 간구하는 것을 정당화했다. 하지만 그는 그 모든 것을 통해 결코 그의 주님을 저버리지 않았다.

그러므로 야고보는 옳게 말한 것이다. 욥도 우리 모두와 마찬가지로 연약할 때가 있었지만 견뎌냈다. 그는 하나님이 잠잠하실 때도 욥의 악몽이 지속하는 내내 계속 그분께 매달렸다. hang on

여기에 교훈이 있다. 아무것도 제대로 되지 않을 때, 당신이 상하고 피를 흘리고 있을 그때, 주님을 포기하고 세상으로 돌아가기 쉽다. 또한, 하나님께 손가락질하며 이혼 서류를 내밀기 쉽다.

그러나 욥은 둘 다 거부했다. 그는 사실상 이렇게 말했다. "나는 무슨 일이 벌어지고 있는지 알지 못한다. 하나님은 계시지 않는 것처럼 보인다. 이

건 참 불공평하다. 내가 이것을 당하는 것은 말이 안 되지만, 그렇다고 주님을 놓을 수는 없다!"

> 이 모든 일에 욥이 범죄하지 아니하고 하나님을 향하여 원망하지 아니하니라. 욥 1:22

욥은 계속 매달리기로 작정했다. 폭풍에 대비해서 입구를 막고 기다렸다.

욥기의 마지막 부분은 하나님이 신실하심을 증명해준다. 욥은 그의 지독한 시련을 통틀어 답을 달라고 하나님께 간구했다. 그러나 그는 전혀 답을 얻지 못했다. 그렇지만, 욥기의 마지막 장에서 그는 하나님께서 모든 것을 하실 수 있다고 선언한다. 그 무엇도 그분의 목적을 방해할 수 없다.[3]

중요한 것은, 욥이 살아 계신 하나님을 보게 되었을 때 이 이야기가 끝난다는 것, 그리고 그에게는 이것이 충분하다는 사실이다.[4]

숨을 크게 쉬고 긴장을 풀라. 하나님은 당신이 시련을 겪고 있을 때 그분이 무슨 일을 하고 계시는지를 아신다.

매달리는hang on 것에 의해, 당신 역시도 지독한 시련을 통과하면서 살아 계신 하나님과 만나기를 기대할 수 있다. 궁극적으로.

-----

1. 욥 1:8.
2. 욥 13:15, KJV.
3. 욥 42:2.
4. 욥 42:5-6.

19. 바울과 그의 가시

사람의 영혼과 하나님과의 관계는 그 사람의 관심을 끄는 것들에 의해 가장 확실하게 입증한다.

잭 슐러 Jack Shuler

수 세기에 걸쳐, 성서 주석가들은 바울의 육체의 가시에 대해 여러 가지 추측을 해왔다.[1]

나는 그 가시가 사탄의 사주를 받은 어떤 사람이라고 믿는다. 그 사람의 임무는 바울이 개척한 신자들의 공동체들 곳곳으로 바울을 따라다니며 바울의 사역을 깎아내리고 그 공동체들을 접수하는 것이었다.[2]

그것이 무엇이든 간에, 그 가시는 분명 바울을 심히 괴롭혔다. 그래서 그는 자신의 삶에서 그것을 제거해달라고 예수님께 여러 번 간구했다. 그리고 주님은 그 응답으로 다음과 같이 그에게 말씀하셨다.

> 내 은혜가 네게 족하도다 이는 내 능력이 약한 데서 온전하여짐이라.
>
> 고후 12:9

예수님께서 바울에게 이렇게 말씀하신 것이다. "포기하지 말라. 매달리라.hang on 계속해서 앞으로 나아가라. 내 은혜는 네가 충분히 해낼 수 있게 해줄 것이다. 이 가시가 있음에도 불구하고, 너는 너의 사명을 완수할 것이다."

그리고 바울은 해냈다. 그는 심지어 이런 불후의 명언을 남겼다.

> 그러므로 도리어 크게 기뻐함으로 나의 여러 약한 것들에 대하여 자랑하리니 이는 그리스도의 능력이 내게 머물게 하려 함이라 그러므로 내가 그리스도를 위하여 약한 것들과 능욕과 궁핍과 박해와 곤고를 기뻐하노니 이는 내가 약할 그 때에 곧 강함이라. 고후 12:9-10

바울은 그냥 매달리고 있었다.

그리고 건너편에 부활이 있었다.

바울이 그리스도의 몸에 쓴 가장 위대한 편지들로마서, 에베소서, 그리고 골로새서은 그의 삶으로 가시가 침투한 후에 쓴 것이다.

그 편지들은 고난을 통해 오는 영광을 대표한다.

그 편지들은 극심한 제한 속에서 캐낸 보물을 구현한다. 당신도 알다시피, 그 비할 데 없는 편지들 대부분은 바울이 갇혀 있을 때 쓴 것이다.

마찬가지로, 당신의 가장 위대한 사역도 당신의 가장 큰 고난으로부터 나오게 될 것이다.

즉, 만일 당신이 그냥 매달린다면hang on 말이다.

─────

1. 고후 12:7.
2. 내가 믿는바 바울의 가시에 관한 자세한 설명은 다음을 참조할 것: *Rethinking Paul's Thorn in the Flesh* at frankviola.org/thorn.

20. 불완전한 폭풍

**빛은 어두움의 중심에 있다:
새벽은 우리가 밤에 완전히 들어갔을 때 온다.**

로완 윌리암스 Rowan Williams

우리는 사도행전 27장에서 죄수인 바울이 배를 타고 로마로 압송되는 장면을 봤다.

그 이야기를 현재형으로 다시 써보겠다.

그 배는 맑은 날에 항ss해를 시작한다. 그러다가 지독한 폭풍이 일어나고, 선장은 배의 통제권을 잃는다.

그 폭풍은 나흘 내내 지속한다. 시시각각으로 절망적인 상황에서 배에 탄 사람들은 낙담하고 만다.

그런 가운데, 하나님께서 그분의 사자를 통해 바울에게 말씀하신다. 하나님의 사자는 그에게 배에 타고 있는 단 한 사람도 죽지 않을 것이라고 알려준다.

그 배를 책임지고 있는 사람들을 향한 바울의 반응은 다음과 같다.

내가 너희를 권하노니 이제는 안심하라 너희 중 아무도 생명에는 아무런 손상이 없겠고 오직 배뿐이리라 내가 속한바 곧 내가 섬기는 하나님의 사자가 어제 밤에 내 곁에 서서 말하되 바울아 두려워하지 말라 네가 가이사 앞에 서야 하겠고 또 하나님께서 너와 함께 항해하는 자를 다 네게 주셨다 하였으니 그러므로 여러분이여 안심하라 나는 내게 말씀하신 그대로 되리라고 하나님을 믿노라. 행 27:22-25

바울의 태도를 주목하라. "나는 좌절에 빠지지 않겠다. 나는 희망을 버리지 않겠다. 나는 나의 하나님께 매달리고hang on 그분을 믿겠다."

당신이 볼 수 있는 전부가 시커먼 구름과 비밖에 없을 때 하나님을 신뢰하기는 쉽지 않다.

당신의 귀에는 천둥소리만 들리고, 당신의 눈은 번개에 의해 가려져 있을 때 주님을 신뢰하는 것은 매우 어렵다.

그리고 그것이 쉬지 않고 계속되고 또 계속될 땐 더욱 어렵다.

당신이 탄 배가 파선되어 산산조각이 날 때 주님을 신뢰하는 것은 한층 더 어렵다. 심지어 바울이 배에 탄 사람들에게 격려의 말을 해준 후에도 폭풍은 끊이지 않았다.

최종적으로는, 배의 고물이 깨져버렸다. 배에 탔던 죄수들 상당수는 배의 물건을 하나씩 잡고 널조각에 의지해서 필사적으로 살아남으려 했다.

요점: 때때로 하나님은 폭풍을 멈추게 하실 것이다. 하지만 그분은 종종 그렇게 하시지 않을 것이다. 나는 나의 개인적인 시련 중에 폭풍이 지나갈 때까지 배에서 떨어져 나간 물건들에 매달려서 폭풍을 견뎌야 했다. 당신도 똑같이 해야 할 것이다.

마지막으로, 그들이 바닷가에 도달했을 때 바울의 사역을 통해 멜리데

섬에서 부흥이 일어났다.1

    교훈: 당신의 역경 건너편에는 언제나 보상이 있다. 그러므로 계속 매달리라!!

―――――
1. 행 28:1-10.

21. 다시 붙잡아야 할 때

**평안은 일이 잘 풀릴 것이라는 확신이다.
우리는 결과를 창출하고자 내적으로나 외적으로 더는 애쓰지 않는다.**

달라스 윌라드와 잰 존슨 Dallas Willard and Jan Johnson

나는 시련 가운데 때때로, 처음에는 매달리고자 하는 나의 결심이 확고했었다. 그러나 시간이 흐르고 바늘이 그 어느 방향으로도 움직이지 않는 것을 보았을 때, 나의 인내는 한계에 부딪히기 시작했다.

나는 역경 속에 있었던 한때를 기억한다. 나는 내가 과연 미궁 속에서 벗어날 방법을 찾게 될지를 궁금해하며 창문을 주시한 채 거실에 서 있었다. 나의 환경이 바뀌는 날이 올 수 있을까? 주님께서 언제쯤 나를 구해주실 것인가?

다음 성서 구절이 그 당시의 내 정신적, 감정적 상태를 정확히 표현해준다.

> 나의 영혼이 주의 구원을 사모하기에 피곤하오나 나는 주의 말씀을
> 바라나이다 나의 말이 주께서 언제나 나를 안위하실까 하면서 내 눈이
> 주의 말씀을 바라기에 피곤하니이다 시 119:81-82

그때가 바로 내가 다시 붙잡아야 할 때였다.

당신이 상실과 고통에 직면하고 그 상태가 호전되지 않고 몇 달 동안 지속할 때, 당신은 지쳐버릴 것이다.

그때가 당신이 단단히 붙잡고 계속 매달려야hang on 할 때이다.

내가 이렇게 했을 때, 뭔가 믿을 수 없는 일이 일어나고 있음을 점차 깨닫게 되었다. 처음에는, 붙잡고 있는 사람이 오직 나 자신밖에 없다고 생각했는데, 결국 나는 다른 한쪽 끝에서 나보다 더 단단히 붙잡고 계신 분이 있음을 발견하게 되었다. 그리고 그분은 놓지 않고 계셨다.

하나님이 반대편에서 나를 붙잡고 계셨다!

붙잡고 있는 당신의 손이 풀리기 시작해서 밧줄이 약간 미끄러진다 해도, 하나님은 여전히 반대편 끝을 붙잡고 계신다.

이런 점에서 크리스티 노클스Christy Nockels의 노래 「나의 닻My Anchor」이 나에게 크게 와 닿았다. 나는 운전할 때, 그리고 바닥에 누웠을 때 이 노래를 수도 없이 들었다.

온라인에서 이 노래를 찾아 들어보라. 특히 중간에 이어지는 부분을 들어보라.

요점: 당신이 지옥과 같은 삶을 살아가며 상황이 나빠질 대, 새로이 하나님의 손을 붙잡고 계속 매달리라.

나의 인생에 일어난 폭풍 속을 걸어갈 때 때로는 이것이 내가 가진 유일한 해답이었다.

나의 계획과 책략과 전략은 무용지물이었다. 그 좌절의 연속 속에서 내가 할 수 있었던 전부는 다시 단단히 붙잡고 매달리는 것뿐이었다.

마가복음에 예수님께서 손이 마른 병자를 치료하신 이야기가 나온다. 손이 마른 병에 걸리면 물건을 잡을 수 없다. 그런 손은 아무것도 붙들 수 없다.

이 이야기에서 예수님은 두 가지를 명하셨다. "일어서라"와 "네 손을 내밀라."[1]

매달린 우리의 손이 점점 지쳐가고 우리의 믿음이 말라갈 때, 주님은 당신과 내게도 똑같이 말씀하신다.

"친애하는 자매여, '일어서라!' 그분의 약속 위에 굳건히 서라."

"친애하는 형제여, '네 손을 내밀라!' 믿음으로 당신의 손을 내밀고 또다시 붙잡아라."

그리고 결코 이것을 잊지 말라. 당신의 인생에서 지옥이 다 풀려날 때, 하늘은 반대편 끝에 매달려 있고, 주님은 "나는 너를 놓지 않겠다"라고 말씀하신다.

누가 우리를 그리스도의 사랑에서 끊으리요 환난이나 곤고나 박해나 기근이나 적신이나 위험이나 칼이랴… 그러나 이 모든 일에 우리를 사랑하시는 이로 말미암아 우리가 넉넉히 이기느니라 내가 확신하노니 사람이나 생명이나 천사들이나 권세자들이나 현재 일이나 장래 일이나 능력이나 높음이나 깊음이나 다른 어떤 피조물이라도 우리를 우리 주 그리스도 예수 안에 있는 하나님의 사랑에서 끊을 수 없으리라. 롬 8:35, 37-39

─────
1. 막 3:3, 5.

22. 그들의 어두운 밤은 끝났다

우리는 모두 불가능한 해결책으로 교묘하게 위장된 일련의 큰 기회들을 접한다.
무명Author Unknown

야곱은 하나님의 사자와의 씨름을 끝냈을 때, 밤새도록 매달린 후에 전혀 다른 사람이 되었다. 그의 새로운 성품에 걸맞은 새로운 이름을 소유한 사람이 되었다.

욥은 그에게 닥친 지독한 시련에서 스스로 벗어날 수 없었을 때 그의 하나님께 매달렸고, 주님은 그가 잃은 것의 두 배를 주시면서 그를 회복시켜 주셨다.

바울이 육체의 가시가 있음에도 불구하고 예수님께 매달렸을 때, 하나님은 바울의 놀라운 옥중 편지들을 통해 시대를 초월해서 그리스도의 부활 능력을 나타내고자 그를 연약한 가운데서 사용하셨다.

바울과 다른 죄수들이 배가 파선된 후 바다에서 부러진 널조각에 매달렸을 때, 결국 살아남아서 섬에 도달했고 부흥이 일어났다.

이 모든 이야기를 하나로 묶는 공통점은 야곱, 욥, 그리고 바울이 그들의 환경에도 불구하고 계속 매달렸다는 사실이다. 그리고 결국엔, 그들 모두가 그들을 변화시키신 살아 계신 하나님을 만났다는 사실이다.

내가 좋아하는 달라스 윌라드는 언젠가 다음과 같은 지혜의 폭탄을 투하했다.

> 필사적인 믿음신뢰하는 믿음은 파고들고, 붙잡고, 단단히 매달리면서 다음과 같이 말한다. "나는 무슨 일이 벌어질지 상관하지 않는다. 나는 하나님을 붙든다!"… 필사적인 믿음은 흔들림이 시작되어 당신 주변의 모든 것이 무너질 때 전적으로 하나님을 신뢰하는 것이다… 당신이 배신당하고, 버림을 받고, 속고, 수치를 당할 때, 당신이 불치의 병에 걸릴 때, 당신의 재정 상태가 바닥을 칠 때, 당신이 사랑하는 사람이 지옥문을 통과하는 것을 볼 때, 바로 그때가 신뢰해야 할 순간이다. 그리고 신뢰하면서 하나님을 알게 될 것이다.[1]

당신의 삶이 무너지고 아무런 해결책도 없을 때, 가능한 한 예수님께 가까이 가서 계속 매달리라.

결국, 동이 터서 날이 밝아올 것이다.

결국, 구름이 갈라지고 햇빛이 비칠 것이다.

> 우리가 선을 행하되 낙심하지 말지니 포기하지 아니하면 때가 이르매 거두리라. 갈 6:9
>
> 나 곧 내 영혼은 여호와를 기다리며 나는 주의 말씀을 바라는도다. 시 130:5

———————

1. Dallas Willard, *Life without Lack: living in the Fullness of Psalm 23* (Nashville: Thomas Nelson, 2018), 106-107.

23. 고독을 수용하기

**고통의 사역과 관련하여, 어떤 비극일지라도
그것에는 긍정적인 선이 내재되어 있다고 말할 수 있다.**

하워드 서먼 Howard Thurman

어떤 종류의 시련이든 관계없이 혼자라고 느끼는 시기가 있다.

이것이 하나님께 버림받은 영적이고 감정적인 사막의 기간으로 이어지는데, 이것은 고통의 수레바퀴에 바큇살 하나가 더해진 것이다.

성서를 통틀어, 광야는 시험, 훈련, 그리고 준비를 대표한다.

광야의 이미지는 또한 고독의 실재를 묘사한다.

광야는 우리가 하나님께 대한 근본적인 신뢰를 실천하는 훈련 장소다.

광야는 예측할 수 없다. 그것은 하나님께서 뭔가 유익한 것으로 우리를 놀라게 하시도록 우리가 그분께 의탁하고 그분을 기다리는 장소다.

약속의 땅으로 가는 지름길은 없다. 광야가 필연적이다.

우리는 광야에서 어두움을 정면으로 응시하고 불편함과 불확실함을 편안하게 받아들이는 법을 배운다.

그런 어두움은 우리에게 견딤과 인내를 가르쳐주도록 설계되었다.

우리가 하나님을 더 잘 알게 되는 곳이 바로 쓸쓸한 광야다.

지적으로 아는 것이 아니라, 모든 것이 그분의 돌보시는 손에 달려있음을 우리가 확신하는 내적인 방법으로 안다.

광야에서는 말이 되지 않는 일들이 벌어진다. 따라서 우리는 무력하고 희망이 없다고 느끼도록 유혹을 받는다.

특히 우리가 주님의 음성을 듣거나 그분을 느낄 수 없을 때 더욱 그렇다.

나는 역경 속에 있을 때 때때로 완전히 광야로 내몰렸다.

그 적막했던 경험 일부는 나의 무릎을 꿇리는 감정적인 충격이었다. 납작 엎드리게 하는, 카펫에 얼굴을 묻어야 했던 그런 타격이었다.

그런 경험이 내 영혼에 끼친 피해가 때로는 견딜 수 없는 것이었다. 하지만 나는 최선을 다해 하나님의 손에 맡겼고, 그 경험에서 배움을 얻고자 무던히 애쓰며, 내가 견뎌낸 모든 것을 기록에 남겼다.

나는 기록을 하면서, 그 과정을 통해 더 나은 버전version의 나 자신이 되고자 하는 목표에 몰방하여, 성령이 나에게 보여주시는 것을 알려고 힘썼다.

주님께서 나에게 지각을 초월하는 평안을 주셨는가? 아니다.

그분의 임재를 생생하게 인식하게 하시면서 나의 마음을 위로하셨는가? 아니다.

내가 바라는 모든 것을 충족시키시고 나의 고독을 완화시켜 주셨는가? 아니다.

주님께서 하신 것은 나로 살아남도록 도우신 것이었다. 가까스로.

주님은 그분을 향한 나의 부르짖음을 들으셨다. 그분이 나의 목소리를 들으신다는 느낌이 나에게 들지 않는다고 할지라도.

주님은 내 친구들가족을 포함해서을 통해 내 영혼을 격려해주셨다.

때로는 곁에 친구들이 없었던 때도 있었는데, 그럴 때 나는 철저하게 혼자였다.

우리가 걸어가는 길은 믿음의 여정이지, 감정이 아니다.

고독은 우리가 친구 되시는 예수님을 찾고, 아울러 다른 사람들에게 손을 내밀도록 추진하게 하는 선물이다.

감사하게도, 광야는 결코 끝이 아니다. 그것은 뭔가 더 대단한 것으로 가는 과도기다.

모래바람이 당신의 얼굴에 불어와서 사막의 먼지를 토해낼 때 이것을 명심하라.

24. 그래도 하나님은 가까이에 계신다

뒤를 돌아볼 때, 내가 깨달은 분명한 것이 있다. 하나님이 결코 눈물을 낭비하시지 않는다는 사실이다. 그분은 절대로 우리의 고난을 통해 얻은 귀중한 교훈들을 낭비하시지 않는다. 하나님은 우리의 미래로부터 현재의 고통을 분리하시지 않는다.

다니엘 헨더슨 Daniel Henderson

하나님은 고독과 고통 속에 있는 우리 가까이에 계시겠다고 약속하셨다. 우리가 가까이 계심을 느끼지는 못하더라도 마치 그것이 사실인 것처럼 행동할 수 있다. 즉, 그것은 항상 함께 계시는 그분의 임재 안에서 우리가 믿음을 적용할 수 있다는 뜻이다.

> 여호와께서는 자기에게 간구하는 모든 자 곧 진실하게 간구하는 모든 자에게 가까이 하시는도다. 시 145:18

언젠가 시련을 겪고 있을 때, 내가 쉬지 않고 하나님께 부르짖어도 하나님은 전혀 나에게 말씀하시지 않는다고 느꼈다. 그쯤, 내 친구 중 하나가 나에게 이렇게 말했다. "주님께서 '프랭크는 내 말을 들을 수 없다고 하지만, 나는 프랭크의 말을 듣고 있단다' 라고 말씀하시는 것을 나는 감지합니다."

이것이 일말의 진실을 담고 있으므로 내 마음에 큰 위로가 되었다.

하나님은 당신의 고독을 통해 당신의 내면에서 물밑 작업을 하고 계신다. 그리고 그런 와중에 당신은 하나님의 말씀을 듣지 못할지라도 그분은 당신을 듣고 계신다. 하나님은 모든 눈물을 기억하시고, 당신의 심적 고통을 느끼시고, 극도의 괴로움을 아신다.

이 사실을 붙잡고 매달리라. 그러면 그것이 당신이 이겨내게 할 것이다.

하나님의 임재는 때에 따라서 아주 미묘하다고 나는 들어왔다.[1]

그래서 그것은 종종 실재하지 않는다고 느껴진다.

고독은, 몹시 고통스럽긴 하지만, 위대한 스승이다. 그것은 우리를 절대 떠나지 않으시는 보이지 않는 분께 어떻게 기댈 수 있는지를 우리에게 가르쳐준다.

출구는 열려 있다. 그리고 나가는 길은 예수님을 향해 흘린 많은 눈물로 포장되어 있다.

많은 사람에게, 고독은 극도의 초조함을 불러일으킨다.

고독할 때 나는 앞으로 나아가야 한다. 나는 사람들에게 둘러싸여 있어야 한다. 하지만 지옥의 불을 통과할 때는 내가 아무리 많은 사람에게 둘러싸여 있을지라도 편안할 수 없다.

그래도 괜찮다. 인간 사이의 관계는 결코 우리 영혼의 빈 곳을 채울 수 없다. 우리는 주님을 붙잡는 길을 찾아야 한다.

사람과의 연결이 끊어졌을 때 어떻게 살아남을 것인가? 이것이 바로 고독이 우리에게 가르쳐주는 교훈 중 하나다.

주님은 우리의 고독을 제거하시는 것보다 그 고독에 의미를 부여하시는 것에 더 관심이 있으신 듯하다. 적어도 시련 가운에 있을 때는 그렇다.

열쇠는 여기에 있다. 당신의 깨어짐 속에서 온전함을 발견하는 것, 당신의 고독과 불확실함 속에서 평안을 찾아내는 것.

그것은 전부 믿음으로 매달리는hang on 것으로부터 시작한다. 궁극적인 결과가 변화일 것이라는 평온한 확신을 하고 매달리라. 그 과정이 비록 당신이 원하거나 기대하는 것이 아닐지라도.

수고하고 무거운 짐 진 자들아 다 내게로 오라 내가 너희를 쉬게 하리라. 마 11:28

—————

1. YouTube에 있는 나의 메시지 *The Subtlety of God's Presence*를 참조할 것.Youtube. com/c/frankviolaauthor.

25. 대기 상태에서 오도 가도 못 하다

하나님은 신뢰받기를 무척 원하신다.

데이빗 윌커슨 David Wilkerson

비행기는 착륙 허가를 받기 전까지 하강하지 못하고 계속 공중에서 맴돈다.

우리는 이것을 **대기 상태**holding pattern라고 부른다.

당신은 삶의 여러 영역과 관련해서, 즉 당신의 영적인 삶, 사역, 사업, 건강, 평생의 직업, 대인 관계 등의 영역에서, 어쩌면 지금 대기 상태에 있을지도 모른다.

나 자신도 수도 없이 그것을 경험했다.

나는 아무런 진전도 없이 내가 전에 봐왔던 땅을 일정한 동작으로 빙글빙글 돌고 있는 과도기의 덫에 걸려있었다.

다른 비유를 사용하자면, 나는 시커먼 구렁을 통과하면서 텅 빈 어두운 공간을 굴러다니며 원자 자유낙하an atomic freefall를 하고 있었다.

그러나 여기에 좋은 소식이 있다. 내가 곤두박질치며 예수님이 가까이 계심을 감지하지 못할 때조차도, 그분은 떨어지는 나를 이끌고 돌보시는 나의 길잡이이심을 나는 발견했다.

만일 당신이 당신의 마음을 주님께 드렸고 그분과 함께 동행해왔다면,

그분이 당신의 발걸음을 정하신다. 그 발걸음 하나하나를 전부 정하여 주신다.

여호와께서 사람의 걸음을 정하시고 그의 길을 기뻐하시나니. 시 37:23

이 장에서 나는, 내가 가장 험난했던 시절에 발견한 7가지의 통찰력 있는 깨달음과 내가 대기 상태에서 어떻게 반응하기를 배웠는지 제시하고자 한다. 내가 이것들을 기록하는 것은 당신을 돕기 위할 뿐만 아니라, 내가 다시 그런 대기 상태에서 오도 가도 못 할 때 나 자신에게 상기시키기 위해서다.

- **당신이 혼자가 아니라는 것을 인식하라.** 나는 몇 년 전 나의 페이스북Facebook에서 설문 조사를 했는데, 조사에 응한 사람 중 95%가 그들의 삶의 어떤 영역에서는 대기 상태에서 오도 가도 못 했다고 답했다. 그러므로 위안을 받아라. 당신에게 문제가 있는 것이 아니다.

- **삶의 많은 부분이 기다림과 관련되어 있다는 사실을 받아들이라.** 기다리는 것은 결코 쉬운 일이 아니다. 우리는 친구, 가족, 직원, 사장, 의사, 이메일 답장, 전화, 관공서, 하나님 등을 기다려야 한다. 기다림은 이 세상에 사는 동안 삶의 상당한 부분을 차지한다. 결과적으로, 우리 대부분이 가진 애증의 관계우리가 그것을 싫어하면서도 사랑한다는 뜻!의 선은 인내다. 과학 기술이 발달한 오늘날의 세계는 빠른 결과를 내도록 우리를 중독시켰지만, 하나님은 우리에게 무한한 인내로 역사하신다. 예수 그리스도는 성육신하신 인내이시

다. 그러므로 기다림을 수용하라.

■ **준비하는 시간을 갖도록 하라.** 바울은 그의 회심 이후 여러 해가 지나서야 비로소 사도로서의 사역을 시작했다. 모세는 40년 동안 하나님의 백성을 인도하고자 광야에서 40년의 준비 기간을 가졌다. 예수님은 그분의 사역을 시작하기 전에, 성인이 된 후의 삶 대부분을 나사렛에서 목수로 지내셨다. 당신이 무엇을 위해 기다리는지 관계없이, 그것이 평생의 직업이든, 또는 사업, 새로운 관계 아니면 회복된 관계, 사역, 동업, 치유, 그 무엇이든 관계없이, 대기 상태는 당신이 준비하는 시간이다.

■ **희망을 잃기를 거부하라.** 낙심하는 것은 정상이지, 죄가 아니다. 절망은 당신이 피하기를 원하는 것이다. 왜냐하면, 절망은 당신이 믿음과 희망을 잃는다는 뜻인데, 이 두 가지가 하나님이 당신을 위하여 역사하시도록 하는 요소이기 때문이다.

■ **당신의 마음이 특정한 곳으로 향하지 못하게 하라.** 당신이 대기 상태에 있을 때, 당신의 마음은 유혹뿐만 아니라 염려라는 어두운 곳으로 향하기 쉽다. 염려를 재앙이라고 여기고 저항하라. 주님께서 그분이 무슨 일을 하고 계시는지를 아시고 당신의 시련을 정금으로 탈바꿈하여 주실 것임을 믿어라.

■ **의도된 교훈을 발견하라.** 우리는 종종 잡초에 갇혀서 하나님이 우리의 인생에서 그리기 원하시는 큰 그림을 놓친다. 당신의 머리를

구름 위로 내밀고 넓게 보라. 각각의 대기 상태는 당신이 터득해야 할 특정한 교훈을 포함한다. 주님 앞에서 그 교훈이 무엇일지를 숙고해보라. 이렇게 질문하라. "내가 이것에서 배울 수 있는 것은 무엇인가? 이 질문이 대기 상태를 장애물에서 삶의 교훈으로 바꿔줄 것이다."

■**하나님의 약속에 거하라.** 다음 성서 구절들은 내가 대기 상태에 처했을 때 내가 절망을 피해서 믿음과 희망을 품도록 격려해준 말씀이다.

믿음은 바라는 것들의 실상이요 보이지 않는 것들의 증거니. 히 11:1

이는 우리가 믿음으로 행하고 보는 것으로 행하지 아니함이로라. 고후 5:7

그러므로 내가 너희에게 말하노니 무엇이든지 기도하고 구하는 것은 받은 줄로 믿으라 그리하면 너희에게 그대로 되리라. 막 11:24

오직 여호와를 앙망하는 자는 새 힘을 얻으리니 독수리가 날개치며 올라감 같을 것이요 달음박질하여도 곤비하지 아니하겠고 걸어가도 피곤하지 아니하리로다. 사 40:31

아브라함이 바랄 수 없는 중에 바라고 믿었으니 이는 네 후손이 이같으리라 하신 말씀대로 많은 민족의 조상이 되게 하려 하심이라 그가 백 세나 되어 자기 몸이 죽은 것 같고 사라의 태가 죽은 것 같음을 알고도 믿음이 약하여지지 아니하고 믿음이 없어 하나님의 약속을 의심하지 않고 믿음으로 견고하여져서 하나님께 영광을 돌리며 약속하신 그것을 또한 능히 이루실 줄을 확신하였으니. 롬 4:18-21

하나님께서 아브라함과 사라에게 아들을 약속하셨을 때, 아브라함의 나이가 75세였음을 생각하라. 그 약속은 25년 후인 아브라함이 100세가 되어서야 성취되었다.

25년간의 대기 상태를 상상해보라. 당신과 나의 대기 상태는 그것보다는 한참 더 짧을 것으로 나는 짐작한다.

내가 위에서 제시한 7가지 원리들을 적용한다면, 당신은 궁극적으로 비행기를 착륙시키고 당신의 목적지에 도달할 것이다. 그리고 당신은 뒤를 돌아보며, 처음에 실망스러운 좌절이라고 느꼈던 것이 위장된 가치 있는 배움의 경험이었음을 발견하게 될 것이다

26. 십자가의 불확실성

아주 복잡한 것에서 아주 단순한 것이 생겨난다.

윈스턴 처칠Winston Churchill

나는 내 친구 니콜라스 바실리아데스Nicholas Vasiliades에게 이 통찰력 있는 말의 공을 돌린다. 십자가에 관하여 가장 고통스러운 것 중의 하나는 그 안에 내재한 물음표다.

예수님은 자신이 죽임을 당하시고, 사흘 동안 쓸쓸한 무덤에 누워 계시고, 사흘 만에 다시 살아나실 것을 분명히 하셨다.[1]

그렇다. 주님은 앞으로 일어날 결과를 아셨다. 적어도 피로 얼룩진 십자가에 실제로 매달리시기 전까지는 그랬다.

고문을 받고 처형당하는 극심한 고통과 괴로움 속에서 주님이 당황하여 다음과 같이 부르짖으신 것은 바로 그때였다. "나의 하나님, 나의 하나님, 어찌하여 나를 버리셨나이까?"[2]

그 순간, 예수님은 결과에 대해 더는 확신하시지 못한 것처럼 보인다. 그분에게 질문, 의심, 혼동, 당혹감이 생겼다.

마찬가지로, 우리가 시련과 고난을 통해 그리스도의 십자가를 견딜 때 고통에는 다양한 수준이 있다.

시련의 즉각적인 고통 너머에 결과의 불확실성이 있다.

나의 자녀가 죽을 것인가?

나의 결혼 생활이 파탄 날 것인가?

나의 남편은 나에게 돌아올 것인가?

나의 아내는 과연 나를 다시 사랑할 것인가?

나의 배우자는 주님께로 돌아올 것인가?

나의 남자친구와 나는 화해할 것인가?

나의 여자친구는 나를 용서할 것인가?

나의 아버지는 고침을 받을 것인가?

나의 어머니는 고통에서 해방될 것인가?

이 병은 치유될 것인가?

나의 남동생에게 있는 고통이 과연 끝날 것인가?

나의 여동생은 감옥에서 나오게 될 것인가?

나는 실제로 안정된 생활을 보장해줄 다른 직업을 찾을 수 있을까?

나는 결국 이혼당하게 될까?

나는 결국 죽게 될까?

이런 질문은 끝도 없다.

해독제는 무엇인가?

매달리고 내려놓아라! hang on, let go!

결과로부터 당신 자신을 분리해라. 그것을 하나님께 맡기고 항복하라.

하지만 주님을 붙잡아라. 치열하게.

매달리고 내려놓는 것은 둘 다 긴장 상태에 있다. 그리고 둘 다 해내기가
어렵다. 모든 것이 절망적으로 보이는 그 순간에 더욱 그렇다.

나 자신의 결과를 주님께 맡기고 항복했을 때는 언제든지, 나는 화산의

한가운데서도 마음의 평안을 경험했다.

혼돈이 당신의 삶을 덮칠 때 항복은 어렵다. 나는 시련 가운데서 모든 가능한 결과를 하나님의 능력의 손에 맡기고자 여러 날 밤을 몸부림치며 지냈다.

만일 당신이 내가 했던 것처럼 한다면, 패배할 수 없다.

그것은 일석이조의 상황a win-win situation이다.

무슨 일이 일어나든지 당신에게는 여전히 하나님이 계시고, 좋은 결말을 보게 될 것이라는 그분의 약속이 있다.

하워드 서면은 하나님께 항복하는 것의 깊이와 그것과 결부된 자유에 관해 다음과 같이 설명했다.:

> 나는 어떤 조건이나 거리낌 없이 나 자신을 하나님께 항복한다. 나는 그분과 거래하지 않을 것이다. 나는 부분적으로 항복하지 않고 나의 중심을 그대로 다 드러낼 것이다. 즉, 내 존재의 전부가 하나님의 창조적인 힘으로 충전되게 할 것이다. 조금씩 또는 여러 영역에 있어서, 나의 삶은 하나님의 생명 안에서 변화되어야 한다. 이런 일이 벌어지면서, 나는 참 자유의 의미를 알게 되고, 감당할 수 없을 것 같았던 부담들이 하나님의 생명과 사랑의 물흐름 속에 떠내려간다.
>
> 하나님과의 교제에 있어 중심 요소는 자신의 항복self-surrender을 실천하는 것이다.3

-----

1. 마 16:21; 막 9:30-32.
2. 마 27:46.
3. Thurman, *Meditations of the Heart*, 175.

27. 부활의 영역

하나님의 영광이 침입하는 것을 불가능하게 만드는 절망적인 상황은 없다; 하나님을 차단하고 그분의 영광이 새롭게 드러나는 것을 불가능 하게 하는 상황도 없다.

T. 오스틴 스팍스 T. Austin Sparks

누군가 이렇게 말한 적이 있다. 동이 트기 전이 가장 어둡다. 나는 시련 가운데 있을 때 이것이 사실임을 알게 되었다.

언젠가 시련을 겪는 동안, 나는 벼랑 끝에 기름기 있는 손가락 하나로 매 달려 있었다. 모든 징후는 내가 결국 미끄러질 것이고 추락은 치명적일 것 이라는 것이었다.

내가 이것에 대해 한 친구에게 마음을 털어놓았는데, 그는 다음과 같은 쪽지를 보내왔다. :

이것이 이제는 주님의 손으로 완전히 옮겨졌습니다. 프랭크, 언제나 희 망은 있습니다. 우리는 둘 다 이것보다 더 심각한 상황을 보았습니다. 상황은 DOA*를 선언했고, 심지어 땅속에 묻히기까지 했습니다. 그리 고 조문객들은 묘지를 떠나며 작별 인사를 했습니다.

이렇게 우리는 더 나쁜 상황을 봐왔습니다. 당신은 지금 오로지 부활

---

* 역자 주: **Dead On Arrival**의 약자로써 '도착 시 이미 사망'이라는 의학 용어다

의 영역 안에 있습니다. 그리고 그런 부활이 있을 것입니다. 나는 그것이 어떤 식으로 일어날 것인지만 알지 못할 뿐입니다. 나는 여전히 그것이 우리가 기도해온 대로 펼쳐질 것을 바라고 기도하고 있습니다. 하지만 적어도, 죽은 자 가운데서 살아날 사람은 당신일 것입니다. 최근 당신이 탄 배의 뱃머리에 밀려온 가장 큰 파도 가운데 설 수 있도록 주님께서 당신에게 주신 것을 아는 것에 우뚝 서 있기를 바랍니다.

그리스도 예수 안에서 함께 서 있는 당신의 친구로부터.

달리 표현하자면, 계속해서 매달리라는hang on 말이다. 금요일과 토요일에는 절망적으로 보이지만, 일요일은 온다.

감사하게도, 나는 계속 매달렸고 하나님의 은혜로 난간 위로 기어 올라갈 방법을 찾아냈다.

이것을 알아야 한다. 당신이 바닥으로 던진 것은 무엇이든 나중에 다시 올라오게 될 것이다.[1]

부활은 예수님을 따르는 모든 사람에게 보장되어 있다. 만일 우리가 환경을 상대로 싸우는 대신 주님과 함께 고난을 받는다면, 다시 일어나게 될 것이다.

그러므로 폭풍을 향해 불평하고 분노하는 대신, 모든 폭풍을 주관하시고 그것에서 부활의 밝은 빛이 나오게 하시는 분께 항복하고 그분을 바라보라.

이렇게 하면, 다른 사람들이 수혜자가 될 것이다.

바로 앞에 빛이 나는 금이 있다.

─────
1. 갈 6:7-8.

제3부

내려놓아라

28. 내려놓는 예술

하나님 안에서 안식하는 것은 그냥 하나님 아버지와 함께 있는 것의 사안이다. 때때로 하나님은 우리가 그저 긴장을 풀고 아무것도 하지 말라고 하신다. 그냥 내려놓아라. 그분 안에서 안식하며 내려놓아라. 우리는 무슨 안건agenda을 가질 필요가 없다.

팀 핸슬 Tim Hansel

나는 미국 해군 특수부대Navy SEAL의 훈련에 대해 들은 적이 있다. 훈련생들이 익사 방지 부유법drownproofing이라고 불리는 훈련을 통과해야 하는데, 그것은 두 손이 등 뒤로 묶이고 두 발도 묶인 채 3미터쯤 되는 수영장 물속으로 던져지는 훈련이다.

그들의 도전은 다음과 같은 일련의 과제들을 완료하는 것이다. 위아래로 20회 흔들기, 물 위에 등을 대고 떠 있는 채로 5분 동안 버티기, 바닥에 닿지 않고 헤엄을 쳐서 얕은 곳 끝까지 갔다가 돌아오기, 그들의 치아만을 사용해서 수영장 바닥에 있는 수영 마스크를 찾아오기 등.

분명히 합격자와 불합격자의 차이는 내려놓는let go 그들의 능력과 관련이 있다.

헤엄치려고 기를 쓰며 애쓰는 사람들은 실패하고 만다. 훈련을 통과하는 사람들은 긴장을 풀고, 집중하며, 내려놓는다.

구체적으로 말하자면, 시험에 합격하는 사람들은 자기 몸이 바닥으로 내려가도록 허용한다. 그리고 나서, 그들은 공기를 마시고자 발을 밀어 몸을 올려보낸다.

이것을 반복한다.

여기에 소중한 교훈이 있다.

인생의 여러 상황에서 우리의 본능은 싸우려 하고, 고치려 하고, 주도하려 하지만, 당신이 심각한 상황에 직면하면 주도하는 것은 완전히 새로운 의미가 있다.

주님은 우리에게 이렇게 말씀하신다. "네가 주도하려는 것을 포기하고, 내려놓고 내가 네 안에서 나의 일을 행하게 하라."

만일 관계에 문제가 발생한다면 우리가 그것을 위해 싸워야 하지 않겠는가? 만일 우리가 질병이나 중독에 직면한다면 우리가 가진 모든 것을 동원해서 싸워야 하지 않겠는가? 만일 직장이나 집을 잃고, 경제적으로 큰 손실을 보았다면 우리가 다시 일어설 수 있도록 싸워야 하지 않겠는가?

글쎄, 싸움은 보이지 않는 곳에서, 은밀한 기도를 통해 벌어져야 한다. 하지만 온종일 맞닥뜨리는 보이는 영역에서는 내려놓는let go 것을 요구한다.

항복은 본능을 철저하게 역행하는 것이다. 그러나 그것은 하나님의 방식으로 살아가는 삶의 본성이다. 그것은 우리가 가진 본능에 어긋나는 것이다. 특히 그 무엇이 하나님의 뜻일지라도. 그리고 다른 사람들에게 최선이라 할지라도, 고치고, 주도하고, 밀어내고, 무엇이 일어나도록 하려는 우리의 본능이다.

이 사실을 숙고하라. 우리는 우리가 최고 가치를 두는 것을 잃을 두려움이 있을 때 가장 불안해한다. 그리고 바로 여기가 정확히 항복이 일어나야 할 지점이다.

나는 오랜 시간 동안 '수리 전문가'로서 나에게 닥친 문제는 무엇이든지 해결하고자 준비태세를 갖추곤 했다. 특히 그것이 나에게 가장 소중한 사람들과 관련되었을 때 그렇게 했다. 그러나 여러 해 동안 수많은 시련을 견뎌낸 후에, 나는 그 모든 것에서 손을 내려놓고let go 그것들을 만화 영화의 정지된 화면 속에 집어넣는 법을 배웠다.

침묵하는 힘과 전투력 사이에는 엄청난 차이가 있다. 결의를 불태우며 가는 것과 침착하게 확신을 갖고 조용히 있는 것 사이에도 엄청난 차이가 있다.

내려놓는 것의 중요성에 대해, 데이빗 R. 호킨스는 다음과 같이 통찰력 있게 피력했다.:

> 당신은 아마 갖은 노력으로 이미 당신의 밧줄 끝에 도달했을지도 모른다. 어쩌면 당신이 원하는 곳으로 자신을 끌어올리고자 그 밧줄을 더 당길수록 더 닳아서 헤어지는 것을 봐왔을지도 모른다… 당신은 기꺼이 그 밧줄을 내려놓을let go 수 있는가?[1]

하나님이 의도하시는 방식으로 시련을 통과하는 것은 당신의 본성적인 충동을 거슬러 행하도록 당신에게 요구한다.

이 책의 앞부분에서, 나는 매달리는hang on 것에 대해 살펴보았다. 하나님께서 당신에게 내리신 밧줄은 당신의 삶을 위해 매달려야 하는 밧줄이다. 주님과 그분의 약속에 관해서는, 당신이 절대로 밧줄에서 손을 놓지 말아야 한다. 그분이 밧줄의 반대쪽 끝을 잡고 계신다.

그렇지만, 당신의 시련과 그것을 포함한 것들에 관해서는, 당신이 살아남아 앞으로 나아가려면 그 밧줄을 내려놓아야 한다.

그러므로 항복하라. 뒤로 물러나서, 긴장을 풀고 당신 자신을 바닥으로 떨어지도록 허용하라.

오직 그렇게 할 때, 당신은 꼭대기로 오를 수 있을 것이다.

-----

1. David R. Hawkins, *Letting Go: The Pathway of Surrender*(New York: Hay House, 2012), xiv.

29. 포기하는 것과 내려놓는 것

모든 여행은 그 여행자도 모르는 은밀한 목적지를 품는다.

마르틴 부버 Martin Buber

내려놓는 것letting go과 포기하는 것giving up은 같은 것이 아니다.

결과로부터 멀어지는 것은 레슬링 시합에서 수건을 던지는 것과 같지 않다.

포기하는 것은 밧줄이 피로 범벅 된 당신의 손에서 끊어져 나갔을 때이다. 그것은 당신이 의도적인 선택 때문에 뭔가 벌어지도록 허용한 것이다.

하나님은 절대로 우리가 포기하기를 원하시지 않는다. 그러나 그분은 우리가 내려놓기를 원하신다.

내려놓는 것은 받아들이고 항복하는 행위다.

그것은 또한 삶의 일부분이다.

내려놓는 것은 우리가 바꿀 수 없는 것들을 받아들이는 것이다. 그것은 우리가 그런 것들을 인정하거나 좋아한다는 뜻이 아니고, 그런데도 그것들을 놓아준다는 뜻이다.

내려놓는 것은 사랑의 행위이지, 패배가 아니다. 그것은 우리의 신뢰를 예수 그리스도께 두는 의도적인 결정이다.

내려놓은 것은 자유로 향하는 길이다. 그것은 또한 하나님께서 추구하시는 것을 얻을 수 있는 문을 열어준다. 그분이 당신 안에 창조하고자 하시는 걸작품을 누가 훼방하거나, 방해하거나, 가로채는 일 없이.

사실인즉슨, 인생은 손실의 연속a series of losses이다. 우리는 친구, 관계성, 직장, 교회, 가족, 심지어 우리가 좋아하는 상점, 식당, 호텔, TV 프로그램 등을 잃는다. 우리에게 보장된 유일한 것은 이 땅에 존재하는 것이고, 그것조차도 언젠가 저세상으로 가야 할 때 사라질 것이다.

그러나 모든 손실은 더 성장할 기회이다. 프랭크 로박은 이렇게 피력했다. "기죽지 않고 위험과 손실과 패배와 고통에 맞서는 사람이 진정한 군인이다. 이것은 또한 그리스도를 진정으로 따르는 사람의 테스트다."

내려놓는 것이 어려운 만큼 이것을 꼭 명심하라. 당신은 정말로 내려놓는 것이 아니다. 당신은 단지 그 문제를 하나님의 손으로 이전시키는 것뿐이다. 당신의 손보다 훨씬 더 능력이 있는 손 말이다.

아이들이 부서진 장난감을 고쳐 달라며
울면서 우리에게 가지고 오듯이,
나는 내 깨어진 꿈을 하나님께로 가지고 갔었지,
그분이 내 친구이시니까.
하지만 바로 그때, 그분이 평안하게
홀로 일하시도록 그분께 맡기지 않고,
나는 그분 주위를 맴돌며 내 방식으로
그분을 도우려고 애썼지.
마침내 나는 그 깨어진 꿈을 도로 낚아채고
이렇게 부르짖었지.
"어째서 주님은 그토록 느리십니까?"

"내 아들아딸아", 그분이 말씀하셨지,

"내가 무엇을 할 수 있었겠느냐?

네가 한 번도 내려놓은 적이 없는데."[2]

내려놓기는 쉽지 않다. 그러나 만일 나무가 나뭇잎을 내려놓지 않으면 봄에 새싹이 돋아날 수 없다. 그래서 가을이 멋진 이유는 우리에게 내려놓는 것의 아름다움과 가치를 보여주기 때문이다.

-----

1. Laubach, *You Are My Friends*, 63.
2. Hansel, *Through the Wilderness of Loneliness*, 111.

30. 주님의 고난에 참여함

눈물을 닦으면서 쟁기를 잡는 것, 이것이 그리스도교다.

윗치만 니 | Watchman Nee

나는 나의 책 『주님은 베다니를 사랑했지』에서 다음과 같이 고찰했다. "우리는 고통 가운데 있을 때 설명을 원하지만, 예수님은 우리에게 계시를 주시기 원하신다… 예수님 자신이라는 계시를."[1]

내가 위와 같이 표현했을 때 나의 이해의 깊이는 지금보다는 낮았었다.

어거스틴이 이렇게 말했다고 전해진다. "저의 깊은 상처 속에서 주님의 영광을 봅니다. 그 영광이 저의 눈을 부시게 합니다."

신약 성서에 의하면, **시련, 고난,** 그리고 **십자가**는 모두 상호 교환 가능한 용어다.[2]

나 역시 성서에서 힌트를 얻어 그것들을 상호 교환적으로 사용할 것이다.

바울은 우리의 고난을 그리스도의 고난에 참여하는 것으로 반복해서 말했다.

자녀이면 또한 상속자 곧 하나님의 상속자요 그리스도와 함께한 상속자니 우리가 그와 함께 영광을 받기 위하여 고난도 함께 받아야 할 것

이니라. 롬 8:17

나는 이제 너희를 위하여 받는 괴로움을 기뻐하고 그리스도의 남은 고
난을 그의 몸된 교회를 위하여 내 육체에 채우노라. 골 1:24

바울은 빌립보서 3:10에서 "그분의 고난에 참여함the fellowship of His suffer-
ings"이라는 문구를 사용한다.3 그리고 고린도후서 4:10에서는, 우리가 우
리의 고난을 통해 "예수님의 죽음을 나눈다share in the death of Jesus ."라고 말한
다.4

사도 베드로는 이 말에 다음과 같이 공감한다. :

오히려 너희가 그리스도의 고난에 참여하는 것으로 즐거워하라. 벧전
4:13

나의 책『주님은 베다니를 사랑했지』는 오븐oven 안에서 태어났다. 나는
그때 그 책에 영감을 준 고통이 나에게 있어 그리스도의 고난과의 마지막
만남rendezvous이었다고 생각했다. 오, 내가 얼마나 어리석었는지!

그 시기는 단지 슬픔의 시작이었을 뿐이었다. 여러 해 후에 나는 불 그 자
체 속으로 곤두박질치게 되었다. 거의 견딜 수 없는 고통의 시기로 진입하
게 되었다.

그리고 가장 큰 역경이 지나갔다고 생각할 무렵, 나는 완전히 다른 방향
으로부터 공격을 받았고 그 타격은 훨씬 더 심했다.

그것은 완전히 새로운 한 그릇의 **피코 데 가요**pico de gallo였다. 나는 이 말

의 뜻을 모르지만 듣기에 좋으니 그냥 사용하기로 하겠다.*

고통이 너무 심해서 어떤 날엔 아래의 성서 본문들이 마치 내가 쓴 것 같은 느낌이 들 정도였다.:

나의 요통이 심하여 해산이 임박한 여인의 고통 같은 고통이 나를 엄습하였으므로 내가 괴로워서 듣지 못하며 놀라서 보지 못하도다 내 마음이 어지럽고 두려움이 나를 놀라게 하며 희망의 서광이 변하여 내게 떨림이 되도다. 사 21:3-4

원수가 내 영혼을 핍박하며 내 생명을 땅에 엎어서 나로 죽은 지 오랜 자 같이 나를 암흑 속에 두었나이다 그러므로 내 심령이 속에서 상하며 내 마음이 내 속에서 참담하니이다. 시 143:3-4

나는 그리스도인이 된 후 초기에 피 흘리는 십자가의 고난을 많이 겪었었다. 그러나 정작 연기가 걷혔을 때는 예수 그리스도께서 프랭크 바이올라의 인생에서 거의 제로zero에 가까운 존재였다.

그분이 차지하신 영역이 거의 없었다는 말이다.

그러므로 하나님은 내 영혼 안에서 이전에 그분이 손대시지 못한 영역을 얻으시고자 더욱 끔찍한 십자가를 몇 개 더 마련하셔야 했다.

이것에 오해가 없기를 바란다. 예수 그리스도의 십자가는 쓰라린 고통이다. 그것은 예수님께 쓰라린 고통이었고, 우리에게도 쓰라린 고통이다.

십자가는 각기 다른 크기로 다가온다. 하지만 그것은 당신에게 올 때 당

---

* 역자 주: 이것은 토마토와 양파와 고수를 갈아서 만든 멕시코 음식을 지칭하는데, 저자가 이것이 무엇인지는 알지만, 그 표현의 유래를 모른다는 뜻이다.

신을 짓눌러버린다.

당신은 시련을 겪는 동안 당신의 영혼 안에서 무자비할 정도로 두들겨 패는 십자가의 힘과 마주친다.

그리고 숨통이 트이자마자 곧 당신의 문 앞에 대못이 배달될 것이다. 당신은 강요당하고, 습격당하고, 매복당하고, 제압당한다고 느끼게 될 것이다.

당신은 단지 몇 단계 아래로 내려가지 않고 아예 땅바닥에 내팽개쳐질 것이다.

시련의 성격에 따라 당신의 영혼이 반으로 쪼개진 듯한 느낌이 들 수도 있다.

잔혹하다는 단어로 그 고통을 묘사하기에는 턱없이 부족하다.

변화되고 있음을 알리는 소리는 몇 킬로미터 밖에서도 들을 수 있는 비명이다.

자신을 내어주지 않는 사랑은 없다. 고통 없이 자신을 내어주는 것은 없다. 그러므로 고통 없는 사랑은 없다.5

이런 이유로, 사람들은 심리학 전문가들을 열 받게 할, 십자가에서 빠져 나오는 방법을 갖는다.

예수님은 완전히 순종하셨음에도 불구하고 십자가가 그분에게 왔다. 내가 갈보리에 대해서만 언급하고 있는 것이 아니다. 그분의 인생 전체가 시련, 환난, 고난, 자기 부인, 그리고 자기희생이었다.

예수님은 십자가에서 죽으시기 전에 십자가를 살아가셨다.

따라서 예수님은 "질고를 아는 자a Man of sorrows"이시다.6

결과적으로, 자신이 순종적이기 때문에 십자가의 심오한 역할을 피할 수 있다고 생각하는 사람들은 신약 성서에는 문외한이다.

역사상 가장 순종적인 사람이 그분의 전 생애에 걸쳐 고난을 받았다면, 그분을 따르는 우리가 어떻게 십자가를 피할 수 있다고 생각하는가?

우리는 순종함으로 십자가를 피할 수 없다. 그리고 불순종함으로는 당연히 십자가를 피할 수 없다.

당신이 하나님의 참된 자녀라면 십자가를 모면할 수 없다.

아래의 글은 내가 폭풍 가운데 있을 때 한 친구가 보낸 메시지다. 이 글이 나를 격려해준 것처럼 당신에게도 그렇게 해주기를 바란다.

내가 알고 있는 곳을 소개하겠습니다. 이곳은 당신의 여정에 있어 요구되는 다음 단계입니다. 당신이 걸어서 올라가야 할 새로운 수준이 있습니다. 그렇습니다. 그것은 준비와 정화하려는 용광로입니다. 그 과정은 그 어떤 방해물도 제거해줄 것이고, 또한 더해진 이해와 통찰력으로 볼 수 있게끔 당신의 눈을 열어줄 것입니다. 내가 그 상황이 가져올 결과에 대해서는 알 길이 없지만, 내면에서 벌어지는 일이 성령의 목표라는 것은 알고 있습니다. 단, 그것이 밤이기 때문에 어두운 것입니다. 우리가 보고자 부르짖는 밤 내내 눈물은 그치지 않습니다. 그러나 기나긴 밤이 지나고 빛이 비치면 우리가 볼 수 있으므로, 아침엔 기쁨이 찾아옵니다. 당신은 뒤로 돌아가지 않고 오직 새날로 돌입합니다. 하나님께서 당신을 위해 준비하셨고 또 그것을 위해 당신을 준비시키신 그분의 달콤한 사랑이 다가옵니다. 그 사랑은 당신이 전에 알았던 그 어떤 것도 뛰어넘는 사랑일 것입니다. 그 사랑은 당신이 무엇을 말하든지 무엇을 하든지 관계없이, 당신의 전부에 속속들이 스며들 것입니다. 그곳은 당신이 희미하게 보았고 바랐던 곳입니다. 하나님께서 당신을 그곳으로 데리고 가십니다. 당신이 어둠의 왕국으로부터 저항을 받고 있지만, 당신의 초점은 빛에 맞춰져야 합니다. 내 형제여, 나는 이것이 당신에게 용기를 주고 도움을 주도록 기도합니다.

-----

1. 프랭크 바이올라, 『주님은 베다니를 사랑했지』(대장간, 2021), 127.
2. 마 26:39; 눅 12:50; 22:15, 28, 42; 롬 8:17; 벧전 4:13.
3. NASB.
4. NLT.
5. Billheimer, *Don't Waste Your Sorrows*, 34.
6. 사 53:3.

31. 당신의 위기에서 살아남는 법

**당신의 믿음은 오직 그 믿음을 살아남게 하는
테스트만큼만 강하다.**

마일즈 먼로Myles Munroe

내가 고난에 관해 자주 언급한 책인 『주님은 베다니를 사랑했지』에서,
나는 다음과 같이 표현했다. :

우리 인생의 모든 위기는 우리에게 임한 그리스도의 계시를 더 넓히고,
더 깊어지게 하고, 더 높이는 기회다.[1]

최근에, 달라스 윌라드도 이와 비슷한 말을 했음을 알게 되었다.:

긴급 상황들은 하나님을 당신의 삶의 현실 안으로 오시게 하는 기회
다.[2]

나는 우리 대부분이 자신감confidence,의 문제와 투쟁한다고 생각한다. 평
상시에도 그렇지만, 특히 우리가 위기에 처했을 때 더욱 몸부림을 친다.
불확실성uncertainty은 불안, 두려움, 그리고 자신에 대한 회의를 낳는다.

그리고 우리의 두뇌는 전투태세mode, 비행 태세, 또는 동결 태세로 돌입한다.

두려움은 우리가 반작용reactive하게 하지만, 당당함은 우리를 능동적pro-active으로 만든다.

내 인생에서의 혼란스럽던 때를 몇 달에 걸쳐 뒤돌아본 후에, 나는 그다음에 찾아올 위기에서 당당하게 살아남는 데 도움을 줄 네 가지 단계를 발견하게 되었다. 나는 이 네 가지 단계가 당신이 혼돈 속에 빠질 때 도움을 줄 것이라고 믿는다.

1. 당신이 처한 상황의 현실을 수용하라.

우리 대부분은 인생의 문제들에 과잉 반응을 한다. 우리는 우리의 문제들을 지나치게 부풀리는 경향이 있다. 예를 들면, 당신과 얘기하던 아이들이 아무런 이유도 없이 갑자기 당신을 유령 취급하는 경우다.

당신의 희망은 무너졌고, 이제 당신은 모든 인류의 멸망을 고대한다. 하지만 시간이 지나 당신이 조금 성장하게 되면, 당신은 유령 취급을 당하는 것이 종의 멸종the annihilation of the species을 보증하지 않는다는 사실을 깨닫는다.

다른 한편으로, 우리 대부분은 우리의 대적들을 과소평가한다. 우리는 터무니없는 장밋빛 환상을 가지고 우리가 겪고 있는 문제들에 대한 환경과 배경의 심각성을 가볍게 여긴다.

이것은 다른 류의 황폐를 불러일으킨다.

우리가 처한 상황의 심각성을 기꺼이 인식하려 하지 않는다면 우리는 큰 난관에 부딪히게 될 것이다. 우리의 고통과 환멸을 최소화하는 것은 결국 우리의 마음을 더욱 아프게 할 뿐이다. 적지 않은 전쟁 포로들이 '희망 마약

hope dope'을 과다복용했다. 왜냐하면, 그들이 곤경에 처한 자신들의 현실을 절대로 인정하지 않았기 때문이다.

당신이 처한 위기를 과대평가하거나 과소평가하는 것은 그 위기를 악화시킬 뿐이다. 사실인즉슨, 당신이 그것을 받아들이기 전에는 현실에 대처할 수 없다.

한쪽으로 치우쳐서 나가떨어지지 않게 도움을 주는 방법은 당신에게 닥친 잔혹한 현실을 기록해보는 것이다.

그것을 기록함으로써, 당신이 상황을 더 나쁘게 만들었는지, 아니면 더 잘 되게 했는지를 더 잘 판단할 수 있다.

그러므로 역경을 외면하지 말고 정면으로 맞서라.

당신이 처한 환경의 냉혹하고 힘든 현실─그것이 아무리 끔찍할지라도─을 받아들이는 것은 그것을 극복하는 데 있어 매우 중요하다.

당신이 싸우는 대상에 대해 솔직하면서도 한발 물러서서 다음과 같이 말할 수 있다면, 당신은 살아남을 수 있을 것이다. "하나님은 나로 이겨내게 하실 것이다. 나는 무슨 일이 일어나도 괜찮을 것이다."

2. 이야기의 결말에 대한 희망을 잃기를 거부하라.

성서는 시련, 환난, 고난, 그리고 어려움을 약속하지만, 또한 모든 환경에서 승리를 약속한다.

하나님께서 당신을 위기에서 구출하시든지, 아니면 그것을 통과하게 하시든지 관계없이, 이야기의 결말은 축복과 함께 전개될 것이다.

당신이 가장 힘들 때 주님은 자주 자취를 감추시는 것처럼 보인다. 그리고 그분의 은혜가 충분하지 않은 것처럼 보인다.

그러나 시간이 지나고 뒤를 돌아볼 때, 주님이 당신과 함께하셨고 심지어 그 상황에서 그분의 은혜가 완전히 충분했음을 발견한다.

내 인생에서 마치 코끼리를 죽일 정도로 험악한 일들이 벌어진 때가 있었는데, 만일 주님이 안 계셨더라면 나는 이 책을 집필하고 있는 오늘 이 자리에 있지 못했을 것이다.

나는 언젠가 위기에 처했을 때, 마치 죽은 나무줄기들에 걸려 넘어지면서 안개 속을 걷는 것처럼 느꼈다. 나는 그것들을 볼 수 없었지만, 그것들이 내 발아래 엉켜 있는 것을 느낄 수 있었다.

나는 오래된 늪을 건넌 다음 메마른 사막을 한참 걸어갔다. 나는 아무것도 볼 수 없었고, 아무것도 들을 수 없었다.

그러다가 하루는, 많은 뜨거운 눈물, 가슴 아픈 슬픔, 그리고 신비한 우여곡절 끝에, 안개가 걷히고 예수 그리스도께서 바로 내 앞에 서 계심을 감지하게 되었다.

그리고 나는 그때까지 내내 직선으로a straight line 걷고 있었음을 깨닫게 되었다. 나는 거의 다 와서 걸려 넘어졌는데, 주 예수님께서 나의 어깨를 단단히 붙잡고 나를 결승선 안으로 끌어당기셨다.

이것은 모든 믿음의 사람에게 적용한다.

그러므로, 마지막은 당신의 유익과 하나님의 영광을 위한 것이라는 희망을 절대 잃지 말라.

3. 최악의 결과를 상상하고 그것을 주님께 맡겨라.

일단 당신이 처한 상황의 현실을 수용하고 희망을 잃기를 거부했다면, 당신이 원하는 방향으로 당신의 위기가 전개되지 않을 가능성과 직면하라. 사실, 당신이 가장 일어나지 않았으면 하는 일이 벌어질 수도 있다.

이것은 희망을 잃지 않는 것과 배치되는 것처럼 보일 수도 있다. 그러나 그렇지 않다. 당신의 희망은 결코 당신의 위기가 전개되는 것과 묶여 있어서는 안 된다.

당신의 희망은 당신의 위기가 극복되었을 때에 하나님께서 그것을 통해 얻으실 것과 묶여 있어야 한다.

그렇다. 그러므로 일어날 수 있는 최악의 결과를 상상하라. 그리고 나서, 그 끔찍한 결과 앞에서 다음과 같이 주님께 아뢰라. "이런 식으로 끝나더라도 저는 괜찮습니다. 저는 여전히 주님을 사랑합니다. 그리고 주님은 제가 이 위기를 극복하게 하실 것입니다. 저는 그것이 어떻게 극복될지는 모르지만, 그런데도 주님을 신뢰합니다."

그런 훈련은 두려움의 힘을 꺾을 뿐만 아니라, 의심과 두려움을 사용하여 우리를 공격하는 당신의 원수가 당신을 건드릴 수 없게 한다.

> 그는 흉한 소문을 두려워하지 아니함이여 여호와를 의뢰하고 그의 마음을 굳게 정하였도다. 시 112:7

이방신들에게 절하기를 거부했던 다니엘의 젊은 세 친구의 마음에도 이런 똑같은 자세가 있었다. 그들은 왕에게 다음과 같이 말했다.:

> 사드락과 메삭과 아벳느고가 왕에게 대답하여 이르되 느부갓네살이여 우리가 이 일에 대하여 왕에게 대답할 필요가 없나이다 왕이여 우리가 섬기는 하나님이 계시다면 우리를 맹렬히 타는 풀무불 가운데에서 능히 건져내시겠고 왕의 손에서도 건져내시리이다 그렇게 하지 아니하실지라도 왕이여 우리가 왕의 신들을 섬기지도 아니하고 왕이 세우신 금 신상에게 절하지도 아니할 줄을 아옵소서. 단 3:16-18

적용: "주님, 주님께서 나를 건져내실 것입니다. … 그러나 그렇게 하지 않으셔도, 저는 여전히 주님을 사랑하고 섬길 것입니다."

최악의 결과에 승복함으로, 당신은 당신 자신의 개인적인 겟세마네를 만들어낸다.

두려움과 싸워 이기려고 우리는 반창고를 당기고 고통을 흡수해야 할 것이다. 그리고 나서, 하나님께서 역사하시도록 서서 기다리라.

4. 요셉의 말을 상기하라.

요셉은 십대 소년 때 그의 형들에 의해 노예로 팔려갔다.[3] 그다음, 애굽 왕의 시위 대장의 집에서 신실하게 섬긴 후에 그의 아내를 겁간하려 했다는 거짓 참소를 당하게 되었다.[4] 이것 때문에 요셉은 옥에 갇히게 되었다. "그의 발은 차꼬를 차고 그의 몸은 쇠사슬에 매였으니."[5]

요셉의 모든 시련은 그의 친족의 잘못에서 비롯되었다.

그러나 놀랍게도, 하나님께서 마침내 요셉을 건져내셔서 높은 자리에 올리셨을 때 그는 악의나 쓴 뿌리 없이 형들을 대면하며 이렇게 말했다.

> 당신들은 나를 해하려 하였으나 하나님은 그것을 선으로 바꾸사 오늘
> 과 같이 많은 백성의 생명을 구원하게 하시려 하셨나니. 창 50:20

요셉의 형들이 그를 노예로 팔았던 때부터 하나님께서 그를 건져내어 높이 올리셨을 때까지 13년의 세월이 흘렀음을 주목하라.

요셉의 말은 마틴 루터가 그의 가장 격렬한 대적들을 가리켜서 했던 말을 상기시킨다. 루터는 그들에게 다음과 같이 빚을 졌다고 말했다.: "그들이 내가 절대 도달하지 말았어야 할 목표로 나를 몰면서, 나를 꽤 훌륭한 신

학자로 만들려고 마귀의 격노를 통해 나를 때리고 압박하고 겁을 준 것에 대해 많은 감사를 드린다."6

우리 하나님 아버지께서 결코 우리를 강요하거나 통제하지 않으실 것이지만, 그분은 사랑이 풍성하신 주권자이시다. 그리고 우리의 고통에 대한 그분의 최종 목표는 언제나 회복과 변화와 축복이다. 사탄은 파괴를 직접적으로 일으키는 존재다. 그러나 우리의 삶 속에서의 그의 활동은 항상 하나님의 주권적인 손 아래 있고, 하나님은 그것을 선으로 바꾸신다.7

달리 표현하자면, 당신의 하나님 아버지는 언제나 선하시고, 사랑하시는 분이다. 그분은 항상 당신의 최선에 염두를 두고 계신다.

이 사실에 큰 위안이 있다.

당신이 위기에 처했을 때 위의 네 가지를 실천하라. 그렇게 하면, 당신이 그것에서 살아남게 될 뿐만 아니라, 연기가 사라질 때 결국 잘 나가게 될 것이다.

_____

1. 프랭크 바이올라, 『주님은 베다니를 사랑했지』(대장간, 2021), 127.
2. Willard, *Life without Lack*, 207.
3. 창 37:1-3, 23-28.
4. 창 39:1-20.
5. 시 105:18.
6. Ewald M. Plass, comp., *What Luther Says*: *An Anthology*, vol. III (St. Louis, MO: Concordia, 1959), 1360.
7. 다음을 참조할 것. 부록 1: 누가 당신에게 시련을 갖다주었는가? 여기서 나는 이 개념을 확장하고 그것에 해당하는 성서 구절을 제공한다

32. 마치 …처럼 행동하라

하나님과의 대화에 있어 중심적인 요소는 자신을 항복하는 자세다.

하워드 서먼 Howard Thurman

당신은 인생에 위기가 닥쳤을 때 공황 상태panic mode에 빠지기 쉽다.

내 인생에서 차를 타고 가다가 운전대에 쓰러진 날들이 있었다. 내 마음은 빠른 속도로 달리고 있었다. 어딘가로 가서 뭔가를 해야 할 필요를 느꼈지만, 그곳이 어디인지 그것이 무엇인지 아무런 생각이 없었다. 혈압이 오른 상태로, 나는 공황 상태에 빠지고 말았다.

하지만 공황 상태는 특정한 죽음으로 내몬다.

정신없이 서둘러 문제를 해결하려는 시도는 상황을 더 악화시킬 뿐이다.

그럴 때 인내하는 것은 몹시 괴로운 일이다. 고요함도 없고, 평안함도 없다. 그러나 하나님 나라는 절대 당황하지 않는다. 그러므로 당신도 당황할 필요가 없다.

만일 당신이 스스로 기다리도록 한다면, 하나님 앞에서 기다리는 중에 조바심은 물러나게 될 것이다.

조언: 당신이 두려운 상태에 있을 때는 절대로 결정을 내리지 말라. 그 결정이 거의 언제나 당신의 앞에서 폭발할 것이기 때문이다.

하나님과 당신 안의 안전한 상태로 나아가서, 그곳에서 결정을 내리기로 결단하라.

우리는 공황 상태에 있을 때 결과에 초점을 맞추는 경향이 있다. 결국엔 우리가 조바심을 내고 만다.

위기에 처했을 때, 조바심은 당신의 주적이다.

인내와 공감endurance and empathy을 가장 친한 새 친구로 삼아라.

여기에 어려운 진실이 있다. 당신이 처한 상황은 당신 안에서 뭔가 변화가 일어나기 전에는 바뀌지 않을 것이다.

기적적인 치료법은 없다. 그리고 진통제보다 상처가 너무 심하다.

예수님께서 말씀하신 이 불멸의 문구를 붙잡아라. :

> 이것을 너희에게 이르는 것은 너희로 내 안에서 평안을 누리게 하려 함
> 이라 세상에서는 너희가 환난을 당하나 담대하라 내가 세상을 이기었
> 노라. 요 16:33

예측할 수 없는 고통의 영역을 항해하기는 쉽지 않다. 그러나 당신은 모공 전체에서 확신이 스며 나오는 사고방식을 채택할 수 있다.

이것은 긍정적인 사고를 넘어서는 것이다. 그것은 성서가 말하는 믿음이다. 달라스 윌라드는 그것을 이렇게 정의했다.

> 우리가 고백하는 것을 진정으로 믿을 때, 우리는 그것이 사실인 것처
> 럼 행동하도록 설정되어 있다. 어떤 것이 사실인 것처럼 행동하는 것은
> 우리가 그것이 사실인 것처럼 산다는 것을 의미한다.1

"마치 …처럼"의 원리는 반드시 파악해야 할 필수 원리다.

수년 동안, 나는 내가 직면한 상황이 마치 다른 것처럼 행동하도록 나의 도움이신 주님과 함께 최선을 다해 훈련해왔다.

삶이 혼돈하고 혼란스러웠을 때, 나는 모든 것이 마치 평화롭고 고요한 것처럼 행동했다.

약하고 낙담했을 때, 나는 마치 강하고 온전한 것처럼 행동했다.

마음이 공허하고 고독했을 때, 나는 마치 만족스럽고 충만한 것처럼 행동했다.

내가 이런 식으로 행동한 이유는, 그리스도 안에서는 위의 모든 표현이 사실이기 때문이다.

바울을 예로 들어보자. 로마에서 갇혀 있을 때 그는 예수 그리스도 안에서 그의 상황을 다음과 같이 재구성하였다. 자신을 로마나 로마 황제의 죄수가 아니라 "그리스도 예수 안에 갇힌 자"와 "주 안에 갇힌 자"로 여겼다.[2]

바울이 이렇게 고상한 관점을 가질 수 있었던 것은, 믿음에 의해 하나님의 주권과 예수님과의 관계라는 프리즘을 통해 그의 환경을 보는 법을 배웠기 때문이다. 우리가 이르러야 할 이 얼마나 높은 경지인가!

마틴 루터킹은 강한 어조로 이렇게 말했다. "계단 전체를 볼 수 없다고 해서 첫발을 내딛지 말라는 법은 없다."[3] 믿음의 본질은 계단 전체를 볼 수 없을 때 첫발을 내딛는 것이다. 쇠렌 키르케고르의 예리한 인용구도 적합하다. "믿음은 어둠 속에서 가장 잘 본다."[4]

하나님에 대한 믿음은 당신이 모든 상황에서 차분한 당당함calm confidence의 일관된 에너지를 가질 수 있게 해준다.

그것은 인생이나 다른 사람이 당신에게 커브 볼을 던질 때마다 멈출 수 있게끔 당신 자신을 훈련시켜 준다.

이런 통찰력을 가지라. 당신은 커브 볼curveball이 올 때 스윙swing할 필요가 없다.

당신을 촉발하려는 상황과 마주쳤을 때, 당신은 그것에 반응하지 않도록 자신을 훈련할 수 있다. 머릿속으로 5에서 1까지 카운트다운을 하고, 촉발하려는 상황과의 연결고리를 상징적으로 끊어내고자 어떤 식으로든 몸을 움직이라.

이 연습을 더 많이 할수록, 촉발하려는 상황과 당신의 반응 사이에 시간이 더 벌어진다.

자극과 반응 사이에 일시 정지 연습을 하는 것은 공격적인 반응을 차분한 반응으로 바꿔준다.

그것은 또한 후회와 회한의 하강 곡선을 피하는 방법이기도 하다.

당신은 지금 더 높은 목적이 있다. 그러므로 당신의 위기가 당신의 영혼을 짓밟거나 당신의 마음을 파괴하도록 허용할 수 없다.

하나님을 신뢰하면 해방을 경험한다. 신뢰는 이렇게 말한다. "무슨 일이 벌어져도 나는 괜찮을 것이다. 주님은 나를 보살펴주실 것이다."

우리 머릿속에서 종종 속삭이는 말이 있는데, 그것은 시련이 일어나면 안 된다는 것이다. 그러나 하나님의 주권 안에서는, 그것이 꼭 일어나야 할 일이다.

그리고 그것이 일어나지 않는다면 당신은 변화되지 않을 것이다.

그러므로 다른 사람들이 선택한 것과의 애착을 끊어버리라.

그들의 행동의 오싹한 결과들은 당신에게 부정적인 영향을 끼칠 수 있다. 인정한다.

그런데도, 내려놓는다는let go 것은 다른 사람들이 만들어 낸 부정적인 결과들에 개의치 않는다는 뜻이다. 다시 말해서, 이것은 당신이 그 결과들을 좋아하거나 그것들에 동의한다는 뜻이 아니다. 그것은 당신이 결과를 하나님의 손에 맡겼기 때문에 안식하고 있음을 의미한다.

당신이 다른 사람들을 통제할 수 없다는 것, 그들을 설득할 수도 없다는 것을 더 빨리 배울수록 당신은 더 자유로울 것이다.

하나님의 계획안에서는, 여정이 곧 목적지다the journey is the destination.

그리고 당신이 지금 겪고 있는 지각 변동은 당신의 인생에서 중요한 변화의 시발점이 될 수 있다.

당신의 차분하고, 당당한 힘을 느끼기 시작하라. 밀고, 압력을 가하고, 뭔가 추구하려는 충동에 저항하라. 무자비한 결단이 필요하다. 놀라운 회복력, 그리고 두려움에 맞서는 힘이 필요하다.

그러나 그것은 물러서서 내려놓는let go 것으로 시작한다.

이 새로운 사고방식을 채택하면 당신에게 닥친 시련이 공포 영화가 아닌 흥미진진한 드라마처럼 펼쳐지는 것을 보게 될 것이다.

폴 빌하이머의 말이 떠오른다.

기쁨이든 슬픔이든, 재앙이든 축복이든, 고통이든 즐거움이든, 모든 사건은 예외 없이 그리스도의 신부에 속한 지체들을 확보하고 그들을 아가페 사랑 안에서 성숙시킬 목적으로 하나님께서 사용하시는 것이다.5

시련을 이겨내고자 당신은 손을 내려놓고let go 하나님께 맡기는 자세를 견지해야 한다.

나는 "내려놓고 하나님께 맡기라let go and let God"라는 표현이 꿈에 그리던 소녀에게 차인 십대 아들에게 엄마들이 상투적으로 하는 말이라고 생각했었다. 그러나 그것은 하늘이 무너질 때 실제로 우리에게 필요한 확실한 처방전이다.

-----

1. Willard, *Life without Lack*, xv.
2. 엡 3:1, 4:1.
3. 이 인용구는 마틴 루터킹의 저작이나 연설 또는 설교 어디에도 등장하지 않는다. 그것
   은 Children's Defense Fund의 창립자인 마리안 라이트 에델만이 1960년대에 Spelman
   College의 학생일 때 거기서 들었던 킹 목사의 설교에 등장한 내용이라고 알려졌다. 다
   음을 참조할 것: Claudia Feldman, *Marian Wright Edelman*, *Remembering the Past*,
   Changing the Future, Houston Chronicle, April 30, 1999.
4. Soren Kierkegaard, *Gospel of Suffering*, trans. A. S. Aldworth and W. S. Ferrie (Cam-
   bridge, UK: Lutterworth Press, 2015), 36.
5. Billheimer, *Don't Waste Your Sorrows*, 33.

33. 시편 23편의 리믹스 버전

빛이 더 밝을수록, 그림자는 더 깊어진다.

제이 크리스토프 Jay Kristoff

시편 23:4은 사실상 모든 그리스도인에게 친숙하다. :

> 내가 사망의 그림자가 드리운 골짜기로 다닐지라도
> 나는 해를 두려워하지 않을 것이다.
> 왜냐하면, 주님께서 나와 함께 하시기 때문이다.[1]

당신이 위기에 처했을 때 주님께서 당신에게 말씀하시는 것을 묵상할 수 있도록 돕고자 내가 시편 23:4을 재구성해보았다.

> 내가 바이러스의 그림자가 드리운 골짜기로 다닐지라도 나는 해를 두려워하지 않을 것이다.

> 내가 직장을 잃는 그림자가 드리운 골짜기로 다닐지라도 나는 해를 두려워하지 않을 것이다.

내가 이별의 그림자가 드리운 골짜기로 다닐지라도 나는 해를 두려워하지 않을 것이다.

내가 질병의 그림자가 드리운 골짜기로 다닐지라도 나는 해를 두려워하지 않을 것이다.

내가 아들딸이 반항하는 그림자가 드리운 골짜기로 다닐지라도 나는 해를 두려워하지 않을 것이다.

시편 23:4의 사망이라는 단어 대신에 당신 자신의 불행을 묘사하는 말을 삽입해보라.

위의 표현들이 사실인 이유가 무엇인가?

그것은 주님께서 나와 함께 하시기 때문이다.

이것을 주목하라. 우리는 골짜기를 통과한다. 우리가 그것을 피할 수는 없지만, 그것이 우리 목적지는 아니다.

골짜기를 통과하려면 골짜기를 통해서 가야 한다.

우리는 그것을 뛰어서 통과하지도 않는다. 그것은 단거리 달리기가 아니라 걷기이다.

그것은 느리고 점진적인 과정이다. 하지만 지나갈 것이다.

이것도 주목하라. 그림자는 당신을 해칠 수 없다.

그러므로 그림자를 인정하라. 그것은 실제다. 그것을 부정하지 말라.

그러나 물체의 크기를 그것의 그림자의 크기와 혼동하지 말라. 그림자는 언제나 물체의 실제 크기보다 더 크게 보인다.

또한, 그림자를 볼 때는 언제나 근처에 빛이 있다. 따라서 그림자에 등을 돌리고 빛을 향하라. 당신이 두려워하지 않고 담대할 수 있는 곳이 바로 이곳이다.

또 하나의 통찰력: 물은 산꼭대기가 아닌 골짜기에서 발견한다. 도중에 원기 회복하려는 기회들을 놓치지 말라.

마지막으로, 당신이 사망의 그림자가 드리운 골짜기를 통과할 때 그 골짜기에 백합이 있음을 인식하라.[2]

이것은 당신의 주님이요 구주이신 예수님을 지칭하는 말이다.

-----

1. ESV.
2. 아 2:1.

34. 결과와 따로 놀기

**우리의 불행의 대부분은 사물을 있는 그대로 놓고
우리가 저항하는 것에서 이바지한다.**

리처드 로어 Richard Rohr

우리가 하는 일의 대부분은, 특히 그것들이 다른 사람들과 관련된 경우에, 결과에 의존한다.

이것은 우리가 특정한 결과를 얻고자 뭔가를 한다는 것을 의미한다.

그것은 승인을 받기 위함, 확인을 받기 위함, 사랑을 받기 위하거나 다른 무엇일 수 있다.

결과에 의존하는 것outcome dependence은 특별한 결과, 반응, 결정, 또는 성과에 대한 강한 욕구가 우리에게 있음이 드러난 상태다. 우리는 우리의 방식을 원한다. 그러나 그것이 올바른 방식이라 할지라도, 문제는 우리가 만족하려고, 흡족하려고, 그리고 안심하려고 결과에 의존하는 데에 있다.

이것은 자기 파괴적인 마음의 틀frame of mind이다. 특히 우리가 결과를 만들어내고 조작하려고 할 때 그렇다. 그것은 미성숙한 행위이고 엄청난 불안감을 드러낸다.

결과와 따로 노는 것outcome independence은 정반대다. 그것은 우리가 특별한 결과에 묶여 있지 않음이 드러난 상태다.

결과와 따로 노는 것은 목표를 피한다는 뜻이 아니다. 목표를 설정하는 것은, 특히 우리의 전문적이고 개인적인 삶에 있어 현명한 일이다. 그러나 우리가 목표 달성 지향적인 태도를 관계성 안으로 가져올 때, 다른 사람들을 통제하려는 유혹을 받을 수 있다.

결과와 따로 놀게 하는 열쇠는 우리 자신의 안전 비법을 찾는 것이다.

일단 우리가 스스로 안전을 확보하면, 결과와 따로 놀 수 있다. 그 결과, 우리는 더 관대해지고 다른 사람들에게 덜 기대한다.

우리는 또한 내면이 더 차분해지고 조건 없이 다른 사람들을 더 잘 사랑할 수 있다. 즉, 그들이 무엇을 하거나 하지 않는지에 의존하지 않는 사랑을 할 수 있다. 그것이 바로 신약 성서가 줄기차게 말하는 **아가페** 사랑이다.[1]

이와는 대조적으로, 결과에 의존하는 것은 우리가 조건 없는 사랑을 보여주지 않고 있음을 드러낸다. 그 대신, 우리는 특정한 결과를 만들어내고자 섬기고, 사랑하고, 주고, 희생하고, 선하고, 친절하게 대하는 등의 모습을 드러낸다.

우리는 존재를 위해 조작하려는 우리의 시도에 기대한다.

그러나 항상 친절과 수용과 존중을 포함하는 조건 없는 사랑은 공감과 진정한 보살핌의 자리에서 실천한다.

조건 없는 사랑은 이렇게 말한다.:

나는 어떤 사람의 견해나 행위를 받아들일 수 없지만, 그 사람은 받아들일 것이다. 이와 함께 그 사람의 감정과 그 사람의 진실내가 그것에 동의하지 않는다고 해도 또한 수용할 것이다. 그리고 나는 대가를 바라지 않고 관대할 것이다.

내가 무시당할 수도 있다.

내가 거절당할 수도 있다.

내가 미움을 받을 수도 있다.

내가 비난을 받고 악마화될 수도 있다.

그러나 그렇다고 이것이 조건이나 기대 없이 사랑하려는 나를 막을 수는 없을 것이다.

결과와 따로 노는 비결을 발견하는 것은 당신의 영적 생활에 있어 엄청난 진보를 이루도록 도움을 줄 것이다.

당신은 또한 긴장을 풀게 되고 다른 사람들도 긴장을 풀게 할 것이다. 결과와 따로 노는 것은 모든 사람의 압박을 풀어준다.

그것은 당신을 더 차분하게 하고, 더 당당하게 하고, 더 안정을 찾게 하는 마음가짐이다.

다른 사람들은 당신이 특정한 결과를 추구하는지, 당신의 동기부여가 결과 의존적이지 않은지를 감지할 수 있다. 심지어 잠재의식 속에서도.

그것은 모두 결과에서 당신 자신을 분리하는 것에서 시작한다. 이것이 진정한 자유에 이르는 길이다.

나는 그것을 **복된 분리**blessed detachment라고 부른다.

분리는 당신이 아무것도 소유해서는 안 된다는 것을 의미하지 않는다. 하지만 그것은 아무것도 당신을 소유하면 안 된다는 뜻이다.

분리한다는 것은 다른 사람들이 그들 자신 그대로가 될 자유를 허용하는 것을 의미한다. 그것은 다른 사람들이 유해하거나, 기능 장애를 갖고 있거나, 비합리적이거나, 심지어 죄를 지었을지라도 그것들에서 그들을 고치거나, 구하거나, 구조해야 할 필요성을 억제한다는 뜻이다.

분리는 내려놓는let go 것을 의미한다. 그것은 우리가 다른 사람을 통제할 수 없다는 것을 인식하고, 통제하려고 시도하지 않겠다는 결정이다.

결과와 따로 노는 것은 우리가 부주의하거나 무관심하다는 뜻이 아니다. 그것은 오히려 우리가 근심 걱정 없이 평온을 유지한다는 뜻이다.

우리는 결과가 아닌 다른 것, 즉 다른 사람의 행동과 반응이 아닌 뭔가 다른 것에 근거를 두고 중심을 잡는다.

윌라드와 마거리트 비처는 그것을 다음과 같이 묘사했다.

> 우리가 과민하고 모든 것에서 결점을 찾는다면 인생은 너무 고통스럽다. 반대로, 우리가 다른 사람들에게 무관심하고 무감각하다면 삶을 견딜 수 없다. 집착하지 않는다는 것은 우리가 다른 사람들에게 매달리거나 요구하지 않음을 의미한다. 그것은 분명 우리가 냉담하거나 융통성이 없다는 것을 의미하지 않는다.[2]

다른 사람을 위해 무엇을 할 때 사람들에게 잘 보이기 위해서가 아니라 당신의 사람 됨됨이 때문에 하라. 당신이 사람들의 반응을 얻고자 뭔가를 할 때는 언제든지 결과 의존적outcome dependent으로 되는 것이다. 그것은 당신이 확인을 받고 인정받기를 추구한다는 뜻이다. 그것은 궁핍의 표시이다.

자신의 기대가 충족되지 않는 사람, 즉 결과에 의존하는 사람처럼 분노하는 사람은 없을 것이다.

누군가 다음과 같이 이의를 제기할 수 있다. "많은 관계는 결과에 대한 기대를 포함합니다. 예를 들어, 만일 당신의 자녀가 통금 시간까지 집에 오지 않거나, 사역 자원봉사자가 나타나지 않거나, 직원이 프로젝트를 망치거나 한다면, 당신은 그것들을 그냥 무시할 수 없을 것입니다. 관계와 책임이 둘 다 존재하는 이런 상황들에 대해 당신은 어떻게 조언할 수 있습니까?"

나는 우리가 무책임, 학대 또는 형편없는 근무 실태를 무시해야 한다고 믿지 않는다. 하지만 그런 행위들은 당신의 반응을 결정하거나 당신의 태도에 영향을 미치지 않는다. 당신은 당신의 몫을 다하고 그것에 충실하면 된다. 당신은 필수적인 기준을 고수하면 된다. 그러나 만일 당신이 안정감, 안녕well-being, 확인받기, 자존감, 또는 특정한 결과와 당신 사이의 관계의 질quality 같은 것들에 집착한다면, 결과에 대한 의존이 당신의 인생에서 큰 문제를 초래하게 될 것이다.

당신이 통제할 수 있는 단 한 사람은 당신 자신이지, 당신의 자녀, 직원들, 자원봉사자들, 직장 동료들, 남자친구, 여자친구, 배우자가 아니다. 다른 사람들을 통제하려는 시도는 실수하는 것이다.

물론, 우리가 다른 사람들에게서 특정한 결과를 바랄 수는 있지만, 우리는 그것을 필요로 하지 않는다. 우리는 그것을 통제하려는 시도도 하지 않는다.

마틴 루터가 지은 그의 위대한 찬송 「내 주는 강한 성이요」의 마지막 절을 숙고해보라.

그들이 우리의 집을 빼앗고,

재물이나, 명예나, 자녀나 배우자를 빼앗고,

목숨을 앗아간다 해도,

그들은 이길 수 없지.

그 나라가 영원히 우리의 것이니까.3

결과와 따로 노는 것을 이 얼마나 멋지게 표현했는가!

같은 맥락에서, 남미에서 선교사로 목숨을 바쳤던 짐 엘리엇도 훌륭한 글을 남겼다. "잃을 수 없는 것을 얻고자 간직할 수 없는 것을 주는 사람은 어리석지 않다."4

내가 결과와 따로 노는 것의 결정적 중요성을 배우는 데는 수년이 걸렸다.

사실, 그것을 발견한 뒤 내 것으로 만들려고 어느 정도 고통스러운 경험을 했다. 즉, 결과에 의존하는 사고방식에 구멍을 내서 그것을 물 밖으로 깨끗이 날려버린 역사적인 사건이 있었다.

의심의 여지 없이, 이것은 하나님께서 당신이 현재의 역경을 통해 배우기를 원하시는 교훈 중 하나다.

너희 모든 일을 사랑으로 행하라. 고전 16:14

-----

1. 예를 들면, 요 13:34-35, 15:13; 고전 13:7, 요일 4:8을 참조할 것.

2. Willard and Marguerite Beecher, *Beyond Success and Failure: Ways to Self-Reliance and Maturity*(New York: Julian Press, 1966), 98.

3. Martin Luther, *A Mighty Fortress Is Our God*, trans. Lutheran Book of Worship, 1978. Copyright 1978 Lutheran Book of Worship, admin. Augsburg Fortress.

4. Jim Elliot, *The Journals of Jim Elliot*, ed., Elisabeth Elliot (Grand Rapids, MI: Fleming H. Revell, 1978), 174.

35. 엄청난 발견

우리가 예수님의 명예를 짊어질 때, 삶을 바로잡을 수단이 우리에게 없다는 것을 받아들이면서 결과를 하나님께 맡긴다. … 자기만족을 잃어버리는 것을 포함하는 겸손은 영혼의 안식을 얻는 비결이다. 왜냐하면, 그런 겸손은 결과를 보장하는 추정을 하지 않기 때문이다.

달라스 윌라드와 잰 존슨 Dallas Willard and Jan Johnson

당신은 시련이 시작될 때 치명상을 입을 수 있다.

심지어 분노와 싸워야 할 수도 있다.

나 자신이 겪은 시련 중 일부에서 분노가 나의 혈관을 채우려고 한 적이 있다. 나의 친절과 관대함이 냉담과 경멸로 되돌아왔을 때 내 안에서 이탈리아 사람 특유의 피가 끓기 시작하는 것을 느꼈던 때가 있었다. 감사하게도, 나는 분노에 대한 해독제를 발견했다. 그것은 공감empathy하는 것이었다. 그리고 침착하고 의도적이고 흔들리지 않게 받아들이도록 하는 은사gift of acceptance였다.

그것은 내가 무엇을 기대하지 않는 사람이 되는 것을 포함했다.

나에게는 공감을 이해한 것이 "바로 이것이다."라며 무릎을 치는 순간이었다. 내 친구 중 하나가, 다른 사람이 어떤 감정을 느낄지를 상상하면서 나 자신을 그 사람의 처지에 놓는 법을 가르쳐준 때를 나는 분명히 기억한다.

이 새로운 관점은 마치 뜨거운 불꽃에 얼음물을 뿌린 것처럼 내 감정을 진정시키면서 나에게 피라미드를 뒤집어 놓은 듯한 역사를 일으켰다. 나는 공감을 통해, 더는 어떤 것도 개인적으로 받아들이지 않는 자유를 발견했다.

나는 또한, 만약 내가 감사나 보답을 기대하지 않고 내 인생을 경배의 표현으로 주님께 드리면서 다른 사람들을 희생적으로 섬긴다면 그것이 분노를 막아준다는 사실을 깨닫게 되었다.

나는 궂은날에는 그 순간의 부정적인 에너지와 드라마에 굴복하기를 의식적으로 거부했다. 그런 날에도, 나는 내 주위에 있는 다른 사람들이 무엇을 하고 있고 또 어떻게 반응하는지에 상관없이 편안하고, 현실적이고, 흐트러지지 않는 바위가 되기로 결단했다.

바위는 결과를 추구하지 않는다. 바위는 두려움이나 동요함 없이 존재한다. 바위는 근심 걱정 없이 서 있다.

바위는 그냥 거기에 있다. 강하고, 견고하며, 고요하게.

나는 나에게 맞는 백신vaccine을 찾았다. 공감과 조건 없는 사랑은 내 마음을 괴롭혔던 모든 거짓에 대한 치료제였다.

조건 없는 사랑을 표현하는 유일한 방법은, 다른 사람과 충분히 함께하고, 공감하고, 지원해주는 것을 포함해서, 가족이나 친구 또는 그 누구든 상관없이 그들에게서 아무것도 필요로 하지 않는 것이다.

자주 우리를 괴롭히는 문제는 배우자나 연인, 부모, 자녀, 친구와 동료를 포함하여 다른 사람들에게 확인을 받으려 하고, 그들에게서 행복을 찾으려 하는 것이다.

참된 만족은 오직 내적으로만 발견될 수 있다. 따라서 목표는 이 땅의 세속적인 관계와는 구별된 행복을 찾는 것이다.

이것은 우리가 다른 사람들과 함께 있을 때 행복하지 않거나 우리의 관계성 안에서 행복하지 않다는 것을 의미하지 않는다. 그것은 다른 사람들이 우리를 행복하게 해주어야 할 책임에서 우리가 그들을 자비롭게 풀어주는 것을 의미한다.

달리 표현하자면, 행복은 우리가 우리의 관계성 안으로 가져오는 것이지, 우리가 우리의 관계성으로부터 끌어내거나 추출하려고 노력하는 것이 아니다.

지금 당신의 가장 중요한 임무는 하나님이 당신에게 필요한 것을 공급해주실 것을 신뢰하면서, 당신 자신과 하나님 안에서 만족을 찾는 비결을 터득하는 것이다.

이 단호한 마음가짐은 부주의로든 그렇지 않든 당신이 다른 사람들에게 가해왔던 압력을 완화해준다.

내가 이 마음가짐을 채택했을 때 그것이 다른 사람들을 편하게 만들었다. 그리고 그것은 내 삶의 모든 영역을 극적으로 향상했다.

나에게 있어, 공감과 조건 없는 사랑과 개인적인 만족의 깨달음은 너무나도 명백한 것을 밝혀주는 눈부신 섬광이었다.

이 마음가짐이 없다면 우리가 실패할 것은 불을 보듯 뻔하다.

나는 초기에 시련을 겪을 때는 대부분 내 환경에 변화가 일어나기를 기다렸었다.

그러나 나 자체가 변화되어야 함을 깨닫게 되었을 때, 모든 것이 바뀌기 시작했다.

물론, 천천히. 종종 달팽이가 기어가는 속도로. 하지만 결국 지형은 움직였다.

내가 냉정해진 것이다. 마치 내가 신경을 쓰지 않는 것처럼.

부주의한 것이 아니라, 태평하게 되었다 not careless, but carefree.

이 관점으로 보면 무엇이든지 가능하다.

우리는 두려움과 불안 대신 강인함과 당당함을 가지고 행동할 수 있다.

두려움과 불안은 그리스도의 샘에서 솟아나지 않는다. 그리고 그것들은 끔찍한 결과를 낳는 파급 효과를 만들어낸다.

비결: "되어야 할 것"을 버리고 바로 지금을 위한 것을 받아들이는 선택을 해라.

덧붙이자면, 무슨 일이 있어도 괜찮을 것이라고 믿어라. 왜냐하면, 우주에서 가장 공감하시고 조건 없이 사랑하시는 분이 당신과 함께 있고, 그분이 결코 당신을 떠나지 않을 것이기 때문이다.

당신의 삶을 돈을 사랑하는 것에서 자유롭고, 가진 것에 만족하도록 유지하라. 왜냐하면, 하나님께서 이렇게 말씀하셨기 때문이다.

> 내가 결코 너희를 버리지 아니하고 너희를 떠나지 아니하리라 하셨느
> 니라 그러므로 우리가 담대히 말하되 주는 나를 돕는 이시니 내가 무
> 서워하지 아니하겠노라 사람이 내게 어찌하리요 하노라. 히 13:5-6

36. 불 속을 통과하기

역경은 잘 나가는 환경에서 잠자고 있었을 재능을 끌어내는 효과를 지닌다.

호레이스 Horace

나는 뜨거운 석탄 위를 걸어본 적이 전혀 없지만, 내 친구 중에는 그렇다고 말하는 사람이 몇 명 있다. 하지만 나도 당신이 지금 하나님의 불을 통과하고 있는 것처럼 그래왔다.

베드로도 고난의 불에 대해 알고 있었다.

사랑하는 자들아 너희를 연단하려고 오는 불 시험을 이상한 일 당하는 것 같이 이상히 여기지 말고. 벧전 4:12

내가 맞닥뜨린 모든 시련은 사실 하나님께서 나를 정화하는 불길 속을 통과하게 하신 그분의 방법이었다.

우리에게 닥친 역경의 신성한 목적은 우리를 정금처럼 연단하는 것이다.[1]이것을 다르게 말하자면, 하나님의 목표는 우리에게서 그분과 같지 않은 부분을 제거함으로써 그분의 영광스러운 아들의 형상으로 우리를 굳히시는 것이다.

다니엘 3장에, 바벨론 왕 느부갓네살과 코를 맞대고 겨루었던 세 명의 히브리 소년 이야기가 있다.[2]

그 이야기는 하나님께서 우리를 정화하시려고 어떻게 어려운 시험을 사용하시는지 우리가 더 잘 이해하도록 많은 심오한 통찰력을 제공한다.

세 소년은 어떤 결과가 올지에 상관없이 하나님을 경배하는 쪽을 택했다. 사드락과 메삭과 아벳느고는 움직일 수 없는 가치에 의해 행동했다.

말하자면, 그들은 어떤 대가를 치르더라도 유일하신 참 하나님께 충성을 바치기로 결단했다. 그들은 어떤 존재나 어떤 것에 대한 충성을 거부했다.

왕이 그들에게 어째서 그의 신들에게 경배하기를 거부하고 또 그가 세운 금 신상에 절하기를 거부했느냐고 다그쳤을 때, 그들의 대답은 다음과 같았다.

느부갓네살이여 우리가 이 일에 대하여 왕에게 대답할 필요가 없나이다. 단 3:16

세 소년은 그들의 행동에 대해 방어하거나, 설명하거나, 정당화하거나, 합리화할 필요를 느끼지 않았다.

우리는 시련을 통과할 때 종종 우리 자신을 방어하려는 유혹에 빠진다. 그러나 주님은 우리가 자기방어를 전부 제쳐 두기를 원하신다. 만일 방어할 일이 있다면 하나님께서 하셔야 한다.

선택은 우리에게 있다. 우리 자신을 방어할 것인가, 아니면 하나님이 우리를 방어하시도록 할 것인가? 주님께서 종종 우리가 원하는 것보다 훨씬 나중에 우리를 방어하심을 주목하라.

우리는 이 이야기에서 또한 다음과 같은 것을 배울 수 있다. 히브리 소년들의 하나님께 대한 헌신과 격분한 느부갓네살 왕 앞에서 물러나지 않은 것. 결국, 이것이 왕이 용광로를 평소보다 일곱 배나 더 뜨겁게 달구고 부하 몇 명에게 사드락과 메삭과 아벳느고를 결박하여 불 속에 던지라는 서슬이 퍼런 명령을 내리도록 했다.3

이것은 우리가 시련을 겪는 동안 하나님께 충실하기로 할 때 종종 상황이 더 악화한다는, 좀처럼 잊을 수 없는 사실이다.

나는 힘든 경험으로 이 교훈을 터득하게 되었다. 한번은 역경 중에서 내 삶의 모든 부분을 주님께 항복했을 때 나의 시련이 곧 끝날 줄로 생각했다. 그 대신, 더 심해졌다. 봉쇄, 유턴, 더 강렬한 열기가 나를 기다리고 있었다.

> 그러자 그 사람들을 겉옷과 속옷과 모자와 다른 옷을 입은 채 결박하여 맹렬히 타는 풀무불 가운데에 던졌더라 왕의 명령이 엄하고 풀무불이 심히 뜨거우므로 불꽃이 사드락과 메삭과 아벳느고를 붙든 사람을 태워 죽였고 이 세 사람 사드락과 메삭과 아벳느고는 결박된 채 맹렬히 타는 풀무불 가운데에 떨어졌더라. 단 3:21-23

히브리 소년들이 불 속으로 던져졌을 때 결박되어 있었음을 주목하라. 그러나 그다음 그들은 기적적으로 속박에서 풀려나 풀무 불 속을 자유롭게 돌아다닐 수 있게 되었다.

> 그때에 느부갓네살 왕이 놀라 급히 일어나서 모사들에게 물어 이르되 우리가 결박하여 불 가운데에 던진 자는 세 사람이 아니었느냐 하니 그들이 왕에게 대답하여 이르되 왕이여 옳소이다 하더라 왕이 또 말하여 이르되 내가 보니 결박되지 아니한 네 사람이 불 가운데로 다니는데 상하지도 아니하였고. 단 3:24-25

역경의 주된 목적 중 하나는 우리가 속박당한 것들을 하나님께 양도하고 그분이 우리를 해방하시는 위치에 우리를 두는 것이다.

또한, 이것을 주목하라. 다니엘의 이야기에 의하면, 풀무 불 안에서 히브리 세 소년과 함께 걷고 있던 네 번째 존재가 있었는데, 느부갓네살 왕이 그것을 보고 "그 넷째의 모양은 신들의 아들과 같도다"라고 외쳤다.4

분명히 이것은 성육신 전 상태의 예수님에 대한 언급이라고 볼 수 있다.

나는 불 속에 등장한 네 번째 존재가 세 소년의 결박을 풀었다고 믿는다. 이것은 아래의 요점으로 우리를 인도해준다.

예수님은 우리 곁에 가장 가까이 계셔서 우리가 역경의 불 속에서 그분을 신뢰할 때 가장 놀라운 역사로 우리를 해방시키신다.

감사하게도, 우리는 홀로 시련을 통과할 필요가 없다. 그리스도께서는 불 속에서 우리와 함께 계셔서 우리의 결박을 푸시고, 우리를 위로하시고 보호하시기를 원하신다. 우리는 단지 그분을 초대하기만 하면 된다.

> 네가 물가운데로 지날 때에 내가 너와 함께 할 것이라 강을 건널 때에
> 물이 너를 침몰하지 못할 것이며 네가 불 가운데로 지날 때에 타지도
> 아니할 것이요 불꽃이 너를 사르지도 못하리니. 사 43:2

마지막으로, 이 이야기의 끝에서 우리는 히브리 세 소년이 풀무에서 풀려났을 때 "불이 능히 그들의 몸을 해하지 못하였고 머리털도 그을리지 아니하였고 겉옷 빛도 변하지 아니하였고 불탄 냄새도 없었더라"라고 한 장면을 본다. 5

이것은 믿기 힘든 엄청난 일이다. 나는 이것이 다음과 같은 사실을 말해 준다고 생각한다. 만일 우리가 하나님이 원하시는 방식으로 견디면 시련이

끝난 후 흉터는 남을지 몰라도 열린 상처는 없을 것이다.

시련은 우리 뒤에 놓이게 될 것이고 우리를 아는 사람들은 기쁨과 영광을 감지할 것이다. 우리의 얼굴에 어두운 경험의 흔적이 없고 오직 광채와 차분한 당당함만 있을 것이다.

이와는 대조적으로, 어떤 사람들은 결코 시련에서 회복되지 못한다.

나는 역경을 통과하면서 자신이 겪은 고통에 대해 끊임없이 한탄하는 그리스도인들을 만났다. 그들은 그것을 통과하지 못했다. 다른 사람들은 그들의 열린 상처를 볼 수 있었고, 그들은 거리에서 피를 쏟아 내며 계속해서 피를 흘렸다.

그들에게서는 연기와 불 냄새가 풍겼다.

그러나 하나님 곁에서 인내하는 사람은 형언할 수 없는 행복감을 발산한다.

예수를 너희가 보지 못하였으나 사랑하는도다 이제도 보지 못하나 믿고 말할 수 없는 영광스러운 즐거움으로 기뻐하니. 벧전 1:8

당신은 그런 사람들이 말하는 것을 들을 때 영광을 본다. 하지만 그들의 이야기는 과거에 파묻혀 있기에 당신은 그 내용을 알지 못한다.

-----

1. 벧전 1:7.
2. 나는 다니엘 3장의 통찰력에 대해 T. 오스틴 스팍스에게 빚을 졌다.
3. 단 3:19-20.
4. 단 3:25.
5. 단 3:27.

37. 하나님의 깨뜨리심

하나님은 훈련하실 때 항상 새 용수철에 압력을 가하신다.
복음주의 마리아의 자매들 The Evangelical Sisters of Mary

하나님 아버지는 그분의 자녀들에게 단 하나의 목표를 갖고 계신다. 우리를 그분 아들의 형상으로 변화시키는 것.

그러나 우리가 모두 가진 성격과 구조의 부분들은 그리스도와는 매우 다르다는 것이 현실이다.

그리고 우리는 종종 그런 부분들에 눈이 멀어 있다.

나는 나 자신을 증거물 A로 제시한다.

우리는 예수님과 같지 않은 우리의 일부분에 대해 수백 번이나 말을 들어도 상관없다.

우리의 둔감함은 너무 심해서 우리와 가까운 누군가가 그의 위치에서 꾸짖는 말 들을 수 있지만, 중요한 모든 위치에서 하는 말에는 완전히 귀를 닫아버린다.

그러다가 어느 날 하나님께서 우리를 폭풍 가운데로 인도하시고 눈가리개를 치우신다. 그때 우리는 절대로 이전에 보았던 것같이 볼 수 없다.

그분은 지금까지 성령의 꿰뚫는 손길을 피했던 우리 인격의 일면을 폭로하신다.

주님께서 커튼을 걷어 내시고 당신의 눈이 멀어서 보지 못했던 그 추한 것을 당신에게 극명하게 보여주실 때, 당신은 무너지고 그것이 다른 사람들에게 준 고통에 눈물을 흘리게 될 것이다.

계시가 당신을 압도하고, 마음의 상처는 심각해지고, 후회는 고통스럽다.

그러나 거기서 끝나지 않는다.

하나님은 당신을 정화하시고자 온도를 높이신다.

그분은 지금 당신의 영혼 전부를 얻기 원하신다.

그분은 형언할 수 없는 고통과 극심한 압박으로 당신을 더욱 무너뜨리신다.

그럴 때 당신이 할 수 있는 유일한 것이 있다. 항복하는 것이다.

그것에 대해 불평하지 말라. 그것과 싸우지도 말라. 그것에서 벗어나려고 작전을 짜지 말라.

최악의 시나리오에 연연하지 말라. 두려워하지도 말라.

그저 충분하고 완전하게 하나님께 항복하라.

그리고 하나님이 당신의 삶에서 그분의 심오한 일을 하시도록 그분께 맡겨라.

다이아몬드가 압력을 통해 만들어진다는 사실을 기억하라.

지금 당신이 겪고 있는 일이 인생 일대의 싸움일 수 있다. 그러나 아버지의 목표는 당신을 더욱더 예수님과 같이 만드는 것이다.

특히 당신이 아주 오랫동안 눈가리개를 해왔던 영역에서 그렇다.

한가지 충고를 하자면: 당신의 삶에서 그리스도와 같지 않은 영역을 지적하는 모든 신뢰할 수 있는 음성에 세심한 주의를 기울이라. 신뢰할 만한 음성은 현재 당신이 그 사람의 인품을 알고 있고 또 그 사람도 당신을 알고 있는, 당신과 가까운 사람이다. 우연히 만난 사람이나, 그냥 알고 지내는 사람이나, 멀리서 당신을 비방하는 사람이나, 과거에 알던 사람이 아니다.

당신의 삶에서 신뢰할 수 있는 음성을 절대로 무시하지 말라. 당신은 그들이 하는 말을 좋아하지 않을 수도 있겠지만, 주의를 기울이라.

양쪽 귀—육체적, 영적로 들어라. 그런 다음 결정적인 조치를 하여라. 필요한 경우 과감한 조치를 하여, 그리스도를 닮지 않은 것으로 확인된 영역들이 완전히 파괴될 때까지 그것들을 처리하라.

여기에 좋은 소식이 있다. 죽음, 항복, 복종, 그리고 하나님의 깨뜨리시는 능력의 반대편에 부활과 자유와 변화가 있다.

그리고 거기에 당신의 희망이 있다.

인내로써 우리 앞에 당한 경주를 하며 믿음의 주요 또 온전하게 하시는 이인 예수를 바라보자 그는 그 앞에 있는 기쁨을 위하여 십자가를 참으사 부끄러움을 개의치 아니하시더니 하나님 보좌 우편에 앉으셨느니라. 히 12:1-2

38. 당신의 차선을 지키라

**인생의 대부분 전투는 우리 내부에서 벌어지고,
우리가 가장 크게 성장하는 시기는 대개 위기 중에 찾아온다.**

로버트 샤이드 Robert Scheid

하나님은 그분을 섬기라고 누구남자 또는 여자를 부르실 때, 그 사람을 해 아래 있는 모든 영적 주제spiritual subject의 전문가가 되라고 부르시지 않는다.

우리 각자는 그 안으로 달릴 수 있는 차선lane을 갖고 있는데, 주님은 그 것을 위해 우리를 준비시켜주셨다. 그러므로 우리가 우리의 차선에서 벗어 나는 것은 혼란을 일으키는 것이다.

나는 내가 어떤 질문에도 대답할 수 있다고 종종 말해왔는데, 그 이유는 "저는 모릅니다"라고 말하는 법을 배웠기 때문이다.

때때로 사람들은 내 조타실wheelhouse 밖에 있는 주제에 대해 질문을 하는 편지를 쓸 것이다.

그런 경우, 나는 그들의 질문에 더 잘 대답할 수 있는 다른 사람들을 그 들에게 추천한다.

유감스럽게도, 어떤 그리스도인들은 책을 쓰고 공개적으로 메시지를 전 하면 성서에 언급된 모든 주제에 대해 전문적인 조언을 줄 수 있어야 한다 고 생각하는 것 같다.

누가 그런 아이디어를 생각해냈는지는 모르겠지만, 그들은 총살당해야 한다. 농담이니까 진정하라!

우리는 모두 우리의 신학적, 영적 차선을 갖는다.

하지만 당신이 시련을 겪고 있을 때 이 진리를 더욱 적절하게 적용할 수 있다.

당신은 다른 사람들이 행동하는 것, 말하는 것, 또는 생각하는 것을 통제할 수 없다. 그들에게는 그들 자신이 걸어가야 할 여정이 있다.

그러므로 당신의 차선을 지키라.

이것은 당신이 인생에서 원하는 것과 당신 자신에게 기대하는 것이 무엇인지에 대해 명확해지려는 시간을 갖는 것을 의미한다.

나는 당신이 어떤 조건에서도 절대 위반하지 않을 개인적인 가치들에 관해 이야기한다. 타협할 수 없는 것들. 다음 장에서 나 자신의 것들의 일부를 소개하겠다.

나의 조언은? 다른 사람들이 무엇을 하고 있는지 염려하지 말라. 그들의 기분, 반응 또는 신념에 영향을 받지 말라. 그것들을 바꾸려고 하지도 말라.

당신의 차선을 지키라. 왜냐하면, 거기에 하나님의 복과 능력이 있기 때문이다.

39. 당신의 답에 표시하라

심연이 깊을수록 빛은 더 밝아진다.

조던 피터슨 Jordan Peterson

우리의 가치들은 우리가 어떻게 행동하는지를 반영한다. 그것들은 우리 자신의 연장선에 있다. 따라서 우리의 가치들은 우리를 정의한다.

달리 표현하지만, 우리의 정체성은 다른 사람들이 생각하고, 말하고, 행동하는 것과 관계없이 우리가 기꺼이 고수하려는 가치들에 뿌리를 둔다.

위기는 우리의 가치들을 재평가할 기회다. 그것은 우리의 정체성을 바꾸고 개선하라는 초청이다. 새로운 가치들을 구축하는 것은 우리 자신을 재창조하고 최적화할 수 있는 한 가지 방법이다.

우리 자신 안에서 벌어지는 모든 변화는 우리가 가진 가치들의 재구성a reconfiguration of our values이다.

다음은 타협할 수 없는 나의 개인적인 가치 중 일부다. 그것들은 내 차선lane을 구성한다.

나는 당신이 자신만의 가치 목록을 구성하기를 바란다. 잠시 후에 그 이유를 알게 될 것이다.

• 나는 다른 누구보다 예수님을 사랑하고, 따르고, 높이는 사람이

다.

- 나는 정직하고 신뢰할 수 있는 사람이다.
- 나는 내가 잘못했을 때 자신을 낮추고 사과하는 사람이다.
- 나는 사람들이 감사하고 환영받는다고 느끼도록 노력하는 사람이다.
- 나는 타인의 말을 주의 깊게 듣는 사람이고, 특히 아내의 말에 귀를 기울이는 남자다.
- 나는 항상 다른 사람들과 공감하려고 하는 사람이다.
- 나는 모든 상황에서 침착하고, 압박 속에서도 편안하며, 하나님을 굳게 신뢰하는 사람이다.
- 나는 내가 바라는 것을 표현하고 내가 원하는 것을 말하는 것을 두려워하지 않는 사람이다.
- 나는 여러 면에 취약할 수 있고, 내가 겪는 어려움에 대해 어떤 조치를 해주기를 누군가에게 기대하지 않고 그 어려움을 공유할 수 있는 사람이다.
- 나는 사람이 아닌 예수님 안에서 나의 내면의 평안을 얻는 사람이다.
- 나는 어떤 종류의 언어폭력도 받아들이기를 거부하는 사람이다.
- 나는 내 삶에서 독을 퍼뜨리는 해로운 사람들을 허용하지 않을 사람이다.
- 나는 자신을 존중하는 사람이기 때문에 나와 함께 있기를 원하지 않는 사람들을 그렇게 만들려고 압력을 가하지 않을 것이다.

이것은 움직일 수 없는 나의 가치들에서 추출한 작은 표본이다. 내 전체 목록에는 25개 항목이 포함되어 있다 나는 그것들에 대해 변명하지 않는다.

인간으로서 그리고 예수님을 따르는 사람으로서, 나의 성장은 이런 가치들을 향한 더 깊이 있는 성장을 의미한다. 나는 아직 거기에 도달하지 않았고 온전하지도 않다. 하지만 이 가치들은 내 인생의 나침반을 구현한다. 그것들은 내가 누구인지, 그리고 내가 어떤 사람이 되고 있는지를 나타낸다.

내 목록의 각 항목을 내가 완전히 통제할 수 있음을 주목하라. 예를 들면, 내가 항상 정직한지는 내가 통제할 수 있지만, 사람들이 나를 신뢰하는지 아닌지는 내가 통제할 수 없다.

내가 잘못했을 때 사과하는 것은 통제할 수 있지만 다른 사람이 나를 용서하는 것은 내가 통제할 수 없다.

당신과 나는 다른 누구의 가치들이나 그들이 달리고 있는 차선에 대한 책임을 지지 않는다. 단지 우리 자신의 것들에 대한 책임을 진다.

그러므로 당신이 다른 사람의 마음을 바꾸려 하는 유혹을 받을 때 그것을 포기하라.

압력을 가하고 바꾸는 것은 하나님께서 하실 일이지 당신과 내가 할 일이 아니다.

내가 삶에서 '드러날' 때마다 나는 내 가치들에 충실히 하고자 노력한다.

나는 다른 사람들이 나에게 어떻게 반응하는지에 따라 그들과의 교류를 평가하지 않는다. 그것이 내가 통제할 수 있는 범위 밖에 있기 때문이다. 다른 사람들과 교류하는 동안 내 핵심 가치들에 충실할 수 있다면 나는 만족한다.

나는 스스로에게 두 가지 간단한 질문을 던진다.

내가 타협할 수 없는 나의 가치들과 일치하는 방식으로 드러났는가?

내가 적절한 답에 표시할 수 있는가?

내가 그렇다고 말할 수 있다면, 다른 사람들의 반응과 관계없이 나는 기분 좋고, 감사하다.

나는 당신도 타협할 수 없는 당신만의 가치들을 만들도록 격려하고 싶다.

그리고 그 가치들과 일치하는 삶을 살겠다고 다짐하라.

40. 어둠 속을 걸어갈 때

믿음에 대한 당신의 가장 큰 교훈은 종종 어둠 속에서 얻어진다.
토니 에반스Tony Evans

역경 중에 있었을 때, 나는 아래의 도움 되는 비유를 발견했다.

나는 밤에 이상한 숲속을 걷고 있고 나에게는 손전등이나 나침반이 없다.

내가 가진 것은 몇 걸음 앞에 무엇이 있는지 보여주는 빛을 비출 정도의 희미한 손전등밖에 없다.

그래서 나는 예수님께서 가르치신 대로 한 번에 한순간을 살 수밖에 없다.

그러므로 내일 일을 위하여 염려하지 말라 내일 일은 내일 염려할 것이요 한 날의 괴로움은 그 날로 족하니라. 마 6:34

내가 어둠 속을 걷고 있을 때, 그때가 바로 하나님께서 나를 그분의 도가니 속에 두신 때다. 그리고 나에게는 상황을 통제하거나 고칠 수 있는 능력이 없다. 나는 주님의 죔틀vise 안에서 단단히 조여지고 있고, 주님은 내가 완전히 파악할 수 없는 영역에서 나를 정화하고 계신다.

어쩌면 당신이 지금 겪고 있는 고통은 아래의 같은 경험을 반영할지도 모른다. 만일 그렇다면, 당신은 선택할 수 있다.

선택 1: 당신의 직감과 당신 자신의 마음속에 있는 점들dots을 당신이 어떻게 연결하고 있는지를 따라가라. 이것들은 둘 다 최악의 가능한 결과를 가리킨다.

선택 2: 당신의 시간표가 아닌 하나님의 시간표에 따라 그분의 뜻을 이루실 하나님을 깊이 파고 신뢰하라.

달리 말하자면, 믿음으로 걸어갈 것인지 아니면 보는 것에 의해 걸어갈 것인지의 선택이다.

내가 최근 몇 년 동안 터득한 아주 중요한 교훈이 있다. 나는 역경을 겪고 있는 동안 내가 느끼는 것에 의해 흔들리기를 거부한다. 그리고 내가 보는 것에 의해 살지 않는다. 왜냐하면, 내 인생을 뒤돌아볼 때 나의 하나님께서 항상 나를 위해 길을 열어주셨기 때문이다.

그리고 당신이 하나님을 따라갈 때 그분은 당신을 위해서도 똑같이 하실 것이다.

선지자 이사야는 우리가 빛이 없이 어둠 속을 걸어갈 때 무엇을 해야 하는지를 알려준다.

너희 중에 여호와를 경외하며 그의 종의 목소리를 청종하는 자가 누구냐 흑암 중에 행하여 빛이 없는 자라도 여호와의 이름을 의뢰하며 자기 하나님께 의지할지어다. 사 50:10

이사야는 그다음 절에서 하나님을 떠나 우리 자신의 빛을 창조하려는 성향에 대해 그 비극적인 결과와 아울러 이렇게 경고한다.

> 보라 불을 피우고 횃불을 둘러 띤 자여 너희가 다 너희의 불꽃 가운데로 걸어가며 너희가 피운 횃불 가운데로 걸어갈지어다 너희가 내 손에서 얻을 것이 이것이라 너희가 고통이 있는 곳에 누우리라. 사 50:11

다시 말해서, 당신은 하나님을 신뢰하고 그분의 음성에 복종하기로 선택할 수도 있고, 아니면 당신 자신의 빛을 창조하고 고통 속에 눕는 것을 선택할 수도 있다.

이사야 42:16은 당신이 나침반이나 손전등 없이 캄캄한 숲속을 걷고 있을 때 버틸 수 있게 하는 적절한 본문이다.

> 내가 맹인들을 그들이 알지 못하는 길로 이끌며 그들이 알지 못하는 지름길로 인도하며 암흑이 그 앞에서 광명이 되게 하며 굽은 데를 곧게 할 것이라 내가 이 일을 행하여 그들을 버리지 아니하리니.

이사야 45:3 또한 훌륭하다.

> 내가 너에게 흑암 중의 보화와 은밀한 곳에 숨은 재물을 주어 네 이름으로 너를 부르는 자가 나 여호와요 이스라엘의 하나님인 줄을 네가 알게 하겠다.

한 문장으로 표현하자면, 당신은 항상 어둠 이후에 빛을 보게 될 것이다.

그러므로 어두운 밤을 받아들이라. 왜냐하면, 그 안에 주님의 가장 풍성한 보물이 있기 때문이다.

주께서 나의 등불을 켜심이여 여호와 내 하나님이 내 흑암을 밝히시리
이다. 시 18:28

41. 다른 사람들을 용서하기

하나님과 가장 순수한 우리 자신이 깊게 연결될 기회는 무엇을 더하는 것이 아니라 내려놓는 것에서 시작한다.

바바라 루소 Barbara Russo

주님께서 가르쳐 주신 기도에 다음과 같은 내용이 있다.

우리가 우리에게 죄 지은 자를 사하여 준 것 같이 우리 죄를 사하여 주시옵고 마 6:12

이 기도 바로 다음에 주님은 이렇게 말씀하셨다.

너희가 사람의 잘못을 용서하면 너희 하늘 아버지께서도 너희 잘못을 용서하시려니와 너희가 사람의 잘못을 용서하지 아니하면 너희 아버지께서도 너희 잘못을 용서하지 아니하시리라. 마 6:14-15

다음은 위의 두 구절 사이에 끼어 있는 구절이다.

우리를 시험에 들게 하지 마시옵고 다만 악에서 구하시옵소서. 마 6:13

그러므로 용서하지 않는 것이 시험과 악을 향해 문을 여는 것처럼 보인다.

용서하지 않는 것은 우리의 마음을 강퍅하게 하고 우리를 넘어지기 쉽게 만든다.

원한은 집으로 데리고 가서 먹여야 한다. 그렇지 않으면 죽을 것이다. 그러나 우리가 원한을 고수하기로 선택한다면 그것이 결국 우리를 파괴하고 말 것이다.

월라드와 마거리트 비처가 한 말을 들어보자.

심리적인 기억은 끝없이 파괴적인 특별한 종류의 기억이다. 그것은 우리 중 일부가 오래된 원한, 오래된 굴욕, 우리의 자존심에 대한 모욕, 우리의 명성에 대한 위협 및 대립 관계를 기억하고자 특별히 훈련된 습관이다. …

우리는 부당한 수집가가 된다. 우리는 상처받은 감정을 대단히 값진 예술품처럼 수집하고 소중히 여긴다. …

원한은 동물원의 동물들처럼 매일 먹여야 한다. 만일 우리가 그 원한을 기억 속에 되살려서 눈물로 적셔주지 않으면 멸망한다.[1]

확실히, 다른 사람들이 뉘우치고 깊이 사과하고 행동을 바꾸려고 조치할 때는 용서하기가 훨씬 더 쉽다.

그러나 다음과 같은 경우에는 훨씬 더 어렵다. :

■ 그들이 뉘우치지 않을 때.

- 그들이 전혀 진심으로 사과하지 않을 때.
- 그들이 애초에 당신에게 상처를 준 것을 바로잡으려는 도움을 받으려 하지 않을 때.

하지만 하나님은 그래도 우리가 용서할 것을 요구하신다.

작가 로버트 브롤트는 다음과 같이 통찰력 있게 표현했다. "당신이 한 번도 사과받지 못했을 때도 그것을 받아들이는 법을 터득할 때 삶이 더 쉬워진다."[2]

어떤 사람이 당신의 삶에 초래한 고통에 관한 생각이 당신의 마음에 들어오고 고통스러운 장면이 재생 회로에서 돌아가기 시작하면, 그때가 채널을 돌릴 때다.

그것이 아닌 다른 어떤 것에 초점을 맞추라.

그렇게 하면, 그 생각은 결국 그것에서 솟아난 고통과 함께 사라질 것이다.

시간은 모든 상처를 치료해준다.

그리고 시간이 지남에 따라 상처는 점점 아문다.

그러나 이것은 모두 하나님의 일이지 당신의 일이 아니다.[3]

-----

1. Beecher, *Beyond Success and Failure*, 163-164.
2. Robert Brault, *Round Up the Usual Subjects* (Avon, CT: Robert Brault, 2014), 22.
3. 롬 12:19.

42. 상처가 있는 사람은 다른 사람에게 상처를 입힌다

당신을 하나님께로 밀어붙이는 상처에 감사하라.
무명

때때로 사람들은 상처를 받을 때 분노를 발산한다. 어떤 때는 사람들이 자신의 고통에 수동적으로 반응한다.

그것은 상처를 받았을 때 **공격**하는 사람과 고통 때문에 **피하는** 사람의 차이인데, 그러나 효과는 동일하다.

다음과 같은 시나리오를 고려해보라. 그것은 내가 수년 동안 알고 지낸 수많은 사람의 삶에서 벌어진 것을 목격한 것이다.

친한 친구나 가까운 친척이 당신에게 화가 나서 당신을 그들의 삶에서 내친다.

당신에게는 그들의 결정이 잔인하고, 무관심하고, 비인간적이고, 차갑고 회피적이다.

그러나 그들은 아프고 두려우므로 자신을 고립시켜야 할 필요성을 느낀다. 그들에게는 모든 감정 중에서 가장 가공되지 않은 두려움의 영이 작용한다.

공감의 말이 든, 사과의 말이 든, 슬픔의 말이 든, 격려의 말이 든, 또는 감사의 말이 든, 그들에게는 어떤 말을 해줘도 상관없다.

아무것도 그들을 움직이지 않는다.

당신의 노력은 거대한 타이타닉에 맞서 종이로 만든 공을 쏘는 것과 같다.

침묵은 귀를 먹먹하게 하고, 당신이 멀리 떨어져 있는 고드름의 차디찬 에너지를 느낄 수 있을 정도다.

당신은 그들의 완강한 거부가 부당하다고 믿는다. 당연히 그렇다고 믿는다.

그러나 조건 없는 사랑은 무엇을 하는가?

그것은 공감하고 공간space을 제공한다.

그것은 구걸, 간청, 설득, 또는 죄책감 등 상대방을 더 멀어지게 만드는 압력을 가하지 않는다.

그것은 내려놓는let go 것이다.

이런 식으로 조건 없는 사랑은 결과에 대한 집착 없이 계속해서 사랑하고, 돌보고, 희생한다.

조건 없는 사랑은 다른 사람들을 그들이 있는 곳에서 만나고, 그들이 당신에게 비합리적이고 사랑스럽지 않게 보일지라도 그들의 소원을 존중한다.

그들이 당신에게 응답하든 하지 않든 그것은 중요하지 않다. 당신은 여전히 그 사람들을 조건 없이 사랑한다.

당신은 그 사람들이 쳐 놓은 경계선들이 아무리 비합리적으로 보일지라도 그것들을 존중한다.

당신은 그 사람들과 그들의 감정, 그리고 진리에 대한 그들의 버전version을 그것이 타당한지와 관계없이 수용한다.

당신은 그들이 문을 닫는 것이 어린 시절에 터득한 보호 메커니즘a protective mechanism이라는 것을 이해한다. 따라서 실제로는 그들이 당신에게 문을 닫은 것이 아니고, 그들 자신에게 문을 닫는다. 그것은 전부 안전하다고 느끼려는 그들의 집착이다.

그래서 당신은 공감하고 밧줄을 내려준다. 당신은 압력을 완화하고, 어둠을 당신을 변화시키려는 하나님의 선물로 받아들인다. 이것은 조건 없는 사랑의 고통스러운 측면이다.

요컨대, 당신이 그리스도인의 삶에 있어 진보하고 싶다면 사랑과 고통이 종종 함께 간다는 사실에 안도하는 것이 좋을 것이다.

완전한 사랑 곧 조건 없는 사랑은 결국 모든 두려움을 내쫓을 것이다.[1] 바울은 다음과 같이 말했다.

> 사랑은 모든 것을 참으며 모든 것을 믿으며 모든 것을 바라며 모든 것을 견디느니라. 고전 13:7

성령에 의해 우리에게 나타나는 변화의 큰 부분은 기대나 조건 없이 다른 사람들을 사랑하는 법을 터득하는 것이다. 그것은 또한 우리의 사랑에 대해 사랑으로 보답하지 않는 사람들을 사랑하는 법을 배우는 것이다.

사실, 이 기술skill은 우리가 시련을 통해 배울 수 있는 가장 중요한 것 중 하나다.

폴 빌하이머가 이것에 대해 딱 들어맞게 말한다.

> 자아의 분산the decentralization of self과 아가페 사랑의 심오한 차원의 발전을 하려면 환난이 필요하므로, 이 사랑은 오직 고통의 학교the school of suffering에서만 개발될 수 있다.[2]

테스트를 해보자. 당신이 다른 사람들을 돌보거나 섬기고자 뭔가를 했는데 그들이 감사를 표하거나 친절하게 행동하지 않는다고 가정해보자. 당신은 화를 내거나 상처를 받는가?

만일 그렇다면, 당신의 반응은 당신이 조건 없이 사랑하지 않았음을 드러낸다. 다른 어떤 동기motive가 관련된 것이다.

예수 그리스도는 조건 없는 사랑을 구체화하신 분이다. 그분이 **당신을 통해** 사랑하시도록 허용하려면 다른 사람들과 그들의 반응에서 완전히 손을 내려놓아야let go 한다. 그곳이 자유와 해방이 있는 곳이다.

-----

1. 요일 4:18.
2. Billheimer, *Don't Waste Your Sorrows*, 13.

43. 하나님의 가지치기용 가위

인간의 궁극적인 기준은 그가 편안하고 편리한 순간에 서 있는 자리가 아니라, 도전과 논쟁의 시간에 그가 서 있는 자리다.
마틴 루터킹 Martin Luther King Jr.

내가 시련을 겪고 있을 때 한 번은, 전혀 만난 적이 없는 사람이 하나님께서 나를 그의 마음에 두셨다고 말했다. 그는 내가 내 인생의 가지 치는 계절을 통과하고 있음을 감지하고 그가 받은 인상을 공유하며 소셜 미디어를 통해 나에게 메시지를 보냈다. 그 메시지가 너무나도 정확했기 때문에 그것이 나를 사로잡았다.

나는 이것이 성령의 초자연적인 역사임을 굳게 믿고 그가 한 말을 마음에 두었다. 나는 예수님께서 바로 이 주제에 관해 말씀하신 요한복음 15:1-2을 찾았다.

나는 참 포도나무요 내 아버지는 농부라 무릇 내게 붙어 있어 열매를 맺지 아니하는 가지는 아버지께서 그것을 제거해 버리시고 무릇 열매를 맺는 가지는 더 열매를 맺게 하려 하여 그것을 깨끗하게 하시느니라.

당신은 지금 가지치기의 계절을 보내고 있을 가능성이 매우 크다. 하나님은 당신의 삶에서 당신이 소홀히 했거나 인식하지 못했던 것들을 다듬고 계신다.

하나님은 당신의 역경을 통해서 당신의 영혼 안에 더 심오한 일을 행하고 계신다. 변화하고자 더 깊이 있는 작업을 하시는 것이다.

만일 이것이 당신에게 벌어진다면, 다음 네 가지를 기억하라.

1. 하나님은 당신을 사랑하시고 더 크게 사용하기를 원하시기 때문에 당신을 가지치기 하신다.
2. 가지치기는 즐겁지 않고 고통스럽다. 그러나 그것은 임시적이고 결국은 지나갈 것이다.
3. 최종 결과는 그리스도께 더욱더 순응하고 다른 사람들에게 더 큰 사랑을 베풀게 되는 것이다.
4. 당신이 하나님께 나아가 그리스도의 몸 안의 신뢰할 수 있는 지체들에게 당신 자신을 열면, 주님이 당신을 두기 원하시는 바로 그곳에 당신이 있다는 것을 그분이 보여주실 것이다. 이것은 꿈이나 환상이나 예언의 말씀이나, 또는 그냥 경건한 조언을 통해 올 수 있다. 당신과 이런 것들을 공유하는 사람들은 종종 그들이 말하는 것이 초자연적인 지혜라는 것을 깨닫지 못할 것이다.

하나님께서 바로 지금 당신을 가지치기하고 계시다면, 마음을 다잡고 그 과정에 순복하라. 당신이 믿는바, 하나님께서 당신의 삶에서 가지치기하려 하시는 것들의 목록을 작성하라. 그리고 시간이 지남에 따라 목록의 각각을 예리하게 주시하라.

주님께서 바라시는 결과를 당신에게 주실 것을 믿고 그분을 신뢰하라.

44. 폭풍 속의 평안

참으로 그리스도의 돌보심 안에 있는 사람에게는 혼돈에서 오는 궁극적인 선함이 없이는 어려움이 생기거나, 딜레마가 생기거나, 재앙처럼 보이는 것이 인생에 임하지 않는다. 이것은 내 삶에서 나의 주님Master의 선하심과 자비를 보는 것이다. 그것은 그분에 대한 나의 믿음과 확신의 큰 기초가 되었다.

필립 켈러 Phillip Keller

마가복음 4장에는 예수님이 제자들과 함께 배의 고물에서 주무시는 이야기가 나온다.

갑자기 폭풍이 몰아치며 호수가 요동쳤고, 물이 배의 사방으로 쏟아져 들어오기 시작하면서 제자들은 괴로워했다.

놀랍게도, 예수님은 아직도 주무시고 계셨다.

잠깐 이 장면을 고정해보자.

폭풍우를 뚫고도 깊이 잠드신 것을 볼 때, 예수님의 마음속에는 엄청난 평안이 깃들어 있음이 틀림없다.

사나운 폭풍 속에서 배가 흔들리자 제자들은 "선생님이여 우리가 죽게 된 것을 돌보지 아니하시나이까?"라고 말하며 예수님을 깨웠다.[1]

예수님께서는 깨어나셨을 때 다음과 같은 간단한 말씀으로 폭풍을 잠잠하게 하셨다. "잠잠하라 고요하라."[2]

그다음 예수님은 제자들의 믿음 없음을 지적하셨다.

염려, 공황 상태, 두려움, 불안을 느끼는 것은 하나님의 사랑을 의심하는 것이다.

그들은 "주여, 돌보지 않으십니까?"라고 외쳤다.

어디서 많이 들어본 소리 아닌가?

여기에 좋은 소식이 있다. 당신은 현재의 폭풍을 통해 당신 자신의 마음속에 심오한 수준의 평안을 가질 수 있다. 그것은 모두 당신이 어떻게 생각하는지에 의해 시작한다.

-----

1. 막 4:38.
2. 막 4:39.

45. 당신의 생각을 다 믿지 말라

**사람은 자신이 혼자 지불해서
구매할 수 있는 것들의 수에 비례하여 부자다**

헨리 데이빗 소로 Henry David Thoreau

우리가 생각하는 모든 것을 절대 믿어서는 안 된다는 것을 처음으로 나에게 가르쳐준 사람은 릭 워렌Rick Warren이었다. 또는 그것에 대해 우리가 느끼는 것을 믿어서도 안 된다는 것을.

우리의 생각은 전혀 신뢰할 수 없다.

당신의 느낌은 당신이 생각하는 것의 직접적인 결과다. 만일 당신의 생각이 잘못되었다면, 당신의 느낌도 신뢰할 수 없을 것이다.

그렇다면, 해독제는 무엇인가?

하나님께서 하신 말씀을 발견하고, 그 말씀을 크게 외치고, 그것을 반복해서 읽고, 그것에 굳건히 서 있어라.

하나님의 말씀은 우리에게 우리 주님이 어떻게 생각하시는지를 가르쳐준다.

이것은 우리가 역경을 겪을 때 왜 성서의 말씀에 귀를 기울이고 하나님의 마음을 구하는 것이 중요한지의 이유다. 어떤 주제에 대해 하나님께서 말씀하신 것을 찾아 그 말씀을 굳게 잡고 삶에 적용하라.

요컨대, 모든 유혹은 사탄이 동산에서 하와에게 한 말을 되풀이한 것이다. "하나님이 정말 그렇게 말씀하셨다고? 하나님이 너에게서 행복을 박탈하고 있는 줄 너는 몰라. 네가 하나님의 말씀을 따른다면 너는 다 놓치고 말 거야."

같은 노래에 다른 가사다.

당신은 현재 겪고 있는 시련에 관해 오늘 무슨 생각을 하고 있는가? 무엇을 느끼고 있는가?

그것이 그 주제에 관한 하나님의 말씀과 일치하는가?

만일 그렇지 않다면, 나는 바울이 고린도후서 10장에서 충고한 말을 당신이 행할 것을 제안한다.

> 우리의 싸우는 무기는 육신에 속한 것이 아니요 오직 어떤 견고한 진도 무너뜨리는 하나님의 능력이라 모든 이론을 무너뜨리며 하나님 아는 것을 대적하여 높아진 것을 다 무너뜨리고 모든 생각을 사로잡아 그리스도에게 복종하게 하니. 고후 10:4-5

놀랍게도, 당신은 당신의 생각을 관찰할 수 있고 그것에 따라 행동하지 않을 수 있다. 당신은 또한 그것을 믿지 않기로 선택할 수도 있다.

우리가 모두 가진 문제는 사실상 우리의 생각으로 귀결한다. 이것이 왜 신약 성서가 자주 우리의 마음을 새롭게 하는 것에 대해 말하는지의 이유다.

그것이 진정한 변화, 당당함, 안녕, 내적 평안, 그리고 모든 환경에서의 믿음의 문을 여는 열쇠다.

46. 인지 왜곡

장미를 원하는 사람은 가시를 존중해야 한다.
무명

나는 인지 왜곡cognitive distortion의 개념을 처음 접했을 때를 생생하게 기억한다. 한 친구가 그것을 온라인에서 찾아보라고 권해서 찾아보았는데, 그 발견은 판을 뒤집는 것a game changer이었다

인지 왜곡은 실제reality에 기초를 두지 않는 생각이다. 하지만 그것은 우리에게 실제로 느껴진다.

그것은 현실에서 완전히 벗어나는 망상만큼 심각하지는 않다. 하지만 문제가 있다.

여기에 여섯 가지의 인지 왜곡과 그것들에 관한 설명을 소개한다. :

- **성급하게 결론을 내리는 것**. 이것은 얼마만큼은 사실인 것이 있지만 결론에 도달하려고 특정한 방식으로 그 사실들을 연결하는 경우다. 그렇지만, 그 결론은 오직 당신의 머릿속에만 있고, 아직 드러나지는 않았다.

- **재앙으로 치닫는 것**. 이것은 당신이 그것에 대비하기를 시작할 정

도로 믿을 수 있어 보이는 최악의 시나리오에 대한 괴로운 생각에 따라 당신의 마음이 당신을 괴롭히는 경우다. 그렇지만, 대부분은 이런 끔찍한 시나리오는 절대 벌어지지 않으므로 당신 자신이 불필요한 스트레스와 불안을 많이 느끼게 되는 것으로 귀결한다.

■ **마음 읽어내기.** 이것은 당신이 다른 사람들에게 동기와 의도를 전가하는 경우다. 당신은 그들의 마음을 읽어낸다. 적어도 당신은 그들의 마음을 읽는다고 생각한다. 그렇지만, 당신은 종종 당신이 틀렸음을 발견한다. 마음을 읽어내는 당신의 능력엔 결함이 있다!

■ **과거 사건들에 대한 부정적인 정보.** 이것은 당신의 마음이 과거 상황에서의 부정적인 것들만 재생하고 긍정적인 것은 걸러내는 경우다. 이것은 삶의 왜곡된 견해를 당신에게 준다. 그 결과: 당신은 끊임없이 후회하며 당신의 인생을 살아가기 쉽다.

■ **사실의 부재 또는 존재를 기반으로 사물을 읽기.** 당신이 어떤 사람과 이야기를 하고 있는데 그 사람이 당신의 말을 듣고 싶어 하지 않는 것 같다고 가정해보라. 당신은 그들이 당신에게 화가 났거나 당신에 의해 마음이 상했다는 그들의 반응을 읽는다. 그러나 진실은 아마도 그들이 아프거나 피곤해서 그럴 수 있다. 언제나 다른 사람들의 최선을 생각하라. 바울이 고린도 전서 13:5에서 말한 바와 같이 사랑은 "악한 것을 생각하지 않는다."

■ **부정적인 예측.** 이것은 당신이 최악의 결과를 예측하는 경우다.

그리고 그 예측이 확실하다고 느껴지는 경우다.

이런 모든 왜곡 뒤에 숨어있는 공통점은 **도를 넘어선 생각**이다.

그리고 각각의 왜곡과 싸우는 길은 그것들에 도전장을 내미는 것이다.

예를 들면, 당신은 마음속으로 이런 식으로 말할 수 있다. "나에게는 이것이 사실이라는 증거가 없다.", "그리고 나는 다른 사람들이 내 동기를 나쁘게 생각하는 것을 원하지 않기 때문에 일단 그들에게 유리한 방향으로 믿어주는 쪽을 택할 것이다. 이것이 바로 사랑이 하는 일이다."

긍정적인 면을 걸러내고 부정적인 면만 기억할 때는 의도적으로 긍정적인 면을 떠올리고, 거기에 거하라.

요약하자면, 스스로에게 대안적인 이야기들을 제공함으로써 이런 왜곡에 도전하고 반박하도록 당신 자신을 훈련하라.

당신은 큰소리로 이것을 할 수 있고, 또는 당신의 머릿속에서 조용하게 할 수 있다.

다시 말해서, 우리가 믿는 것은 실현되는 경향이 있으므로 적절한 생각은 단순히 우리 자신의 기분을 더 좋게 만드는 것 그 이상이다. 그것은 우리의 상황을 바꾸는 주된 방법의 하나다.

나는 처음 인지 왜곡의 위력을 발견했을 때 속으로 이렇게 생각했다. **하지만 내가 사실들을 연결해서 내린 나의 결론이 정확하거나, 또는 내가 하는 '마음 읽어내기'가 성령의 인도에 의한 직관이라면 어떻게 될까?**

이런 질문에 대한 나의 대답은 다음과 같다.

만일 나쁜 결과나 결론이 나올 것이라는 내 생각이 옳다면, 나는 주님의 주권적인 사랑 안에 안식하고 그분의 결정을 신뢰하면서 그분이 그것을 바꾸시도록 간구한다.

만일 다른 사람의 동기에 대한 내 생각이 옳다면 성령이 그 동기를 나에게 계시하셨다는 뜻이다 나는 그 사람을 위해 기도한다. 그리고 가능하면 그 사람을 비난하지 않고 그를 섬길 정보를 사용한다.

우리의 생각은 우리 자신과 분리되어 있다. 그리고 우리의 느낌과도 분리되어 있다.

인지 왜곡과 부정적인 느낌에 도전하는 일의 일부는 그것들 배후에 있는 에너지를 느끼고 그 생각과 느낌을 내려놓는 let go 것이다.

데이비드 호킨스는 이런 작업이 주는 자유에 대해 다음과 같이 말했다. :

지속해서 내려놓음으로써 let go 자유의 상태에 머무는 것이 가능하다. 감정은 오고 가는 것이므로, 결국 당신은 당신의 감정 자체가 아니라 진짜 '당신'이 단지 그 감정을 목격한다는 것을 깨닫는다.[1]

나는 인지 왜곡에 도전하고자 나 자신을 더 훈련하면 할수록 그것이 더 쉬워진다는 것을 터득했다.

나는 이것이 바울이 고린도 교회의 지체들에게 견고한 진을 무너뜨리라고 권고했을 때 염두에 두었던 것이라고 믿는다. "모든 이론을 무너뜨리며 … 모든 생각을 사로잡아 그리스도에게 복종하게 하니."[2]

인지 왜곡을 치유하는 가장 탁월한 처방전 중 하나를 잠언 3:5-6에서 찾을 수 있다.

너는 마음을 다하여 여호와를 신뢰하고 네 명철을 의지하지 말라 너는 범사에 그를 인정하라 그리하면 네 길을 지도하시리라.

그렇다. 당신 자신의 명철에 기대지 말라. 특히 위기에 처해있을 때 그렇게 하라.

-----

1. Hawkins, *Letting Go*, 21.
2. 고후 10:4-5.

47. 벽을 바라보지 말라

**당신이 사물을 바라보는 방식을 바꾸면
당신이 바라보는 사물이 바뀔 것이다.**

웨인 다이어 Wayne Dyer

노련한 경주용 자동차 운전자들은 운전할 때 결코 벽을 보지 않는다. 그 이유는 간단하다. 그들이 벽을 바라보면 그 벽에 부딪힐 가능성이 매우 크기 때문이다.

마찬가지로, 당신이 원하지 않는 것에 초점을 맞추는 것은 종종 당신이 그것을 얻을 것을 보장하는 것이다.

만일 당신이 두려움에 초점을 맞춘다면, 당신이 그것이 실제로 벌어지도록 돕는 것이다.

이것은 긍정적 사고positive thinking의 힘이나 부정적 사고negative thinking의 위험과는 아무런 상관이 없다.

그것은 영적인 영역 안에서 당신이 보내는 에너지와 관련이 있다.

생각은 에너지를 운반하는데, 양자물리학 분야에서 이를 입증했다.

"함께 발화하는 뉴런은 함께 연결된다."[1] 따라서 긍정적이건 부정적이건 특정한 선들을 따라 생각하면 우리 뇌 안에 새로운 홈grooves이 생긴다.

프랭크 로박은 우리가 생각하는 힘에 관해 다음과 같은 통찰력 있는 말을 제공한다.

생각과 성격은 분리될 수 없다. 그것들은 같은 것을 두 개의 단어로 표
현한 것이다. 우리가 생각하는 것이 우리 자체다. 일주일 동안 우리가
생각한 것의 그림이 곧 우리의 그림이다.[2]

생각이 에너지를 운반한다는 사상은 나에게 획기적인 개념이다.

동기부여 연설자들motivational speakers 사이에서 회자되는 말은 "초점focus이
가는 곳에 에너지가 흐른다."라는 것이다. 거기에 일말의 진실이 있다.

당신은 당신이 초점을 맞추는 것은 무엇이든 그것을 당신의 삶으로 초대
한다. 믿음이 그런 것과 같다. 그 범위의 반대편 끝에 있는 두려움도 마찬가
지이다.

우리는 우리가 두려워하는 것을 끌어당긴다. 우리는 또한 우리가 믿는
것을 끌어당긴다. 즉, 우리의 믿음을 '우주'와 같은 정체불명의 힘에 두는
대신에 우리의 믿음을 하나님께 둘 때 그렇다.

이런 이유로, 당신이 알고 있는 사람들에 대해 생각하면, 종종 그들은 당
신에 관해 생각할 것이다. 이것은 그들이 당신을 어떻게 보는지에 따라 긍
정적이거나 부정적일 수 있다.

생각은 실제를 만들어낸다.

대저 그 마음의 생각이 어떠하면 그 위인도 그러한즉. 잠 23:7

"진정으로 걱정하지 않는 사람, 개의치 않는 사람, 그리고 태평한 사람
의 특징인 평안, 인내, 자아도취로부터의 자유를 발산한 사람"으로 평가받

아온 달라스 윌라드가 다음과 같은 중요한 관찰을 했다.3

마음, 그리고 우리가 우리의 마음을 돌리는 쪽이 우리 삶의 열쇠다···
당신이 마음으로 무엇을 하느냐가 당신이 해야 할 가장 중요한 선택
이다. 당신의 마음이 가는 곳마다 당신의 남은 인생도 함께 간다··· 우
리가 마음을 두는 것은 그 실제를 우리 삶에 가져온다. 우리가 마음을
하나님께 두면 하나님의 실제가 우리 삶에 들어온다.4

이것이 사실이기 때문에 당신이 시련을 겪는 동안 당신이 원하지 않는 것
에 초점을 맞추지 않는 것이 중요하다. 부정적인 결과에 초점을 맞추면 불
안만 생기고 부정적인 결과를 당신의 삶에 불러들일 뿐이다.

그 대신 주님과 주님의 약속에 초점을 맞추라. 나는 이것이 매달린다hang
on는 것이 의미하는 것의 한 부분이라는 것을 경험으로 터득했다.

아래의 성서 구절들을 고찰해보라.

주께서 심지가 견고한 자를 평강하고 평강하도록 지키시리니 이는 그
가 주를 신뢰함이니이다. 사 26:3

그러므로 너희가 그리스도와 함께 다시 살리심을 받았으면 위의 것을
찾으라 거기는 그리스도께서 하나님 우편에 앉아 계시느니라 위의 것
을 생각하고 땅의 것을 생각하지 말라. 골 3:1-2

육신의 생각은 사망이요 영의 생각은 생명과 평안이니라. 롬 8:6

끝으로 형제들아 무엇에든지 참되며 무엇에든지 경건하며 무엇에든지 옳으며 무엇에든지 정결하며 무엇에든지 사랑 받을 만하며 무엇에든지 칭찬 받을 만하며 무슨 덕이 있든지 무슨 기림이 있든지 이것들을 생각하라 너희는 내게 배우고 받고 듣고 본 바를 행하라 그리하면 평강의 하나님이 너희와 함께 계시리라. 빌 4:8-9

시련을 겪고 있을 때 당신이 경주용 자동차 운전자다. 그러므로 벽을 바라보지 않도록 자신을 훈련하라.

당신 앞에 있는 트랙을 주시하라. 지금, 이 순간에 머물고, 당신의 속도 유지 장치cruise control를 예수 그리스도께로 설정하라.

그런 다음 그분이 움직이실 때까지 기다리라.

_____

1. "함께 발화하는 뉴런은 함께 연결된다."라는 이론은 Donald O. Hebb이 개발한 시냅스(synapse) 이론의 일반적인 요약이다. 그의 책 *The Organization of Behavior: A Neuropsychological Theory*(Wiley, 1949)를 참조하라.
2. Laubach, *You Are My Friends*, 69.
3. Larry Burtoft, in the preface to Dallas Willard, *Life without Lack: Living in the Fullness of Psalm 23* (Nashville: Thomas Nelson, 2018), ix.
4. Willard, *Life without Lack*, 8, 25.

48. 숨어있는 파괴자

**결코, 불가능한 상황이 당신을 위협하게 두지 말라.
더 많이 기도하고, 더 신뢰하고, 더 기대하도록 동기를 부여하라.**

릭 워렌 Rick Warren

정신 건강 전문가가 건강, 활력, 관계 및 정신적 안정의 가장 큰 파괴자는 불안이라고 하는 말을 들었던 기억이 있다. 그리고 불안은 종종 그것을 가진 사람들에게 숨겨져 있다.

그 전문가는 불안이 과민성, 분노의 폭발, 고치고 통제하려는 충동, 위압감, 강요, 과잉 경계 및 과잉 반응과 같은 온갖 추한 자손을 낳는다고 설명했다.

그 당시 이것은 나에게 완전히 새로운 것이었다. 그리고 그것은 정확히 내가 들어야 했던 말이었다.

성서는 우리에게 절대로 염려하지 말고 기도를 통해 염려를 하나님께 맡기라고 가르친다.[1]

때때로 불안의 근본 원인은 영적이다. 심지어 어떤 경우에는 어둡고 보이지 않는 영역이 두려움에 의해 작동하기 때문에 사탄적이다.

어떤 때는 상황에 따라 다르다. 우리는 직장을 잃을 수도 있고, 가족이 위독하거나, 파경에 직면하거나, 의사로부터 나쁜 소식을 듣는 것과 같은 끔찍한 상황에 대해 불안해질 수 있다.

때때로 불안이 모든 것을 소모할all-consuming 때 그것은 사람의 뇌 화학 brain chemistry에 뿌리를 두고 있을 수 있다. 유전과 양육 둘 다 뇌와 연결되어 있으므로 이것은 그 둘의 조합에 의해 발생할 수 있다.

우리 사회의 많은 사람이 GADGeneral Anxiety Disorder, 일반적인 불안 장애로 고통받는다. 감사하게도, 이런 상태는 치료할 수 있다.

흥미롭게도, 불안으로 고통받는 사람들은 누군가가 그들에게 그것을 지적하기 전까지는 종종 그것을 인식하지 못한다.

나는 당신이 불안한 사람인지 스스로에게그리고 당신과 가장 가까운 사람들에게 물어보도록 격려하고자 이 말을 한다.

불안을 치료하도록 훈련된 사람과 이야기하는 것은 엄청난 도움이 될 수 있다.

그러나 최종 분석에서 불안을 다루는 것은 당신의 생각을 바꾸는 힘든 작업을 포함한다. 그런 작업은 당신에게 마음의 고통을 많이 덜어줄 수 있다. 그것은 또한 당신이 맺는 관계에 도움이 될 것이다.

하워드 서면의 말을 고찰해보라.

나는 불안으로부터의 해방이 영적 성품과 인식의 근본적인 성장을 의미한다는 것을 조금씩 이해하기 시작했다. 그것은 경험의 모든 차원에 불안을 상대로 한 방대한 면역을 제공하면서, 깊은 내면에서 생겨나는 존재의 특성이 된다. 평온을 기반으로 하는 것은 사건events의 격렬한 성격이 무엇이든지 경험의 밑바탕이 된다. 이 평온함은 활동적이고 역동적인 하나님의 임재가 삶에서 나타나는 것이다.2

-----

1. 벧전 5:7; 시 55:22; 빌 4:6-7.
2. Thurman, *Meditations of the Heart*, 50.

49. 거리 두기

당신은 통제력을 잃는 것을 싫어하지 않는다.…
당신은 자신이 통제한다는 착각을 잃는 것을 싫어한다.

바바라 브라운 테일러 Barbara Brown Taylor

우리의 많은 시련은 다른 사람들과 우리의 관계를 포함한다. 즉, 동료, 친구, 가족, 동역자, 소셜 미디어에서의 '관계' 등을 포함한다.

최고의 관계는 개인적인 공간personal space을 허용한다.

이것이 당사자 둘 다 상호 의존적이지 않고 개인적 특성을 유지할 수 있게 해준다.

건강한 관계는 독립적이지도 않고 상호 의존적이지도 않다. 그것은 서로 의지하는 관계다.

그러므로 건강한 관계 안에서 당신은 자신을 잃는 것이 아니라 자신을 발견해야 한다.

일반적으로, 관계에는 두 가지 갈등 해결 스타일이 있다. 즉, 갈등이 있을 때마다 거리를 두는 회피적인 사람과 갈등이 있을 때 불안해하고 과도하게 추구하는 사람이다.

과도한 추구는 한편으로는 지루하게 하고, 다른 한편으로는 질식하게 만든다. 그것은 다른 사람에게 감정적인 호스hose를 연결해서 그들의 생명을 빨아들이는 것과 같다.

회피는 관계connection를 파괴하고, 문제를 더 확대하고 더 악화시킨다.

불안은 특정한 결과를 원하고 그것을 성취하려는 데서 온다. 따라서 불안은 통제하려는 욕구와 결부되어 있다.

여기에 계시가 있다. 관계 안에서 통제하려는 것은 신화a myth다. 당신과 나는 실제로 다른 사람들을 통제할 수 없다. 우리가 통제할 수 있는 유일한 것은 우리 자신인데, 심지어 그것조차도 어렵다.

우울증은 좋은 미래를 상상할 수 없는 상태라고 알려져 왔다. 누군가 말하기를, '우울증depression' 이라는 단어의 글자를 재배열하면 '나는 밀고 나아갔다pressed on' 가 된다고 했다.

만일 당신이 현재의 시련에 대해 불안을 느낀다면, 당신이 지금 처한 상황이 당신의 최종 목적지가 아니라는 것을 깨닫는 것이 중요하다.

사실, 그것은 통제하려 하고 밀고 나아가려고 하는 당신의 욕구를 내려놓는let go 기회다.

우리가 뭔가를 더 많이 원할수록 불안할 가능성은 더 커진다. 이것이 왜 받아들이는 것과 항복하는 것이 그렇게 중요한지의 이유다. 당신은 내려놓을 때 압박을 풀고 불안을 제거한다.

윌라드와 마거리트 비처는 그것을 이렇게 묘사했다.

> 모든 형태의 소유욕이나 애착에는 그 자체의 내장된built-in 처벌이 있다. 욕망은 고통과 실망에서 분리될 수 없다.[1]

당신이 관계 안에서 어떤 결과를 추구할 때 당신 자신 안에 불안이 생기고, 그 불안이 당신의 주변 사람들에게도 불안을 조성한다.

이것은 우리를 마태복음 7:12로 인도한다. "다른 사람들이 너희에게 해주기를 바라는 대로 그들에게 하라." 달리 말해서, 당신이 다른 사람들의 처지에 있다면 무엇을 원할지, 그것을 그들에게 주도록 하라.

그러므로 당신이 공간이 필요하다면 다른 사람들에게 공간을 주고, 당신이 연민을 원하면 그들에게 연민을 주고, 당신이 공감을 원하면 그들에게 공감을 주라. 그리고 다른 사람들이 당신의 말을 듣고 이해해주기를 당신이 원한다면 그들의 말에 귀를 기울이고 그들을 이해하도록 하라.

통제하려는 시도는, 당신의 마음속의 문제들을 곰곰이 생각해보는 것조차도, 당신을 좋은 결과에서 멀어지게 한다.

모든 종류의 관계 안에서, 당신이 무언가를 더 원할수록 그것을 얻을 기회를 당신이 사라지게 할 가능성이 더 커진다. 즉, 결과에서 손을 내려놓지 않는 한 그렇게 된다.

우리의 욕구가 불안을 촉발하기 때문에, 우리가 통제할 수 없는 것들에 대해 염려할수록 우리는 더 불안해진다.

진실은 당신이 미래를 알 필요가 없다는 것이다. 알려진 하나님께 알려지지 않은 미래를 맡기는 것을 절대로 두려워하지 말라.

당신은 미래를 하나님의 손에 맡길 수 있다. 왜냐하면, 하나님께서 모든 것을 통해 당신과 함께하겠다고 약속하셨기 때문이다. 그것이 넓든 좁든 관계없이. 그것을 한 문장으로 표현하면, 불안은 우리가 사물things에 대해 어떻게 생각하는가에 따라 생긴다.

그러므로 그 인지 왜곡에 도전하고 새로운 존재 방식으로 이동하라.

-----

1. Beecher, *Beyond Success and Failure*, 95.

50. 고치려는 사고방식을 버리기

우리는 운명을 피하고자 가는 길에서 종종 운명을 만난다.

장 드 라 퐁텐 Jean De La Fontaine

얼마나 많은 여성이 이런 경향에 시달리고 있는지는 잘 모르겠지만, 많은 남성은 고치려는 사고방식fix-it mode이라는 장비가 있다. 내게도 그 장치가 있음을 나는 안다.

과거에는 내가 문제에 직면할 때는 언제든지 그 사고방식 장비가 즉시 작동했다.

나는 문제를 해결하고자 모든 정신적, 감정적 열량을 고갈시켰다.

이런 자세는 불안관 밀접한 관련이 있다.

우리는 어떤 것에 불안을 느낄 때 하나님 노릇을 시작하려는 유혹을 받는다. 이것이 바로 고치려는 사고방식의 정체다.

그러나 어느 날 주님은 내 상황을 정리하시고 주권적으로 내 손에 든 칼을 빼앗아 가셨다.

고통스러운 사건들이 나를 낮췄고, 고치려는 장비가 멈췄다. 내 문제들에 대한 모든 불안이 사라졌다.

이것이 내가 내 삶에 오는 문제들에 대해 더는 신경 쓰지 않는다는 것을 의미하는가?

아니다.

그것이 내가 절대로 방심하지 않고, 계획을 분별하고, 실천하겠다는 것을 의미하는가?

아니다.

나는 여전히 신경을 쓴다. 그러나 뭔가 극적으로 바뀌었다.

나는 나 자신이나 나의 능력을 더는 신뢰하지 않는다.

그리고 내가 더는 과도하게 반응하지 않는다.

그 대신, 나는 하나님 안에서 조용히 안식하면서 그분이 문제를 해결하시도록 기다린다. 그 결과: **더는 염려나 불안이 없다.**

일이 훨씬 쉬워졌다.

게다가, 이제 내 역할이 분명해졌다. 상황을 조작하려는 나의 노력 없이도 기회들이 생기게 되었다.

나는 주님을 신뢰한다. 나는 주님의 선하심을 알고, 그분이 나를 사랑하심을 알고, 나를 돌보실 것을 안다.

나는 또한 주님께서 자신이 무엇을 하고 계시는지를 아신다는 사실도 안다. 심지어 무슨 일이 벌어지고 있는지 내가 이해하지 못할 때조차도.

나의 하나님 아버지는 짐을 지시고, 예수님은 걱정을 짊어지시고, 성령님은 나를 대표하여 역사하신다.

심리학자들은 우리에게 이렇게 말한다. 두 사람이 문제 해결을 시도하고 그중 한 사람이 걱정을 짊어질 때, 다른 한 사람은 그 걱정에서 해방한다.

이것이 왜 부부가 문제를 다룰 때 한 사람은 종종 침착하고 다른 사람은 머리카락을 뽑는지의 이유다.

그것은 불안한 사람이 다른 사람을 위해 걱정의 무게를 짊어지고 있기 때문이다.

이것과 같은 역학이 주님에게 작용한다. 우리가 주님께서 걱정을 짊어지시도록 허용할 때, 우리는 거기서 해방한다.

이 모든 것이 좋게 들릴지 모르지만, 우리가 더는 우리 자신이나 우리의 능력에 의존하지 않도록 우리를 깨뜨리시는 하나님의 극적인 역사가 있어야 한다.

바울은 이 진리를 너무나도 잘 알았다.

> 형제들아 우리가 아시아에서 당한 환난을 너희가 모르기를 원하지 아니하노니 힘에 겹도록 심한 고난을 당하여 살 소망까지 끊어지고 우리는 우리 자신이 사형 선고를 받은 줄 알았으니 이는 우리로 자기를 의지하지 말고 오직 죽은 자를 다시 살리시는 하나님만 의지하게 하심이라. 고후 1:8-9

우리가 그냥 마법처럼 고치려는 장비를 제거할 수는 없다.

그리고 우리는 스스로 다른 장비로 저단 변속할 수 없다.

우리가 할 수 있는 것은 우리 인생에서 고치려는 장비를 제거해달라고 하나님께 간구하는 것이다. 그리고 그런 다음 지옥이 전부 해체되는 것을 지켜보는 것이다.

51. 하나님이 자신을 숨기지 않으실 때

믿는 자의 삶에는 우연이 없다. 우리는 그것을 모두 측정할 수 있다. 우리가 징계를 환영하지 않을 수도 있지만 결국 그것은 우리를 그분의 거룩함에 참여하게 하도록 고안된 것이다.

웟치만 니 Watchman Nee

나는 나의 기념비적인 책인 『인써전스 *Insurgence*』대장간 역간에서 하나님 나라의 복음에 대해 광범위하게 기록했다.[1]

하나님 나라에 관한 메시지의 상당한 부분은 예수님께서 그분 자신을 위해 우리 존재의 전부를 정복하기 원하신다는 것이다.

하나님께서 우리 안에서, 그리고 우리를 통해서 그분의 뜻을 성취하시는 곳인 하나님 나라는 모든 사람에게 열려 있다. 그러나 그 나라는 항복을 요구한다.

하나님 나라는 또한 우리가 "겪어야 할 많은 환난"을 요구한다.[2]

적절한 경고: 이 장의 나머지 부분은 고난과 항복에 관한 대학원 수준의 자료이며, 그 깊이는 심각한 위기를 겪어야만 파악할 수 있는 것이다.

주님은 우리 마음의 닫힌 영역 안에서 우리가 의를 배우도록 우리를 징계하시고 훈련하시려고 종종 큰 시련을 통해 우리를 인도하실 것이다.

히브리서 12장은 그것을 이런 식으로 묘사한다. :

너희가 참음은 징계를 받기 위함이라 하나님이 아들과 같이 너희를 대우하시나니 어찌 아버지가 징계하지 않는 아들이 있으리요 징계는 다 받는 것이거늘 너희에게 없으면 사생자요 친아들이 아니니라 또 우리 육신의 아버지가 우리를 징계하여도 공경하였거든 하물며 모든 영의 아버지께 더욱 복종하여 살려 하지 않겠느냐 그들은 잠시 자기의 뜻대로 우리를 징계하였거니와 오직 하나님은 우리의 유익을 위하여 그의 거룩하심에 참여하게 하시느니라 무릇 징계가 당시에는 즐거워 보이지 않고 슬퍼 보이나 후에 그로 말미암아 연단 받은 자들은 의와 평강의 열매를 맺느니라. 히 12:7-11

고통, 슬픔, 환난의 목적은 심판이 아니다. 예수님은 십자가에서 우리의 죄를 위해 값을 치르셨다. 심판은 완성되었다. 고통, 슬픔, 환난은 연단 곧 자녀를 위한 훈련용이다. 그것들은 목적 없이 오지 않는다.

폴 빌하이머는 다음과 같이 피력했다. :

하나님의 모든 연단과 훈련은 사람의 사랑을 증가시키고 온전하게 하는 것을 지향한다. 모든 역경은 성격과 규모와 관계없이 이 목적을 위해 허락한다.[3]

만일 당신이 내가 이 책에서 묘사해온 것들을 경험한다면, 내가 조언하고 싶은 것은 이것이다. 당신의 상황이 악화하기 전에 지금 도움을 받아라.

그러나 안심하기를 바란다. 주님께서는 약속하신 그대로 당신 안에서 시작하신 일을 완성하실 것이다.

너희 안에서 착한 일을 시작하신 이가 그리스도 예수의 날까지 이루실
줄을 우리는 확신하노라. 빌 1:6

당신이 인생의 가장 어두운 시기를 통과할 때 하나님은 가장 침묵하신
다.

그분의 침묵에는 목적이 있는데, 그것은 당신 안에서 착한 일을 하시는
것의 한 부분이다. 그러므로 주님께서 당신의 삶 속에서 침묵을 지키실 때
절망에 빠지지 말라.

그것은 하나님이 당신 안에서 행하고 계신 더 심오한 역사의 표시일 뿐이
다.

하나님께서 당신을 조용히 다루시는 것처럼 보일지라도 그분은 큰소리
로 말씀하신다. 그분은 그분의 말씀과 그리스도의 몸의 다양한 지체들을
통해 음의 비강도decibels를 높이신다. 이 두 가지가 당신에게 말하도록 허용
하라.

하나님이 침묵하는 것처럼 보이는 것이 중요한 이유가 있다. 그것은 당
신을 위해 기도하고 당신의 삶 속에서 당신에게 말해줄 수 있는 친구가 당
신에게 있기 때문이다.

내가 직면했던 모든 시련 속에서 이런 친구를 갖게 된 것은 행운이었다.

어떤 친구는 내가 수십 년 동안 알아 왔던 사람이다. 또 어떤 친구는 위기
의 도가니 속에서 함께 우정을 다진 사람이다.

확실히 하나님은 강압하시거나 통제하시지 않는다. 그분은 심지어 그분
자신이 바라시는 것과 모순될 때조차도 자유 의지를 예우하시고 존중하신
다. 이것은 성서 전체의 이야기로 입증한다.

동시에, 하나님은 사람의 의지에 강한 영향을 끼치실 수 있다. 이것이 타

인을 위해 기도하는 수고가 고안된 배경 중의 하나다.

기도는 이 세상에서 하나님의 능력을 공유하는 장치다. 하나님은 이 땅에서 그분의 권위를 행사하시고자 그분의 자녀들을 그분의 일에 참여하도록 초대하셨다. 이 원리는 창세기 1장과 2장으로 거슬러 올라가서 추적될 수 있다.

다음 두 개의 성서 본문은 사람의 의지에 강력한 영향을 끼치시는 하나님의 능력을 묘사한다.

> 왕의 마음이 여호와의 손에 있음이 마치 봇물과 같아서 그가 임의로
> 인도하시느니라. 잠 21:1

> 대저 하나님의 모든 말씀은 능하지 못하심이 없느니라. 눅 1:37

왕의 마음이 하나님의 손에 있고 하나님께서 그 마음에 영향을 끼치신다면, 이것이 다른 사람들에게도 적용되지 않겠는가? 하나님께는 불가능이 없다. 심지어 사람들이 자신의 의지에 따라 마음을 바꿀 정도로 강력한 영향을 끼치시기도 한다.

이것을 숙고해보라. 만일 사람들이 그들 자기 생각과 다른 사람들의 조언으로 설득될 수 있다면, 어째서 그들이 하나님께서 그들의 마음에 집어넣으신 생각에 따라 설득될 수 없겠는가?

게다가, 주님은 사람들에게 꿈과 환상을 주실 수 있다. 그분은 또한 그들이 그분께 굴복할 수밖에 없는 방식으로 그들의 환경을 조정하실 수 있다.

우리는 이 진리 위에 굳게 설 수 있다.

하지만 우리는 하나님이 다른 사람의 생각과 마음을 바꾸시도록 기대하기 전에 우선 그분이 우리의 생각과 마음을 바꾸시도록 허락해야 한다.

이사야 45:15은 하나님을 스스로 숨어 계시는 하나님이라고 말한다. 글쎄, 동일하신 하나님은 우리가 숨겨온 우리의 모든 방을 그분께 열고 그분에게 집 전체에 대한 완전한 권한을 드릴 때 자신을 숨기지 않으실 것이다.

프랭크 로박은 그것을 다음과 같이 멋지게 표현했다.

작은 죄일지라도 우리가 회개하고 깨끗해질 때까지 우리의 영적인 눈을 멀게 하는 연기를 내기에 충분하다. 죄는 영혼의 눈을 가려버린다. 당신이 눈가리개를 한다면 친구가 바로 옆에 서 있어도 그가 거기에 있다는 것을 모를 수 있다.4

나는 당신이 지금 주님의 탐조등 아래로 들어가 당신의 삶 속의 그 숨겨진 방들이 어디에 있는지 그분이 보여주시기를 간구하기 바란다. 그런 다음, 문을 열고 하나님께서 그것들에 대해 뭔가 하시도록 하기를 바란다.

우리가 그 방들을 주님께 드릴 때 그분은 같은 방식으로 응답하실 것이다.

하나님이여 나를 살피사 내 마음을 아시며 나를 시험하사 내 뜻을 아옵소서 내게 무슨 악한 행위가 있나 보시고 나를 영원한 길로 인도하소서. 시 139:23-24

_____

1. 프랭크 바이올라, 『인써전스: 하나님 나라의 복음 되찾기』(대장간, 2019). 또한 frankviola.org/kingdom에 있는 하나님 나라의 복음에 관한 나의 블로그 시리즈를 참조할 것.
2. 행 14:22.
3. Billheimer, *Don't Waste Your Sorrows*, 100.
4. Laubach, *You Are My Friends*, 26.

52. 우리 머릿속의 이야기

우리의 자발적인 생각은
우리가 무엇인지를 드러낼 뿐만 아니라
우리가 어떻게 될 것인지도 예측한다.

A. W. 토저

우리가 가진 모든 생각과 느낌은 우리가 자신에게 들려주는 이야기에서 시작한다.

여기에 몇 가지 예가 있다.

"이 시련은 내가 나쁜 사람이기 때문에 나에게 온 것이다."이것을 수치심이 라고 부른다.

"나는 나 자신을 용서할 수 없을 것 같은 나쁜 짓을 저질렀고, 이것이 내가 이 시련을 겪고 있는 이유다."이것을 죄책감이라고 부른다.

수치심은 당신 자신을 미워하는 것이고, 죄책감은 당신이 한 일을 미워 하는 것이다. 둘 다 우리가 다루어야 할 느낌이다.

우리가 살펴본 바와 같이, 우리의 느낌은 우리가 그 느낌에 주입한 우리 의 생각과 아이디어의 결과다.

예를 들어, 누군가가 고속도로에서 당신의 차 앞으로 끼어들 때 당신은 화를 낸다. 그러나 그 순간 당신은 깜박이는 불빛이 켜지는 것을 보고, 당신 앞에 끼어든 운전자가 다른 차량을 쫓고 있던 아무런 표시가 없는 경찰차에 탄 경찰관임을 알게 된다.

갑자기 당신의 태도가 돌변한다. 당신이 더는 화를 내지 않는다. 부정적인 느낌은 단 몇 초 만에 사라진다.

또는 당신이 도서관에서 공부한다고 가정해보자. 누군가 당신에게 다가와서 큰 소리로 얘기하기 시작한다. 당신은 짜증이 난다. 그 순간 당신은 그 사람이 청각 장애인임을 알게 된다. 당신의 태도와 느낌은 순식간에 바뀐다.

아마도 당신의 남편이 약속 시간에 늦는 것 같다. 당신이 아무리 연락을 취해도 남편과 연락이 닿지 않는다. 당신의 마음은 남편이 약속을 지킬 만큼 신경을 쓰지 않는다고 머릿속으로 시나리오를 쓰기 시작한다.

당신은 속에서 부글부글 끓기 시작한다. 나중에 당신은 남편이 사무실에서 시간을 넉넉하게 잡고 떠났지만, 교통 체증이 심했고, 휴대폰은 집에 두고 왔음을 알게 된다.

요점: 우리의 느낌과 태도는 우리의 생각에 따라 결정한다.

만일 내가 "이 위기는 어떤 기회를 가능하게 할까?"라는 질문을 하면서 내가 직면한 모든 시련의 밝은 면을 본다면, 그것에서 뭔가 놀라운 일들이 일어날 수 있다.

반면에, 만일 내가 최악의 시나리오로 내 마음을 채운다면, 내가 하는 일 전부가 괴로운 추측 때문에, 나 자신에게 고통을 가한다.

그리고 나에게는 그런 시나리오를 다룰 은혜가 결핍된다.

그렇게 되면, 나는 그 상황을 하나님의 손에서 내 손으로 가져온다.

내가 더는 하나님을 신뢰하지 않기 때문에 절망의 토끼 굴 속으로 곤두박질하는 자신을 발견한다.

절망은 내가 어떤 대가를 치르더라도 피하고 싶은 것이다. 왜냐하면, 절망은 내가 하나님께서 더는 나를 위하시지 않는다고 믿는다는 뜻이기 때문이다.

주 예수님은 희망적인 분이다. 그분은 또한 현실주의자이시지만 낙관적이시다. 왜냐하면, 주님은 궁극적으로 주관하는 존재가 누구인지를 아시기 때문이다.

사실인즉슨, 우리가 개인적인 성장과 변화를 경험할 수 있는 정도the de-gree는 우리가 우리의 시련에 대해 구성하는 이야기에 달려있다.

그러므로 당신 자신에게 새롭게 이야기하여라. 하나님께서 당신의 시련에서 뭔가 좋은 것을 가져오실 것인지에 대한 이야기를. 지금 당장 아니면 내일이라도, 당신이 보거나 듣거나 느끼는 것과 상관없이, 당신은 안전하게 주님을 신뢰할 수 있다.

이 새로운 이야기는 당신을 마음의 어둡고 후미진 곳에서 나오게 하고, 사랑이 담긴 하나님 목적의 황금빛으로 당신을 감쌀 것이다.

53. 잠잠하고 깨달아라

**우리는 하나님을 위해 만들어졌으므로,
그보다 못한 것은 우리를 진정으로 만족시키지 못할 것이다.**

브레넌 매닝 Brennan Manning

당신이 지도자이거나 강한 개성을 갖는다면, 가장 어려운 것 중 하나가 잠잠히 있는 것일 것이다.

아무것도 하지 않는 것은 괴로운 일이다.

그러나 하나님은 고요함 속에서 자신을 알리신다.

그리고 하나님께서 소매를 걷어붙이고 일하실 수 있는 공간을 우리가 드리는 것도 고요함 속에서 일어나는 일이다.

> 이르시기를 너희는 가만히 있어 내가 하나님 됨을 알지어다 내가 뭇 나라 중에서 높임을 받으리라 내가 세계 중에서 높임을 받으리라 하시도다. 시 46:10

우리가 하나님의 구원을 보고 안식할 수 있는 것은 잠잠함과 당당함 가운데 있을 때다.

주 여호와 이스라엘의 거룩하신 이가 이같이 말씀하시되 너희가 돌이켜 조용히 있어야 구원을 얻을 것이요 잠잠하고 신뢰하여야 힘을 얻을 것이거늘. 사 30:15

고요함의 필요성은 성서 전반에 걸쳐 되풀이한다.

하나님의 백성이 뚫을 수 없어 보이는 여리고 성벽에 이르렀을 때 여호수아는 백성들에게 큰소리로 외치거나 음성을 들리지 않게 하라고 명령했다. 그들은 조용히 있어야 했다.[1]

그들이 조용하고 신뢰하며 성벽 주위를 행진할 때 여리고는 그들에게 함락되었다.

군대가 여호사밧 왕을 치러 올 때 하나님의 말씀이 백성에게 임했다.

이 전쟁에는 너희가 싸울 것이 없나니 대열을 이루고 서서 너희와 함께 한 여호와가 구원하는 것을 보라. 대하 20:17

마찬가지로, 우리가 잠잠히 하나님을 신뢰할 때 우리가 직면한 싸움이 더는 우리의 것이 아니다. 그것은 주님께서 싸우셔야 할 싸움이 된다.

여호와께서 너희를 위하여 싸우시리니 너희는 가만히 있을지니라. 출 14:14

그렇지만, 하나님은 우리가 자신을 잠잠하게 하고 스스로 문제를 해결하려는 시도를 멈추기 전에 자주 밧줄 끝에 있는 우리가 있는 곳으로 우리를 인도하셔야 한다.

그 밧줄 끝이 바로 하나님이 계시는 곳이다.

언젠가 내가 시련을 겪고 있었을 때, 힐러리 스캇과 스캇 가족Hillary Scott and the Scott Family이 부른 「Still잠잠히」이라는 노래가 애창곡 중 하나가 되었다.

나는 차 안에서, 그리고 때때로 잠자리에 들기 전에 그 노래를 듣고 또 들었다.

온라인에서 그 노래를 찾아 들어보라. 어쩌면 그 노래가 당신도 격려해줄 수 있을 것이다.

-----
1. 수 6:10.

54. 그냥 숨을 쉬라

좋은 목재는 쉽게 자라지 않는다. 더 강한 바람이 있어야 더 강한 나무가 생긴다.

더글러스 맬록 Douglas Malloch

호흡은 생물학적인 필요 만큼이나 영적인 운동이다.

성서에서 영Spirit이라고 번역된 단어는 히브리어와 헬라어 둘 다에서 호흡breath과 같은 단어다.

그러므로 성령the Holy Spirit은 거룩한 호흡the Holy Breath이다.

놀랍게도 우리의 호흡은 말로 표현할 수 없는 주님의 이름인 야웨YHWH를 모방하고 복제한다.

야Yah, 숨을 들이쉬는 것 웨Weh, 숨을 내쉬는 것.

따라서 사람이 처음으로 숨을 쉬는 순간 그들은 하나님의 이름을 말한다. 그리고 마지막 호흡으로 그들은 하나님의 이름을 말한다.

결국, 하나님은 생명 곧 **모든 생명**의 근원이시다.

그렇다면, 횡격막diaphragm에서 심호흡하면 우리 마음이 진정된다는 사실이 놀라운 일은 아니다.

그것이 불안을 제거하고, 우리의 심장 박동을 느리게 해준다.

그러므로 불안한 생각이 마음을 공격하고 통제할 수 없다고 느낄 때마다

다음과 같이 하라.:

4초 동안 당신의 코로 천천히 숨을 들이쉴 것.

7초 동안 숨을 참을 것.

입으로 천천히 숨을 내쉴 것.

그렇게 세 번 숨을 쉬는 것은 영과 혼과 몸에 놀라운 일을 한다.

지옥이 전부 다 무너질 때 당신이 통제할 수 있는 것에 집중하기 시작하는 것이 중요하다. 그중 하나가 당신의 호흡이다.

다른 모든 것이 뒤죽박죽 엉망인 것처럼 보일 때 의식적으로 심호흡을 하여 당신의 중심을 다시 잡아라. 이것이 당신의 생각을 전환하는 동시에 당신의 몸을 이완시키고자 여분의 산소를 공급할 것이다.

조언을 하나 더하자면: 기온이 높아져서 엄청나게 뜨거워질 때 밖으로 나가 신발과 양말을 벗고 잔디밭이나 맨땅에 서서 땅을 밟아라.

그런 다음 좀 더 숨을 쉬라.

55. 퓨마 에너지

자신의 환경을 다루는 데 있어 영적인 신자의 뚜렷한 특징 중 하나는 그가 가장 침착하다는 사실이다. 그는 겉으로 어떤 일이 생기거나 괴로움을 당하더라도 일종의 불변 성품을 유지하면서 항상 고요하고 평화롭다.

워치만 니 Watchman Nee

나는 스무 살 때부터 지도력leadership abilities이 있다는 말을 들었다. 어떤 사람들은 심지어 내가 설교하고, 글을 쓰고, 기타를 연주할 수 있다면서 "삼중 위협"이라고 나를 비난하기조차 했다.

하지만 그래서 어쨌다는 것인가?

나에게는 주로 한 가지에 관심을 두고 다투시는 주님이 계신다. 그 한 가지는 내가 결코 꿈도 꾸지 못한 방식으로 나를 깨뜨리고 내 성품을 다듬는 것이다.

하나님의 일에는 은사도 좋지만, 성품이 전부다.

내 인생 여정의 어느 시점에서, 나는 내 지도력 재능이 불안과 뒤섞여 있다는 것을 고통스럽게 깨닫게 되었다. 그리고 나는 이 발견에 부끄러움을 느꼈다.

나는 위기에 직면할 때마다 내 마음이 최악의 시나리오를 중심으로 돌고 있음을 발견했다. 나의 밤들은 뒤척임으로 가득 차 있었다. 모든 회로에 과

부하가 걸렸다.

그렇지만, 어느 날 주님과 함께한 시간에 나는 낮은 수준의 불안에 굴복하는 패턴pattern이 있음을 스스로 인정하지 않을 수 없었다.

나는 오랫동안 예수님을 따라오며 스스로 성숙한 신자라고 여겨왔다. 그래서 속으로 **불안을 다루는 것은 유치원 수준이라고 생각했다. 내가 어떻게 이것을 그토록 오랫동안 놓칠 수 있었을까?**

역경의 압도적인 타격을 통해 주님은 내 마음과 생각에서 불안의 충동을 파헤쳐 주셨다. 결과를 통제하려는 모든 시도는 소멸하였다.

아울러, 하나님의 깨뜨리시는 손에 의해 성령님은 그런 불안의 충동을 내가 **퓨마 에너지**mountain lion energy라고 부르는 것으로 대체하셨다.

퓨마는 침착하고, 냉정하며, 당당함이 넘치면서도 힘이 있다.

그러나 퓨마의 힘은 확고하게 통제된다.

통제된 힘. 이것이 예수님 자신의 특징인 **온유**meekness의 정의다. 평안이 섞인 힘. 온화함이 섞인 권위. 부드러움이 섞인 강인함.

복음서를 주의 깊게 읽으면서, 나는 예수님의 성품에 다섯 가지 주된 특성이 있음을 보게 되었다.:

침착함Calm

통제됨Controlled

당당함Confident

명확함Clear

만족감Contented

이것들이 퓨마 에너지가 가진 특성이다.

이 마음가짐을 채택한 사람은 자신의 불안을 포함하여 다른 사람들에게 있는 불안의 타오르는 불꽃 위에 침착함의 담요a blanket of calm를 던질 수 있다.

당신의 친구들과 사랑하는 사람들이 공황 상태에 있을 때 당신은 그렇지 않다. 이것이 당신과 함께 있는 그들의 긴장을 풀게 한다. 심지어 그들의 삶이 엉망진창인 경우에도.

퓨마는 당당한 동물이다. 그는 신비스럽고, 느긋함과 놀라울 정도의 강렬함이 혼합되어 있다.

그는 극적인 상황에 흔들리지 않고 자신 안에 완전히 만족한다.

퓨마는 자신이 누구인지 정확히 안다. 그는 결코 과잉 반응을 보이거나 궁핍하고 불안정하게 행동하지 않는다.

그는 동요하지 않는다. 그는 흐트러지거나 흔들리거나 당황할 수 없다.

그의 심박수는 약 42에서 시작한다. 당신이 그에게 무엇을 던지더라도 그는 당황하지 않을 것이다.

그는 냉담해 보이지만 예리하게 인식한다.

그리고 모든 것이 극한 상황으로 치달을 때, 그는 침착한 당당함으로 응답한다. 그는 결코 두려워하거나 방어적이지 않다.

그는 떨어져 있지만 가까이에 있다. 집중하지만 긴장을 푼다.

그는 결코 걱정하거나 서두르지 않는다.

내가 방금 위에서 유다 지파의 사자라고 불리는 당신의 주님을 묘사했다.[1]

모든 위대한 사람들은 역설적이라고 한다. 예수님은 이 진리를 가장 잘 보여주시는 분이다. 그는 지상에 살았던 사람 중 가장 부드럽고, 가

장 엄격하고, 가장 온화하고, 가장 가차 없는 존재였다.2

예수님은 역설로 가득 차 있다. 그러나 아마도 그분의 가장 매력적인 특징은 그분이 가장 극단적인 위기에 직면해도 편안하시다는 것이다.3

나는 그분의 초상화를 그릴 만큼 커다란 캔버스는 없다고 생각한다. 그러나 자신의 삶을 마음대로 다루시도록 예수님께 인생을 바친 모든 사람은 이 같은 퓨마 에너지를 발산한다.

그리고 다른 사람들이 그들의 긍정적인 에너지, 침착한 힘, 담대한 당당함, 명확함, 솔직함, 대담성, 안전, 내적 평안 및 행복감을 느낄 수 있다.

나는 이것이 제자들이 "예수와 함께 있던 줄" 알았을 때 유대인 지도자들이 접했던 것과 같은 성향과 에너지라고 믿는다.4

하지만 사람이 퓨마 에너지를 어떻게 발산하는가?

1961년에 리차드 닉슨Richard Nixon은 대통령에 출마하는 것이 어떤 것인지에 대한 책을 쓸 것이라고 말했다. 그는 책의 제목이 절묘한 고뇌The Exquisite Agony가 될 것이라고 했다.

그것은 강한 성격을 깨뜨리고 그것을 퓨마로 바꾸는 데 무엇이 필요한지를 묘사하는 것의 좋은 예다.

절묘한 고뇌.

그러니 석면 보호복을 입어라. 당신은 곧 불에 던져질 것이다.

아니, 인생이 즐거움으로 가득 차야 하는 것 아닌가?

여기에 좋은 소식이 있다. 그런 고뇌는 당신의 생각과 존재에 진정한 변화를 일으키도록 압력을 가한다. 그러므로 당신의 마음을 예수님께로 돌리고 그분이 당신의 영혼에 퓨마 에너지를 주입하시게 하라.

그 과정의 일부는 불안정과 두려움과 걱정을 낳는 것과 같은 종류의 생각을 멈추기로 하는 것이다. 그리고 그것은 예수님과 같은 성품을 갖기로 선택하고, 그분이 그렇게 되라고 당신을 부르신 그런 사람이 되기로 선택하는 것이다.

변화와 관련하여, 우리 대부분은 무엇을 하는 것에 초점을 맞춘다. 우리는 특정한 행동 방식을 구현하기를 원하고 그런 생각을 행동에 옮기고자 우리의 의지력을 총동원한다.

따라서 우리는 침착하게 반응하려고 **노력하고**, 두려워하지 않으려고 **노력하고**, 다른 사람들을 배려하려고 **노력한다**.

그러나 이것은 잘못된 접근법이다.

퓨마는 노력하지 않고, 그냥 퓨마 자체다. 퓨마가 행동하는 방식은 그의 존재에서 비롯되는 것이지, 특정한 행동 방식에서 나오는 것이 아니다.

행위는 퓨마의 존재에서 흘러나온다.

하지만 이것이 어떻게 작동하는가? 우리는 어떻게 될 것인가?

다시 말하지만, 그것은 우리의 마음을 새롭게 하는 문제다.

요컨대, 그리스도 안에서 당신이 어떤 사람이 되느냐는 당신 자신과 환경에 대해 당신이 어떻게 생각하는지 바로 그것에서 시작한다.

하나님은 당신이 당신 자신의 2.0 버전이 되기를 원하신다. 그리스도와 같은 버전, 단지 존재만으로 퓨마 에너지를 발산하는 버전. 그리하여 당신이 그리스도 안에 있는 당신 자신이라는 존재로부터from 행동하기 시작하기를 원하신다. 그 존재를 향하여서to 하는 것이 아니라.

이것이 하나님께서 당신이 현재 겪고 있는 역경 중에서 당신에게 가르치시고자 하는 주요 교훈 중 하나다.

과거의 실패에도 불구하고, 나는 아래의 고백을 나누는 것을 부끄러워하지 않는다. 왜냐하면, 그것이 내 인생에서 하나님이 역사하신 증거이기 때문이다.

나는 불안에 시달렸는데, 그 뿌리roots는 어린 시절의 경험으로 거슬러 올라간다.

이런 영역에 대해 손등처럼 잘 아는 노련한 친구들의 도움으로, 나는 그 뿌리를 치료하고 뽑으며 다룰 수 있었다.

참고로, 나는 적극적으로 그런 사람들을 찾았다. 전문가들, 그리고 모든 상황에서 침착함을 유지하는 기술에 숙달한 것으로 보이는 사람들. 이들은 내 인생에 그냥 어디서 뚝 떨어진 사람들이 아니었다.

뿌리를 치료하고 뿌리를 뽑는 이 작업은 내가 위에서 묘사한 것과 같은 퓨마 에너지의 상태를 만들어냈다.

나는 어느 날 아침, 과거에 나를 우울하게 했던 소식을 전화로 받았던 때를 기억한다. 그 소식이 내 귀를 때렸을 때 나는 침착함을 유지했다. 내 마음에는 분노, 걱정, 불안이 없었다.

내 영혼은 두려움에서 벗어났고, 나는 당황하지도 않았다.

이전과 같았으면, 나는 과잉 반응을 했을 것이다. 그러나 나는 침착하고 당당하게 대답했고, 상대방을 안심시키며 통화할 수 있었다.

좋지 않은 소식이 내 귀에 닿을 때 내가 항상 그랬으면 좋겠다. 지금까지는 그래왔고, 나는 그것에 대해 하나님께 감사드린다.

비결은 일관성을 유지하는 것이다. 왜냐하면, 우리는 언제나 옛날의 패턴에 빠질 수 있기 때문이다.

이 같은 수준의 변화가 또한 당신에게도 열려 있다. 만일 당신이 거기에 도달하고자 기꺼이 단계를 밟아 나갈 의향이 있다면 말이다.

우리는 이 책의 나머지 부분에서 어떻게 그것을 실천할지를 탐구할 것이
다.

-----

1. 계 5:5.
2. Laubach, *You Are My Friends*, 59.
3. 예를 들어, 막 4:38을 보라.
4. 행 4:13.

56. 하나님의 대기실

고난은 종종 특별한 운명을 위해 평범한 사람들을 준비시킨다.

리피치프 Reepicheep

병원의 대기실에 앉아있는 것은 종종 별로 즐겁지 않은 경험이다.

당신의 예약 시간이 오후 1시인데, 당신은 오후 2시까지도 호출되지 않는다.

그런데 하나님도 대기실을 갖고 계신다.

그리고 성서에는 주님을 기다리는 것에 관한 내용이 많이 있다.

앤드류 머레이는 이렇게 말했다.

> 그분이 항복, 순종, 갈망, 그리고 신뢰의 방식으로 우리에게 요구하시는 것은 모두 이 한 단어에 포함되어 있다. 그분을 기다리는 것, 그분의 구원을 기다리는 것. 그것은 하나님이 보시는 선을 행하는 데 있어 우리 자신의 철저한 무력감에 대한 깊은 감각과 우리 하나님이 그분의 신성한 능력으로 모든 일을 행하실 것이라는 우리의 완전한 확신을 결합한다.[1]

야곱은 아들들에게 유언하는 중에 이렇게 외쳤다. "여호와여 나는 주의 구원을 기다리나이다."[2]

구원과 구출은 동일하다.

하나님을 기다리는 것은 그분이 당신의 환경 안에서 역사하실 것을 참을성 있게 고대한다는 의미다.

그러나 그것은 결코 수동적인 기다림이 아니다. 즉, 배심원 의무를 기다리거나 차량관리국DMV에서 기다리는 것과 같은 것이 아니다.

하나님을 기다리는 것은 능동적이다.

병원의 대기실에는 보통 의료에 관한 안내서와 잡지 같은 읽을거리가 있다. 물론 그것들 대부분은 하품을 불러일으키거나 심히 오래 지난 것들이지만. 내가 무엇을 말하려고 하는지 당신은 짐작할 것이다.

하나님께서 당신을 그분의 대기실로 인도하실 때, 그것은 그분의 말씀에 흠뻑 젖을 기회다. 즉, 하나님께서 역사하시는 방식에 관한 심오한 책들을 읽을 기회다.

그것은 또한 기도할 수 있는 시간이다. 예를 들면, 다음과 같은 기도다.

나는 가난하고 궁핍하오니 하나님이여 속히 내게 임하소서 주는 나의
도움이시요 나를 건지시는 이시오니 여호와여 지체하지 마소서. 시 70:5

하나님의 대기실은 또한 우리의 변화에 집중하는 기회를 우리에게 제공한다. 즉, 그 기회는 자신에 대해 인식하게 되고 주님이 핵심적인 수준에서 우리를 변화시키도록 허용하는 것이다.

자기를 인식하는 것의 큰 부분은 우리가 자신에 대해 생각하는 것만큼 똑똑하거나 성숙하지 않다는 사실을 파악하는 것이다. 아니면 우리가 자신에 대해 생각하는 것만큼 나쁘거나 불쌍하지 않다는 것을 이해하는 것이

다.3

하나님께서 우리에게 주시기를 원하는 선물은 그분이 우리를 보시듯이 우리 자신을 보는 능력이다. 우리가 진정 어떤 존재인지를 보는 능력. 자신을 과소평가하거나 과대평가하지 않도록.

그렇게 자신을 인식하는 것은 겸손과 관용과 자선과 인내를 가져온다.

> 너는 여호와를 기다릴지어다 강하고 담대하며 여호와를 기다릴지어다. 시 27:14

> 주 외에는 자기를 앙망하는 자를 위하여 이런 일을 행한 신을 옛부터 들은 자도 없고 귀로 들은 자도 없고 눈으로 본 자도 없었나이다. 사 64:4

즉각적인 만족에 대한 욕구가 표준인 참을성 없는 세상에서 인내하는 것은 몹시 어렵다.

우리가 스마트폰, 컴퓨터, 그리고 다른 기기에서 접하는 끊임없는 자극은 우리의 참을성을 무너뜨리고 소멸시켜버린다. 이것이 어째서 많은 사람이 자기가 기대한 것보다 20초가 더 걸리면 화산처럼 폭발하는 경험을 하는지 그 이유다.

그런데도, 기다림은 수동적인 활동처럼 보이지만 옥수수 알갱이처럼 믿을 수 없을 정도로 역동적이다.

옥수수 알갱이가 땅에 심어지면, 그것이 농부가 싹이 나기를 기다리는 동안에도 흙 속에서 극적으로 능동적인 활동을 한다. 평범한 인간의 시야를 넘어서는 어둠 속에서 씨앗이 깨지고, 땅에서 물이 그 씨앗 안으로 흘러

들어가고, 싹이 천천히 자라 옥수숫대가 땅 위로 나타날 때까지 위로 밀어 올린다.

하지만 그 과정은 시간이 필요하다. 그리고 그것은 사람의 호기심 많은 시선 너머에서 발생한다.

> 그러므로 형제들아 주께서 강림하시기까지 길이 참으라 보라 농부가 땅에서 나는 귀한 열매를 바라고 길이 참아 이른 비와 늦은 비를 기다리나니라. 약 5:7

기다림의 원리는 하나님의 피조물의 혈류bloodstream에 기록되어 있다. 그것은 또한 그분이 시련 중에서 당신과 함께 일하시는 방법의 유전자에도 기록되어 있다.

맨눈으로 보기에는 고기를 재우는 과정이 수동적으로 보일 수 있지만, 실은 상당히 복잡하다. 선택한 스테이크 한 조각을 특별한 향신료 혼합물에 밤새 담그면 그 향신료가 고기에 스며드는 동시에 고기를 분해한다. 그 결과는 두드러진 부드러움과 맛이다.

하나님이 당신에게서 얻고자 하시는 바로 그것은 부드러운 마음과 적절한 맛을 내는 영혼이다.

굽는 과정에 있는 케이크를 확인하고자 오븐을 열면 열이 손실된다. 따라서 그것이 요리 과정을 지연시킬 뿐이다. 우리가 성급하게 행동하여 하나님의 타이밍을 앞당기려고 할 때 우리도 우리 삶에서 역사하시는 그분의 일을 지연시키는 것이다.

주님은 케이크가 완전히 구워질 때까지 우리가 기다리기를 원하신다. 오븐을 열고 계속 진행 과정을 확인하고 싶은 충동을 이겨내면서.

지체하는 것은 변화하려는 하나님의 비법이고, 조바심은 그것을 방해한다.

하나님이 일하시는 방식은 쉽게 구울 수 있는 오븐이나 전자레인지보다는 오랜 시간에 걸쳐 가열하는 도기 냄비crock pot에 더 가깝다. 하지만 이런 방식으로 한 요리는 끝마칠 때 맛이 훨씬 더 좋다.

위대한 아브라함조차도 하나님을 기다리는 것에 실패했기 때문에, 그 결과, 이스마엘 자손과 이삭의 자손 사이에 수 세기에 걸친 갈등이 지속하였다.

중요한 것은, 히브리어의 '기다리다wait' 라는 단어의 뿌리는 "함께 묶는다"라는 뜻이다. 주님을 기다리는 것은 우리 자신을 예수님께 묶는 것을 수반한다.

주님께서 마침내 역사하실 때, 당신은 그분과 더 가까워질 것이다.

그리고 그것은 그분이 당신의 시련 안에서 궁극적으로 추구하는 것이다.

나를 바라는 자는 수치를 당하지 아니하리라. 사 49:23

_____

1. Andrew Murray, *Waiting on God!*(London: James Nisbet, 1896), 22-23.
2. 창 49:18.
3. 나는 이 예에 대해 Nicholas Vasilades에게 공을 돌린다.

57. 널을 뛰듯 하는 환경

**일어난 일은 일어난 일에
당신이 어떻게 반응하는가 만큼 중요하지 않다**

대디어스 골라스 Thaddeous Golas

시련을 겪을 때 어느 시점에서, 당신의 환경이 널을 뛰듯 이랬다저랬다 할 것이다. 이것은 나 자신의 어려움에서도 그랬다.

나는 미지의 바다를 항해하면서, 어느 날은 바보들의 배였고 다음 날은 호화 여객선이었다.

며칠 동안 또는 몇 시간 동안은, 하나님께서 바늘을 긍정적인 방향으로 움직이고 계신 것처럼 보였다. 상황은 좋게 바뀌고 있었고, 나는 긴 터널 끝에 있는 빛을 볼 수 있었다.

주님께서 마침내 뭔가를 하고 계셨다! **할렐루야!**

그러나 다음날 또는 그다음 시간에는, 모든 것이 고무줄로 묶여 이전 상태로 돌아갔다. 그리고 하나님은 낮잠을 자고 계신 것 같았다!

이 실망스러운 변덕은 시련을 겪을 때 일반적으로 일어나는 일이다.

두 걸음 앞으로, 그다음 한 걸음 뒤로.

한 걸음 앞으로, 그다음 세 걸음 뒤로.

언젠가 당신은 단순히 진흙 속에서 바퀴를 돌릴 것이다.

진전이 보이기 시작하면, 당신은 길고 어두운 밤이 끝났다는 결론을 내리고 싶은 유혹을 느낄 것이다. 하지만 오직 당신이 원점으로 돌아왔다는 것을 발견하곤 한다.

교착 상태는 상황이 유리하게 해결되는 것처럼 당신에게 보이는 기간을 종종 포함하지만, 지옥과 같을 수 있다.

당신이 만일 지금 그런 상태에 있다면, 경계 상태 1에서 경계 상태 4로 단계를 낮추는 데 당신의 에너지 대부분이 쓰일 수 있다. 당신은 빨간색 버튼을 누르고 핵무기를 발사하여 문제가 발생하기 전에 돌연 종료되기를 간절히 원할 것이다.

시련을 통과하며 사는 것은 한 발은 브레이크를 밟고 다른 한 발은 가속 페달을 밟는 것과 같다. 몇 킬로미터를 진행한 다음 정지한다.

여기에 귀중한 교훈이 있다. 변화하는 바람에 주의를 기울이지 말라.

마침내 바늘이 완전히 한 방향으로 이동하고 문제가 해결될 때, 당신은 시련에서 벗어났음을 알게 될 것이다. 그것이 의미하는 바가 치유, 화해, 해방, 자유, 새로운 직업, 개선된 관계, 풍경의 변화, 새로운 사역 또는 비극적인 반대이든 그렇지 않든 관계없이.

최종적인 해결 전에, 다양한 온도를 신뢰해서는 안 된다.

그것들은 모두 사기꾼이다.

예수님을 바라보라. 침착함을 유지하라. 확신을 가지라. 모든 것을 느슨하게 유지하라. 지금, 이 순간을 계속 살아가라. 일관성을 유지하라.

58. 하나님이 간직하시는 눈물

인간의 눈물에는 하늘의 문을 두드리고 하나님의 보좌 앞에서 간구하는 힘이 있다. 어떤 경건한 기도나 현명한 설교도 눈물이 토하는 웅변에 견줄 수 없다.

잭 슐러 Jack Shuler

시편 기자인 다윗은 이렇게 읊었다.

나의 유리함을 주께서 계수하셨사오니 나의 눈물을 주의 병에 담으소서 이것이 주의 책에 기록되지 아니하였나이까. 시 56:8

하나님은 우리의 눈물을 계수하신다. 그리고 그분은 그것들을 절대 잊지 않으신다. 사실인즉슨, 우리가 울 때 그분도 우신다. 이것이 바로 바울이 권고한바 우리가 서로 해야 할 일이다.[1]

시련 중에 당신의 마음이 부드러우면, 눈물이 당신의 음식과 음료가 될 것이다. 그 음식과 음료는 당신의 변함없는 동반자가 될 것이다.

주께서 그들에게 눈물의 양식을 먹이시며 많은 눈물을 마시게 하셨나이다. 시 80:5

사람들이 종일 내게 하는 말이 네 하나님이 어디 있느뇨 하오니 내 눈물이 주야로 내 음식이 되었도다. 시 42:3

내가 경험한 바로는, 내가 하나님 앞에 무릎을 꿇고 부르짖거나 침대에 누워 그분께 뭔가 조치를 해달라고 간청하면서 괴로워하며 울 때마다, 그분은 종종 신속하게 움직이셨다.

하나님은 나를 위로해 주시거나, 내 관점을 바꾸는 통찰력을 주시거나, 내가 기도해주고 있는 누군가의 마음을 움직이셨다.

어떤 경우엔, 하나님께서 내가 기도해주고 있는 사람의 문자나 전화로 단 몇 분 안에 내 기도에 은혜롭게 응답하셨고, 때로는 훨씬 더 오래 걸렸다.

그러나 하나님께서 그분의 얼굴을 보여주신 것은 나의 눈물을 통해서다.

무수히 많은 입술이 간구했지만, 하나님의 응답을 요구하는 것은 눈물 안에 있다.[2]

그러므로 울어라. 그리고 당신 주님의 얼굴을 찾아라. 당신의 눈물은 미래에 그것이 영구적으로 제거될 것을 고대하는 것이다.[3]

모든 눈물을 그 눈에서 닦아 주시니 다시는 사망이 없고 애통하는 것이나 곡하는 것이나 아픈 것이 다시 있지 아니하리니 처음 것들이 다 지나갔음이러라. 계 21:4

예수 그리스도께 속한 사람들의 눈물은 보배롭다. 그 눈물 안에서 우리는 하나님께서 그것에 응답하시는 겸손을 표현한다.[4]

그러므로 우리가 낙심하지 아니하노니 우리의 겉사람은 낡아지나 우리의 속사람은 날로 새로워지도다 우리가 잠시 받는 환난의 경한 것이 지극히 크고 영원한 영광의 중한 것을 우리에게 이루게 함이니 우리가 주목하는 것은 보이는 것이 아니요 보이지 않는 것이니 보이는 것은 잠깐이요 보이지 않는 것은 영원함이라. 고후 4:16-18

때때로 우리는 우리의 눈물이 자유롭고 쉽게 흐르도록 땅에 엎드려야 할 필요가 있다.

실제로 내가 시련을 통해 배운 가장 놀라운 것 중 하나는, 눈물이 독특하고 신비한 방식으로 하나님이 행동을 취하시게 한다는 사실이다.

왕의 조상 다윗의 하나님이 여호와의 말씀이 내가 네 기도를 들었고 네 눈물을 보았노라 내가 너를 낫게 하리니. 왕하 20:5

예수께서 눈물을 흘리시더라… 큰소리로 나사로야 나오라 부르시니 죽은 자가 수족을 베로 동인 채로 나오는데. 요 11:35, 43-44

여기에 당신이 쓰라린 눈물을 흘리는 동안 매달릴 수 있는 아름다운 약속이 있다.

눈물을 흘리며 씨를 뿌리는 자는 기쁨으로 거두리로다 울며 씨를 뿌리러 나가는 자는 반드시 기쁨으로 그 곡식 단을 가지고 돌아오리로다. 시 126:5-6

―――――

1. 롬 12:15.

2. Jack Shuler, *Jack Shuler's Short Sermons* (Grand Rapids, MI: Zondervan, 1952), 17.

3. 우리의 미래의 소망에 관해 더 알기를 원한다면 다음을 참조할 것:「Keeping the Eternal Perspective」, The Insurgence Podcast, episode 61, https://insurgence.podbean.com/e/61-keeping-the-eternal-perspective/

4. 약 4:6; 벧전 5:5-6.

59. 주 안에서 스스로 격려하라

하나님께서 쉼표를 찍으신 곳에 마침표를 찍지 말라.

그레이시 앨런 Gracie Allen

사무엘상 30장의 이야기는 시련을 겪고 있는 우리에게 큰 교훈을 준다. 내가 현재 시제로 그것을 표현해보겠다.

이제 이스라엘의 왕이 된 다윗은 방금 큰 전투에서 패했다. 아말렉 사람들이 이스라엘 군대의 모든 아내와 딸들을 포로로 잡아갔다. 심지어 다윗의 두 아내도 사로잡혀 끌려갔다. 독자들이여, 이것은 일부다처제를 선전하려는 것이 아니다.

이 비극의 희생양이 된 남자들은 쓰라린 비탄에 눈물을 흘리는 것 말고는 힘이 없다. 그들이 내린 결론은?

다윗을 돌로 치자!

인간의 본성은 변하지 않았다. 일이 잘못되면 많은 사람이 비난할 누군가를 찾는다.

이전 장에서, 나는 우리가 가장 혹독한 시련을 헤쳐나갈 수 있게 해주는 친구들을 필요로 한다고 말했다.

이것은 사실이다. 하지만 때로는 당신이 그 시련의 가장 심한 것을 통과할 때 당신의 친구들이 즉시 눈에 띄지 않는 경우가 있다.

무엇을 해야 하는가?

다윗에게서 힌트를 얻고 **주 안에서 스스로 격려하라.**

이것이 나에게 어떻게 적용되었는지를 여기에 소개한다.:

- 산책하고 하나님께 마음을 쏟기.

- 하나님을 경배하는 노래를 들으며 눈물로 주님께 노래하기.

- 하나님께 쓰라린 통곡을 터뜨리며 기도하기.

- 하나님의 신실하심에 관한 시편을 기도로 바꾸기.

- 다른 사람들이 내게 준 다양한 격려의 말을 나 자신에게 되풀이하기.

- 하나님께서 과거에 나를 어떻게 돌봐 주셨는지 상기하고 그것에 대해 그분께 감사드리기.

- 고난과 믿음이라는 주제에 대해 강력하게 저술한, 내가 좋아하는 저자들의 책을 읽기. 이 점에서, T. 오스틴 스팍스와 프랭크 로박은 나의 가장 가까운 동반자가 되었다.

- 당신의 적용은 다를 수 있다. 그러나 주 안에서 스스로에게 격려가 되는 것은 무엇이든 그것을 하라.

사무엘상 30장의 이야기는 다윗이 자신이 해야 할 일에 대해 주님께 물었을 때 전환한다.

주님은 다윗에게 그분의 뜻을 계시하셨고, 다윗은 순종했다. 그다음 이야기는 다음과 같다.

> 다윗이 아말렉 사람들이 빼앗아 갔던 모든 것을 도로 찾고 그의 두 아내를 구원하였고 그들이 약탈하였던 것 곧 무리의 자녀들이나 빼앗겼던 것은 크고 작은 것을 막론하고 아무것도 잃은 것이 없이 모두 다윗이 도로 찾아왔고. 삼상 30:18-19

환난 날에, 우리가 주님 안에서 스스로 격려하고 그분이 우리에게 하라고 하시는 모든 것을 순종할 때 온전한 회복은 우리 것이다.

그러나 이것은 우리가 계속해서 그분의 얼굴을 구하고 그분에게 물을 것을 요구한다.

60. 여섯 가지 확언

우리에게 필요한 것은 불가능을 전문으로 하는 더 많은 사람이다.

시어도어 렛키 Theodore Roethke

나 자신의 역경을 견디는 데 도움을 준 연습 중 하나는 여섯 가지 확언six affirmations을 읽는 습관을 기르는 것이다.

나는 매일 아침 성서를 읽기 전에, 복습하고자 이 확언을 반 페이지 정도에 인쇄하여 그 종이를 성서 안에 넣었다. 나는 또한 그 확언이 항상 내 앞에 있도록 내 서재의 벽에도 붙였다.

1. 삶이 어떠해야 하는지에 대해 손을 떼고 당신의 현재의 삶이 무엇이든지 그 삶의 어딘가에서 기쁨을 찾아라.

2. 당신의 하루가 어떠해야 하는지에 대한 모든 기대를 무자비하게 제거하라.

3. 오늘 일어나는 모든 일이 당신에게 도달하기 전에 하나님의 주권적인 손을 거친 것으로 그것을 받아들이라.

4. 짜증과 실망을 포함하여 오늘 일어나는 모든 일은 합력하여 당신의 선을 이룰 것이다. 로마서 8:28은 여전히 성서에 있다.

5. 당신이 다른 사람들의 행동은 통제할 수는 없지만, 당신이 하는 행동과 어떻게 반응하는지는 당신이 통제할 수 있다.

6. 당신이 할 수 없는 것을 변화시키고자 하나님께 책임을 전가하라. 그것은 당신의 걱정이 아니라 그분의 걱정이다. 베드로전서 5:7이 여전히 성서에 있다는 것을 주목하라.

이런 확언에 덧붙여, 나는 시편 23편과 주님께서 가르쳐 주신 기도마 6:9-13를 정기적으로 읽는 새로운 습관을 내 삶에 구축했다.

어려운 시기에 나는 매일 아침 여러 버전의 성서에서 이 두 구절을 읽었다. 나는 그것들을 나 자신의 기도로 바꾸었고, 때로는 마치 하나님께서 나에게 직접 말씀하시는 것처럼 그 본문들을 다시 읽었다.

시편 23:1의 한 예: "프랭크, 나는 너의 목자다. 나는 이 땅에 있는 모든 목자 가운데서 가장 큰 목자다. 나보다 더 나은 존재는 없고, 나는 너의 목자다."

당신은 이 같은 두 구절을 실험해보고 당신 자신의 하루 확언을 만들기 원할 수도 있다.

61. 당신의 걱정거리를 위탁하는 법

당신의 불안은 무엇을 하는가?
그것은 그 슬픔의 내일을 비우지 않는다
그러나 아, 그것은 그 힘의 오늘을 비운다

알렉산더 맥클레렌 Alexander MacLaren

걱정을 극복하는 것에 대해 내가 들었던 대부분의 가르침은 태풍이 몰아치는 중에 우산을 나눠주는 것과 마찬가지였다. 이 장이 당신에게 더 도움이 되기를 바란다.

신약 성서는 우리가 우리의 염려를 위탁하도록 격려한다. **위탁**은 다른 사람에게 임무를 위임하는 것을 의미한다.

여기에 당신의 염려를 초토화할 수 있게 하는 세 단계가 있다.

1. 하나님의 능하신 손 아래서 당신 자신을 낮추라.

베드로는 그의 첫 번째 서신에서 다음과 같은 말로 우리를 권면한다. :

그러므로 하나님의 능하신 손 아래에서 겸손하라 때가 되면 너희를 높이시리라. 벧전 5:6

겸손은 여러 면에서 그 자체를 드러낸다. 눈물, 다른 사람들 앞에서 자신을 낮춤, 친구들의 조언에 귀를 기울임, 당신의 명성에 더는 신경 쓰지 않음, 결과를 조종하는 것을 거부함 등.

겸손은 당신이 그냥 당신의 환경을 통제할 수 없는 인간에 불과하다는 사실을 스스로 인정한다는 뜻이다. 그것은 설명할 수 없는 삶의 굴곡과 불공정한 방향 전환이 전부 하나님의 손안에 있음을 받아들이는 것을 의미한다.

겸손은 또한 하나님께서 당신의 삶에 찾아오는 모든 것, 좋은 것이나 나쁜 것, 심지어 참을 수 없는 것까지도 허락하시는, 선하고 긍정적인 목적을 갖고 계신다는 사실을 믿는 것을 의미한다.

하나님이 주권자이시며, 주도하고 계시며, 또 당신이 직면하는 모든 것에 대한 목적을 갖고 계심을 인식하는 행위는 겸손을 요구한다. 거기에 정신과 마음에 좋은 특정한 항복surrender이 관련되어 있다.[1]

항복에 대해 말하면서, 하워드 서먼은 다음과 같이 피력했다.

내가 내 삶을 하나님께 드리는 제물과 헌신으로 삼는다면, 이 헌신에는 나의 얽혀 있는 것과 연루된 것 전부가 포함될 것이다. 그런 다음 내 삶 전체에 급진적인 변화가 뒤따르고, 나는 내 중심에서 기적적으로 자유로워진다. 이런 이유로, 계속해서 나의 헌신을 다시 확립하고 반복해서 내 삶을 제물로 드리는 것이 좋다. 나는 내가 경험하는 것을 통해 내 헌신을 최신 상태로 유지해야 한다.[2]

2. 당신의 염려를 주님께 맡기라.

자신을 낮추라고 말한 직후에 베드로는 이렇게 말했다. :

너희 염려를 다 주께 맡기라 이는 그가 너희를 돌보심이라. 벧전 5:7

베드로는 그가 편지를 쓰고 있는 그리스도인들 향해 그들의 불안과 근심과 염려를 주님께 맡기라고 당부한다. 왜냐하면, 그분이 그들을 돌보시기 때문이다.

나는 회복 중인 염려하는 자a recovering worrier라는 사실을 뻔뻔하게 인정할 것이다. 그렇지만, 근래 들어 그것이 내 마음의 문을 두드릴 때 염려를 극복하는 방법을 발견했다.

나는 그것을 하나님께 맡겼다.I cast it onto God

영어 성서인 킹 제임스 버전의 베드로전서 5:7은 염려, 걱정, 근심, 두려움을 포함하는 care라는 단어를 사용한다.

Cast라는 단어는 뭔가를 다른 사람에게 던지는 것을 의미한다. 같은 동사가 누가복음 19:35에서 제자들이 예수님의 안장을 만들고자 "자기들의 겉옷을 나귀 새끼 위에 걸쳐 놓고cast"라고 하는 장면에 사용되었다.

여기서 말하고자 하는 것은 **양도**transference다. 우리의 불안과 염려와 걱정을 주님께 맡긴다cast는 것은 우리가 그것을 그분께 넘겨주고, 위임하고, 위탁하는 것을 의미한다.

우리가 이렇게 할 때 불안이 더는 우리의 것이 아니다. 우리가 그 상황을 하나님 손에 맡겼으니 그것은 이제 그분의 걱정거리다.

이 위탁의 기초는 우리를 향한 하나님의 돌보심care이다. 그분이 돌보시므로 우리는 불안해하거나 걱정할 필요가 없다. 우리는 태평하게carefree 살 수 있다.

어떤 수준에서는, 우리가 처한 상황에 대해 여전히 염려한다. 그러나 더 높은 수준에서는, 우리의 문제를 하나님께로 넘겼기transferred 때문에 더는 염려하지 않는다. 이런 이유로, 걱정에서 자유로운 사람은 염려하지 않는 것처럼 보인다.

예를 들어보겠다. 당신이 친구에게 스마트폰을 준다고 가정해보자. 친구가 연락처와 앱을 휴대전화에 저장하고 그것을 사용하기 시작한다.

다음 날, 당신의 아내또는 남편가 "여보, 당신의 휴대폰 어디 있어요?"라고 묻는다.

당신은 "나는 그 휴대폰 없어요. 그거 내 친구에게 주었지요. 그래서 그건 내 친구의 소유이니까 이제 그 휴대폰은 그가 알아서 하겠지요."

당신이 당신의 걱정을 하나님께 위탁할 때도 똑같은 역학이 일어난다.

걱정이 더는 당신의 것이 아니다. 당신은 하나님이 걱정하시도록 맡겼다. 하나님께서 당신을 돌보시므로care 무슨 일이 일어나는지는 그분의 몫이다.

네 짐을 여호와께 맡기라 그가 너를 붙드시고 의인의 요동함을 영원히 허락하지 아니하시리로다. 시 55:22

아무것도 염려하지 말고 다만 모든 일에 기도와 간구로 너희 구할 것을 감사함으로 하나님께 아뢰라 그리하면 모든 지각에 뛰어난 하나님의 평강이 그리스도 예수 안에서 너희 마음과 생각을 지키시리라. 빌 4:6-7

3. 자신의 걱정을 하나님께 위탁했다는 사실을 상기시키기 위해 실제적인 상징을 사용하라.

몇 번의 시련 속에서, 내 마음은 최악의 시나리오로 정기적인 공격을 받았다. 때로는 공격이 너무 가차 없어서 내가 끔찍한 결과를 꿈꾸기조차 했다.

이것은 내가 항복의 서랍Surrender Drawer이라고 부르는 것을 만들었을 때다.

그것이 정확히 무엇인가?

내 옷장의 마지막 서랍에는 외부에 테이프로 붙인 종이 한 장이 있다. 거기에 이렇게 적혀 있다. **"선하신 나의 아버지의 사랑의 손안에."**

부정적이고, 의심이 가득하고, 두려운 생각이 나를 공격할 때마다 나는 그것들을 종이에 써서 항복의 서랍에 넣었다. 그것은 이제 그것들이 하나님의 손안에 있고 더는 내가 짊어질 짐이 아님을 상징하는 것이었다.

나는 이 연습이 내 마음 안에서 오직 긍정적이고 희망적인 것만을 위해 공간을 비우는데 꽤 도움이 된다는 것을 알게 되었다.

당신이 염려를 주님께 맡긴 후에, 당신은 그것을 도로 가져와서 초조해하고 안달하는 유혹을 받게 될 것이다. 특히 시간이 지나도 당신의 환경에서 아무 일도 일어나지 않는 것을 볼 때 그럴 것이다.

이때가 바로 당신이 그 문제를 하나님께 위탁해서 그 문제가 하나님께 속한 것임을 당신 자신에게 상기시킬 때다. 야고보의 말을 빌리자면 다음과 같다.

> 그런즉 너희는 하나님께 복종할지어다 마귀를 대적하라 그리하면 너희를 피하리라. 약 4:7

여러 해에 걸쳐, 나는 소란스럽거나 당혹스러운 상황 속에서 마음의 평안을 갖는 것이 주님께 아주 중요하다는 것을 깨닫게 되었다. 그리고 그것은 나의 영적, 정서적, 육체적 안녕에 매우 중요하다.

목표는 갈등과 반대와 위기에 직면하여 평안을 유지하는 것이다. 당신이 평안하다면 그것은 당신에게 믿음이 있다는 증거다. 그리고 믿음은 하나님을 기쁘시게 하는 것이다.3 믿음은 또한 당신의 환경에서 하나님의 역사가 일어날 수 있게 하는 것이다. 반면에 염려는 당신의 영혼과 몸뿐 아니라 당신의 영에도 해를 끼친다.

우리는 예수님을 따르는 사람들로서 안달할 필요가 없다. 평안은 우리가 받은 유산의 일부다.

마태복음 6:25-34에서, 예수님은 제자들이 안달할 필요가 없는 이유에 대해 길게 말씀하셨다. "목숨을 위하여 … 염려하지 말라. … 공중의 새를 보라. … 들의 백합화가 어떻게 자라는가를 생각하여 보라."4

그리스도 안에 있는 사람에게 염려는, 불안해할 수 없는 새들이나 꽃들에 그러하듯이 불가능해야 한다.

예수님은 지상에 계시는 동안 우주에서 가장 걱정 없는 분이셨다. 그분은 모든 염려를 아버지께 맡기고 근심 없이 사셨다.

그리스도 안에 계셨던 그 영이 지금 당신 안에 계시기 때문에, 당신도 하나님을 당신의 걱정거리를 삼키시는 분으로 삼아 그와 같은 방식으로 주님께 응답할 수 있다.

하나님 아버지께서 그분의 아들을 사랑하고 돌보시는 것과 **마찬가지로** 당신을 사랑하고 돌보신다는 것을 기억하라. 예수님께서 친히 이렇게 말씀하셨다.

곧 내가 그들 안에 있고 아버지께서 내 안에 계시어 그들로 온전함을 이루어 하나가 되게 하려 함은 아버지께서 나를 보내신 것과 또 **나를 사랑하심 같이** 그들도 사랑하신 것을 세상으로 알게 하려 함이로소

이다. 요 17:23

주님이 당신을 돌보신다는 것을 알고 시간을 내어 당신의 짐, 염려, 근심, 걱정을 의식적으로 주님께 맡기라.

원한다면 당신 자신의 항복 서랍을 만들어보라.

당신의 염려를 도로 당신의 손으로 가져오고 싶은 유혹을 받을 때, 당신이 서 있는 자리를 고수하고 그 문제가 당신이 아니라 하나님께 속한 것임을 재확인하라.

마지막 요점: 나는 역경에 직면할 때마다 시편 37:1-7을 읽고 또 읽는 연습을 한다.

새 미국 표준 성서New American Standard Bible에서, 그 본문은 염려의 바이러스와 싸울 수 있는 여덟 가지 처방을 제공한다.

■ 주님을 **신뢰하라**Trust in the Lord [3절]

■ 선을 **행하라**Do good [3절]

■ 성실함을 **기르라**Cultivate faithfulness [3절]

■ 주님을 **기뻐하라.** 그가 네 마음의 소원을 너에게 이루어 주실 것이다Delight yourself in the Lord, and He will give you the desires of your heart [4절]

■ 네 길을 주님께 **맡기라**Commit your way to the Lord [5절]

■ 또한, 그분을 **신뢰하라**. 그리하면 그분이 이루실 것이다Trust also in Him, and He will do it [5절]

■ 주님 안에서 **안식하라**Rest in the Lord [7절]

■ 그분을 참을성 있게 **기다리라**Wait patiently for Him [7절]

이 처방을 따르면 걱정과 두려움에 휩싸이는 것이 논리적이라고 보일 때, 예수 그리스도께서 당신의 평안이심을 터득하게 될 것이다.

_ _ _ _ _

1. 내가 어떻게 이것을 믿게 되었는지에 대해 설명한 다음을 참조할 것: 부록 1: 누가 당신에게 시련을 갖다 주었는가?
2. Thurman, *Meditations of the Heart*, 46.
3. 히 11:6.
4. 마 6:25, 26, 28.

62. 상기시켜주는 벽

당신이 효과를 원하지 않는다면, 원인을 제거하기 위한 뭔가를 하라.

Lawrence Ndubisi Nwokora

내가 시련을 겪을 때 행한 또 다른 연습은 편지 크기8.5 인치 x 11 인치의 종이 여러 장에 알림reminders 표시를 기록하는 것이었다.

나는 이 알림을 거실 벽에 테이프로 붙여 매일 내 앞에 두었다. 내 눈꺼풀 아래에 그것을 문신하는 것 다음으로 좋은 일이었다!

그 종이에 기록한 것 중 일부의 내용을 대규모의 목록으로 여기에 소개하겠다.

- 길게 잡고 게임을 하라. 그 긴 게임이 무엇인가? 나에게 희망, 선호 또는 욕구가 있지만 나는 결과에 연연하지 않는다. 나는 시간이 걸리리라는 것을 이미 알고 있기에 그래도 괜찮다.

- 게임을 좇지 말라. 그 게임이 당신에게 오게 하라. 이것은 내가 내 환경을 조종하거나 도와주려고 노력하지 않고, 하나님께서 자연스럽게 환경에 긍정적인 변화를 가져오시도록 허용한다는 의미다.

- 영원을 생각하라. 상rewards, 충성스러운 종이 되는 것, 주님을 위해 수고하는 것.

- 평안하라, 잠잠하라.[1]

- 믿음으로 행하고 보는 것으로 행하지 말라.[2]

- 겉으로 보이는 것들과 실제는 다르다. 강하고 담대하라! 그분은 당신을 위하시고, 당신과 함께 계신다!

- 침착함을 유지하라잠언 3:21-26을 참조하라. 침착함은 주님에게서 온다.

- 하나님께서 일하고 계신다. 그분이 하시는 일을 주시하라.

- 당신 스스로 행하라. 이것은 하나님의 뜻에 굴복하고 신뢰하며, 주님께서 그분의 손가락으로 짚으신 영역을 다루는 것을 의미한다. 내가 통제할 때, 나는 종종 하나님이 나를 위해 마련하신 계획을 방해한다.

- 굳건히 서 있어라. 고요함을 유지하고, 코스course를 유지하라.

- 밀고 나가려 하지 말라. 하나님께서 밀고 나가시게 하라.

- 먼저 하나님 나라를 구하라. 한 번에 하루씩 행하라.

- 끈질기게 행하라. 참아라. 견뎌내라. "그[예수]는 그 앞에 있는 기

쁨을 위하여 십자가를 참으사."[3] 당신도 그렇게 될 것이다.

- 당신에게는 누구에게도 뒤지지 않는 가장 강력한 동맹이 있다. 하나님이 하나님 되시게 하라. 그분은 마음이 그분께 고정된 사람을 완전한 평안으로 지켜 주실 것이다.[4]

- 하나님의 조건 없는 사랑으로 사랑하라. "온전한 사랑이 두려움을 내쫓나니."[5]

- 하나님께서 이해시키시게 하라. 그분은 홍해를 원래대로 돌려놓으셨다. 그분은 마음을 바꿀 수 있다.

- 하나님을 꽉 붙잡아라. 결과에서 손을 내려놓아라.let go

- 그냥 매달리라!hang on!

아울러, 나는 성서에 있는 다음과 같은 약속을 종이 한 장에 적었다.

진실로 다시 너희에게 이르노니 너희 중의 두 사람이 땅에서 합심하여 무엇이든지 구하면 하늘에 계신 내 아버지께서 그들을 위하여 이루게 하시리라. 마 18:19

너희가 기도할 때에 무엇이든지 믿고 구하는 것은 다 받으리라. 마 21:22

그러므로 내가 너희에게 말하노니 무엇이든지 기도하고 구하는 것은

받은 줄로 믿으라 그리하면 너희에게 그대로 되리라. 막 11:24

너희가 내 이름으로 무엇을 구하든지 내가 행하리니 이는 아버지로 하여금 아들로 말미암아 영광을 받으시게 하려 함이라. 요 14:13

그 날에는 너희가 아무 것도 내게 묻지 아니하리라 내가 진실로 진실로 너희에게 이르노니 너희가 무엇이든지 아버지께 구하는 것을 내 이름으로 주시리라. 요 16:23

그러므로 우리는 긍휼하심을 받고 때를 따라 돕는 은혜를 얻기 위하여 은혜의 보좌 앞에 담대히 나아갈 것이니라. 히 4:16

그를 향하여 우리가 가진 바 담대함이 이것이니 그의 뜻대로 무엇을 구하면 들으심이라 우리가 무엇이든지 구하는 바를 들으시는 줄을 안즉 우리가 그에게 구한 그것을 얻은 줄을 또한 아느니라. 요일 5:14-15

나는 또 다른 종이에 하나님의 손을 나타내는 손의 이미지를 그렸다. 그분의 사랑스러운 손에 내가 올려놓은 것이 구체적으로 무엇인지를 그린 삽화와 함께.

당신의 손이 지쳐서 손을 폈다가 다시 매달려야 할 때가 있는 것처럼, 또한 당신이 뭔가를 내려놓았다가 다시 그것을 집어 들고 싶은 유혹을 느낄 때도 있을 것이다.

상기시켜주는 벽은 폭풍우가 지나갈 때까지 당신이 계속 '매달리고 또 내려놓도록hang on and let go' 놀라운 일을 할 수 있다.

─────

1. 막 4:39.
2. 고후 5:7.
3. 히 12:2.
4. 사 26:3.
5. 요일 4:18.

63. 전쟁은 주님께 속한 것이다

믿음의 씨앗은 당신 안에 항상 살아 있지만, 때로는 그것이 자라도록 자극하는 위기가 필요하다.

수잔 L. 테일러 Susan L. Taylor

역대하 20장에는 환난의 날에 하나님께서 그분의 백성을 위해 어떻게 싸우시는지에 대한 놀라운 이야기가 있다.

여호사밧 왕은 세 부족이 그와 그의 백성에 대항하여 대규모 군대를 편성하고자 음모를 꾸민다는 소식을 듣는다.

이것은 두려운 소식이었지만, 여호사밧은 자신의 문제를 하나님께로 가져가는 법을 배웠다. 그래서 그는 유다의 모든 백성에게 주님께서 그들을 도우실 것을 믿고 간절히 금식하고 기도할 것을 명했다. 하나님의 영이 레위 지파 중 한 사람을 통해 말씀하면서, 그들이 전투에 나설 수 있지만 아무도 싸울 필요가 없을 것이라고 모든 사람을 확신시켰다. 하나님께서 그들을 위해 싸우실 것이다!

전쟁터에서 백성은 하나님께서 그들의 원수를 물리치는 것을 보았다. 이일 이후, 유다는 감사하게도 25년 동안 평화를 누렸다.

이 이야기는 시련 중에 어떻게 행동하고 반응하는지에 대한 청사진을 제시한다.

교훈 1: 때때로물론 항상 그런 것은 아니다 우리의 시련은 우리 자신의 행동 때문에 발생한다. 그럴 때 재난을 향해 문을 여는 것은 우리 책임이다.

역대하 19:2에서, 우리는 여호사밧 왕이 하나님께 죄를 범했음을 본다.

좋은 소식은 당신이 시련에 대해 전적으로 또는 부분적으로 책임이 있다 하더라도 하나님은 여전히 시련에서 치유와 회복과 기쁨을 가져오시는 일을 하고 계신다는 것이다.

교훈 2: 시련 중에서 우리의 첫 번째 반응은 금식을 포함하여 필사적으로 주님을 찾는 것이어야 한다. 만일 우리가 주님께 묻고 우리와 함께 금식하고자 다른 사람들을 모을 수 있다면 훨씬 더 좋다.

> 어떤 사람이 와서 여호사밧에게 전하여 이르되 큰 무리가 바다 저쪽 아람에서 왕을 치러 오는데… 여호사밧이 두려워하여 여호와께로 낯을 향하여 간구하고 온 유다 백성에게 금식하라 공포하매 유다 사람이 여호와께 도우심을 구하려 하여 유다 모든 성읍에서 모여와서 여호와께 간구하더라. 대하 20:2-4

교훈 3: 시련 중에 우리가 자신을 낮추고 주님께 정직하며 간절한 마음으로 그분께 돌이킨다면 그분은 응답하실 것이다.

나는 이 점에서 여호사밧의 기도를 좋아한다.

> 주의 손에 권세와 능력이 있사오니 능히 주와 맞설 사람이 없나이다… 주의 이름이 이 성전에 있으니 우리가 이 성전 앞과 주 앞에 서서 이 환난 가운데에서 주께 부르짖은즉 들으시고 구원하시리라… 이 큰 무리

를 우리가 대적할 능력이 없고 어떻게 할 줄도 알지 못하옵고 오직 주만 바라보나이다. 대하 20:6, 9, 12

나는 나 자신의 역경 중에 이 같은 기도를 여러 번 사용했다. 그래서 그것을 추천한다.

교훈 4: 우리가 하나님의 능하신 손 아래서 겸비하면 결국 그분의 영광을 보게 될 것이다. 주님은 여호사밧 왕에게 이렇게 응답하셨다. :

너희는 이 큰 무리로 말미암아 두려워하거나 놀라지 말라 이 전쟁은 너희에게 속한 것이 아니요 하나님께 속한 것이니라… 이 전쟁에는 너희가 싸울 것이 없나니 대열을 이루고 서서 너희와 함께 한 여호와가 구원하는 것을 보라 유다와 예루살렘아 너희는 두려워하지 말며 놀라지 말고 내일 그들을 맞서 나가라 여호와가 너희와 함께 하리라. 대하 20:15, 17

교훈 5: 역경 중에 하나님을 추구하는 것은 우리의 몸과 목소리로 그분을 찾는 다양한 방법을 포함할 것이다.

위기에 처한 여호사밧과 유다 백성과 레위 사람들의 자세는 우리에게 교훈을 준다. 그들은 엎드려 얼굴을 땅에 대고 주님께 경배했다. 그들은 또한 일어나 큰소리로 하나님을 찬양했다.[1]

절하고, 거실 바닥에 얼굴을 파묻고, 일어서고, 주님 앞에 통곡하고, 큰소리로 찬양하는 것은 전부 당신의 힘을 다해 하나님을 사랑하는 타당한 표현이다.

지옥과 같던 나의 시련 속에서, 얼굴을 바닥에 대고 몇 시간을 보냈던 밤이 있었고, 포효하는 바다 앞에 서서 격렬한 눈물로 내 영혼을 하나님께 쏟아부은 날도 있었다.

요점: 안에 갇혀 있는 것을 주님께로 넘겨드릴 필요가 있다.

교훈 6: 당신 안의 예언적인 음성이 하나님의 기록된 말씀과 일치할 때 그것에 귀를 기울이라.

> 이에 백성들이 아침에 일찍이 일어나서 드고아 들로 나가니라 나갈 때에 여호사밧이 서서 이르되 유다와 예루살렘 주민들아 내 말을 들을지어다 너희는 너희 하나님 여호와를 신뢰하라 그리하면 견고히 서리라 그의 선지자들을 신뢰하라 그리하면 형통하리라. 대하 20:20

교훈 7: 승리가 나타나기 전이라도 하나님께 감사하고 찬양하는 것을 잊지 말고 기억하라. 이것이 믿음의 본질이다.

> 백성과 더불어 의논하고 노래하는 자들을 택하여 거룩한 예복을 입히고 군대 앞에서 행진하며 여호와를 찬송하여 이르기를 여호와께 감사하세 그의 인자하심이 영원하도다 하게 하였더니. 역대하 20:21

위의 내용은 주님께서 유다를 적들에게서 구원하시기 전에before 여호사밧이 한 말임을 주목하라.

교훈 8: 하나님의 구원은 당신의 유익만을 위한 것이 아니다. 그것은 또한 그것을 목격하는 사람들의 유익을 위한 것이다.

> 그 노래와 찬송이 시작될 때에 여호와께서 복병을 두어 유다를 치러 온 암몬 자손과 모압과 세일 산 주민들을 치게 하시므로 그들이 패하였으니… 이방 모든 나라가 여호와께서 이스라엘의 적군을 치셨다 함을 듣고 하나님을 두려워하므로 여호사밧의 나라가 태평하였으니 이는 그의 하나님이 사방에서 그들에게 평강을 주셨음이더라. 대하 20:22, 29-30

_____

1. 대하 20:18-19.

64. 당신은 당신의 인생을 사랑하는가?

**좌절은 하루의 시간을 보낸 것처럼 끝나고,
종이처럼 접혀서 필멸의 역사**mortal history**라는 선반 위에 놓일 것이다.**
잭 슐러 Jack Shuler

인생은 생각대로 되는 것이 아니다.

당신의 인생은 예상대로가 되지 않는다. 내 인생도 마찬가지다.

이것은 우리가 죔 장치vise grip에 묶여 있고 우리 삶의 시련에 직면했을 때 특히 그렇다. 역경을 극복하는 비결 중 하나는 우리가 꼭 가져야 한다고 생각하는 삶을 **내려놓는**let go 것이다.

예수님도 이것을 가르치셨다.

> 무릇 내게 오는 자가 자기 부모와 처자와 형제와 자매와 더욱이 자기 목숨까지 미워하지 아니하면 능히 내 제자가 되지 못하고. 눅 14:26

다시 말해서, 당신에게 가장 중요한 것을 놓아라. 당신 자신의 삶을 포함해서.

> 누구든지 제 목숨을 구원하고자 하면 잃을 것이요 누구든지 나를 위

하여 제 목숨을 잃으면 찾으리라. 마 16:25

이것을 해석하면 이런 뜻이다. "당신의 삶과 그 삶이 이렇게 되어야 한다고 당신이 생각하는 것을 내려놓아라.let go 이렇게 하는 것이 당신의 진정한 삶을 찾는 비결이다."

예수님은 스스로 이것을 행하셨다.

> 우리 각 사람이 이웃을 기쁘게 하되 선을 이루고 덕을 세우도록 할지
> 니라 그리스도께서도 자기를 기쁘게 하지 아니하셨나니. 롬 15:2-3

하나님 나라에서의 삶은 소위 정상적인 삶normal life과는 극적으로 다르다. 정상적인 삶은 이상적인 생활방식an ideal lifestyle을 만드는 사람에 대한 애착, 그리고 그 일에 대한 애착으로 특징지어진다. 그것은 우리의 삶이 그렇게 되어야 한다고 **생각하는** 것이다.

그러나 하나님 나라의 삶은 예측할 수 없고, 불확실하며, 그리스도 자신을 제외한 모든 것으로부터 초연함으로 특징지어진다. 그것은 또한 평안, 만족, 안녕well-being으로 특징지어진다.

좋은 소식은 자신의 존재를 예수님께 드리고 자신의 인생을 사랑하지 않는 모든 사람에게 하나님 나라의 삶이 열려 있다는 것이다.

내 삶이 여러 번의 혹독한 시련 속에서 발칵 뒤집히고 내가 아끼던 것이 강압적으로 휩쓸려 갔을 때, 비로소 나는 내가 주님보다 내 인생을 더 사랑하고 있음을 뼈저리게 깨닫게 되었다.

또 우리 형제들이 어린 양의 피와 자기들이 증언하는 말씀으로써 그를

이겼으니 그들은 죽기까지 자기들의 생명을 아끼지 아니하였도다. 계
12:11

평안과 안녕의 비결은 나를 포기하고 하나님께 드리는 것이다. 그것은
우리 인생이 내가 생각하는 대로 되어야 한다는 그 생각을 내려놓고let go 우
리 인생을 온전히 주님께 내어드리는 것이다.

그것은 하나님께서 하실 일을 지켜보고 그 결과가 무엇이든 그것을 통해
그분 안에서 기뻐하는 매일매일의 드라마 같은 삶이다.

이것은 또한 삶이 당신에게 퍼부을 수 있는 가장 끔찍한 일들 가운데서
번성하는 비결이기도 하다.

달라스 윌라드는 다음과 같이 옳게 말했다.

오직 삶을 우리 자신의 통제 속에 두도록 유혹하는 것들을 내려놓을let
go 준비가 되어 있을 때만, 우리는 죽음에 이르기까지 우리 인생을 포
기할 준비를 한다. 예수님은 이것에 대해 아주 분명하게 말씀하셨다. …
자신에 대한 죽음에는 남편, 아내, 자녀, 부모 등 우리가 사랑하는 모든
사람에 대한 우리의 욕망이 포함한다. 그 욕망을 십자가에 매달고 그
것에서 손도 떼야 한다. 이것은 우리가 사랑하는 사람을 위해 할 수 있
는 선하고 사랑스러운 일을 하려고 노력하지 않는다는 의미가 아니다.
그것은 단순히 우리가 그들의 안녕well-being과 우리 자신의 가치를 혼
동하지 않는다는 것을 의미한다.[1]

프랭크 로박은 이 통찰력 있는 말에 덧붙여 다음과 같이 말한다. :

항복은 계속한다. 남은 생애 동안 당신은 의지의 한결같이 부드러운 압력에 의해 의식적으로 그분을 향해 움직일 것이다. 이 압력은 긴장이 아니다. 그것은 손을 내려놓고let go 완벽하게 긴장을 푸는 것이다… 우리는 그리스도께 항복할 때 넘겨드리려는 이 같은 의지를 발휘해야 한다. 우리는 영혼을 풀어주고 이완시켜야 한다. 이것이 바로 믿음과 신뢰가 의미하는 바다.2

있는 그대로의 인생을 즐기는 법을 배우라. 왜냐하면, 당신에게는 하나님이 계시고, 바로 지금 삶이 당신에게 넘겨준 트라우마와 드라마에도 불구하고 그분이 당신에게 셀 수 없이 좋은 것을 주셨기 때문이다.

동시에, 당신의 삶이 당신이 생각하는 대로 되어야 한다는 그 생각을 내려놓아라.

말하자면, 당신의 인생을 사랑하지 말라.

-----

1. Willard, *Life without Lack*, 141-142.
2. Laubach, *You Are My Friends*, 54

65. 예수님을 으뜸으로 놓기

**사물을 무시하는 법을 배우는 것은
내면의 평안으로 가는 위대한 길 중 하나다**

로버트 J. 소이어 Robert J. Sawyer

예수님은 우리가 사랑하는 사람들에 대한 우리의 헌신과 비교하여 그분에 대한 우리의 헌신에 대해 무서운 말씀을 많이 하셨다.[1]

예수님이 우리 인생의 으뜸이라고 말하기는 쉽다. 그것은 별로 힘들이지 않게 그리스도인의 혀를 움직인다. 그러나 비극적인 일이 발생하면 그 고백은 혹독한 테스트를 받는다.

한 가지 가설을 말해보겠다.

당신의 남편또는 아내이 당신을 저버렸다고 상상해보라. 또는 약혼자. 또는 당신의 여자친구. 또는 당신의 남자친구. 또는 당신의 부모. 또는 당신의 자녀. 또는 당신의 가장 친한 친구. 또는 당신의 교회. 또는 당신의 고용주. 또는 당신의 직원.

그런 다음, 예수님이 당신에게 다음과 같이 말씀하셨다고 상상해보라.

네가 이 사람이나 사람들을 영원히 포기하고 나를 그들보다 더 중요하게 여기지 않는 한, 나는 그들이 너의 삶으로 돌아오도록 허용하지 않을 것이다.

이것은 다른 어떤 사람들보다 예수님이 당신에게 더 중요한지 아닌지의 심오한 테스트가 될 것이다.
그것이 어떻게 보일까?
아마도 그것은 하나님과 사람들과 천사들 앞에서 진정으로 선언할 수 있는 사람처럼 보일 것이다.

내가 세상에서 무엇보다 사랑하는 사람이나 물건을 잃어도 나는 여전히 주님을 사랑할 것이다. 나는 여전히 당신에게 순종하고 당신을 위해 살며 당신을 기쁘게 하려고 노력할 것이다.

때때로 우리는 무엇을 빼앗길 때까지 우리의 마음이 그것을 얼마나 우상으로 여겨왔는지 알지 못한다.
따라서 위의 시나리오를 상상해보고 그것에 대해 하나님과 결판을 지어라.
예수님을 당신의 인생에서 진정으로 으뜸이 되게 하고, 당신의 사랑하는 관계들과 다른 것들을 그분의 손에 맡기고 항복하라.
나는 항복의 의미를 담은 하워드 서면의 이 기도를 좋아한다.

저는 제 마음의 희망, 꿈, 소원을 하나님께 항복합니다. 이것들은 저의 내면 깊은 곳에서의 교감을 위해 남겨둔 것들입니다. 이것들은 제 인생의 다양한 제단에서 타고 있는 불입니다. 이것들은 삶의 모든 상처, 고통, 불의, 그리고 잔인함을 감싸는 제 영혼의 활동입니다. 그리고 이것

들은 살아가고 활동하도록 저에게 힘을 주는 것들입니다. 저는 오늘 하나님께 온전히 항복합니다.[2]

그런데 이 항복은 오직 하나님만이 당신 안에서 하실 수 있는 일이다. 당신이 할 일은 그 우상을 인식하고 하나님께서 그것을 제거하여 주시도록 간구하는 것이다.

하나님께서 나머지를 처리하실 것이다. 하지만 나는 당신에게 이것을 약속할 수 있다.

그것은 아마 몹시 괴로울 것이다.

-----

1. 마 10:34-39; 막 3:31-35; 눅 9:57-62; 12:49-53; 18:29-30.
2. Thurman, *Meditations of the Heart*, 163

66. 당신은 몰랐으면 하는 진짜 팬데믹

일이 되는 방식에서 최선을 다하는 사람들에게 일이 최선으로 된다.
무명

나는 이 장의 제목을 케빈 트뤼도Kevin Trudeau에게서 빌려왔다.

그는 다음과 같은 식의 책 제목을 붙이는 것으로 알려진 친구다. *Natural Cures 'They' Don't Want You to Know About*『자연적 치유 '그들이' 당신은 알지 못하기를 원하는』, *The Weight Loss Cure 'They' Don't Want You to Know About*『체중 감량 '그들이' 당신은 알지 못하기를 원하는』, *The Cure for Irritating Toddlers 'They' Don't Want You to Know About*『짜증 나는 유아들 '그들이' 당신은 알지 못하기를 원하는』. [물론 마지막은 내가 갖다 붙인 것이다.]

제목이 너무 선정적인가?

물론 그렇다. 하지만 나는 이 제목이 마음에 든다. 내 책이니까. 그러니 그냥 받아들이라.

나는 전 세계적 유행병a global pandemic의 한가운데서 이 장을 집필한다.

하지만 **진짜** 전염병은 무엇인가?

그것은 바로 행복의 추구the pursuit of happiness다.

그렇다. 행복.

프랭크, 그럼 당신의 말은 우리가 불행해야 한다는 것인가?

아니다. 그러나 행복을 추구하는 것은 바보의 심부름a fool's errand이다. 그것은 덧없는 것이고, 전반적으로 그것은 신화myth다.

설명해보겠다.

작년에 나는 일렉트릭 기타를 샀다. 처음이자 마지막으로.

목표: 지미 헨드릭스Jimmie Hendrix의 「미드나잇Midnight」을 환상적인 솔로로 연주하는 기법을 배우고 싶었다.

나는 20대 초반부터 어쿠스틱 기타로 코드를 연주해왔다. 그리고 윤기가 나는 새 검은색 일렉트릭 기타를 윤기가 나는 검은색 앰프에 연결한 후 나는 행복했다.

달콤한 손가락 재주를 부릴 준비가 된 나는 지미 헨드릭스처럼 연주할 생각에 마음이 부풀었다.

하지만 나는 「Midnight」의 97%를 연주할 수 없다는 사실을 곧 알게 되었다. "인간은 자신의 한계를 알아야 한다."라고 위대한 시인 더티 해리 캘라한Dirty Harry Callahan이 말했다.*1

그래서 나는 불행했다.

어쩔 수 없는 패배에 굴복한 후, 나는 기타와 앰프를 친구에게 주었다. 그리고 그것들을 받은 그는 기뻐했다.

그래서 나는 다시 행복했다.

참고로, 나는 뼈를 부술 만큼 에어 기타[air guitar]에 열중하는 솔로 연주

---

* 역자 주: 여기서 저자 프랭크 바이올라가 위대한 시인 더티 해리 칼라한이라고 부른 사람은 클린트 이스트우드(Clint Eastwood)가 주연한 할리우드 범죄 영화 Magnum Force에 등장하는 영화 속 주인공의 이름이고, "인간은 자신의 한계를 알아야 한다."라는 말은 영화 속에서의 주인공의 대사다. 따라서 그를 "위대한 시인"이라고 한 것은 저자가 농담으로 한 말이다.

자로 돌아갔고, 수년간의 세심한 연습 끝에 거의 완벽에 가까워졌다.*

당신은 불같은 시련을 겪을 때 대부분 불행하다.

그다음, 상황이 긍정적으로 바뀌면 행복하다.

내 요점이 무엇인가? 행복은 환경과 연결되어 있다. 그리고 그것은 실제로 신화다. 알다시피, 우리가 우리를 행복하게 할 수 있을 것으로 생각하는 것은 실제로는 그렇지 않다. 어쨌든 오래 가지 않는다.

또한, 항상 행복한 인간이란 것도 없다.

놀랍게도, 성서는 결코 우리에게 행복을 추구하라고 권하지 않는다.

그 대신, 기쁨joy에 대해 많은 소음을 낸다. 그리고 기쁨은 행복과는 아주 다르다.

기쁨은 무엇인가?

기쁨에 관한 성서의 모든 본문을 읽은 것을 바탕으로, 나는 기쁨을 이렇게 정의한다. "하나님께서 지금 하는 일에 대한, 그리고/또는 그분이 미래에 하실 일의 희망에 대한 넘치는 흥분."[2]

따라서 행복을 추구하는 것이 진짜 팬데믹이다. 행복과 그 쌍둥이 자매인 쾌락pleasure은 매번 우리에게 마케팅한다.

이것을 사면 당신은 행복할 것이다.
이렇게 하면 당신은 행복할 것이다.
이것을 마시면 당신은 행복할 것이다.
이것을 피우면 당신은 행복할 것이다.
이것을 보라, 그러면 당신은 행복할 것이다.

---

* [역자 주] '에어 기타'라는 말은 악기 없이 허공에서 기타 치는 시늉을 하는 것을 뜻하는데, 위에서 한 말은 프랭크가 농담으로 한 말이다.]

행복의 추구는 또한 이전의 많은 그리스도인이 왜 예수 그리스도를 떠났는지의 이유이기도 하다.

예수님은 그들을 행복하게 해주시지 않았다. 말이 났으니 말인데, 그분은 결코 행복을 약속하신 적이 없다.

그것은 또한 많은 그리스도인이 왜 그들의 삶에서 온갖 경건치 않은 일을 허용하는지의 이유이기도 하다. 거짓으로 행복을 약속하는 것들을.

이것은 모두 에덴동산에서 마귀가 제안한 것을 재현하는 것이다.

하와, 이 멋진 과일 좀 먹어봐. 네가 먹으면 행복해질 거야. 하나님이 너를 꼼짝 못 하게 붙잡고 있는 이유는 네가 행복하기를 원하지 않기 때문이야. 하나님은 쾌락을 싫어하는 지루하고 재미없는 존재야. 그래서 이 맛있는 과일을 먹지 말라고 한 거야. 하지만 내가 약속할게. 네가 이걸 먹으면 행복이 철철 넘칠 거야.

물론, 이것은 나의 어색한 해석이지만 그것이 에덴동산의 유혹에서 정확히 무슨 일이 벌어지고 있었는지를 보여준다. 그리고 그것은 당신과 내가 직면하는 모든 유혹 뒤에 도사리고 있는 틀림없는 사고방식이다.

여기에 나의 해결책이 있다. 행복을 추구하지 말라.

기쁨을 구하라. 만족을 구하라. 안녕well-being을 고하여라.

그러나 이것도 실제로는 좋은 조언이 아니다.

오히려, 하나님 나라를 구하라.

하나님 나라와 함께 평안, 기쁨, 만족, 안녕이 모두 따라올 것이다.

-----

1. *Magnum Force*, directed by Ted Post (Burbank, CA: The Malpaso Company, 1973).

2. 나는 기쁨의 의미에 대해 episode 47 of *The Insurgence Podcast*, "Saying Yes to God and Experiencing Joy"에서 소상히 설명했다.

67. 위를 보라, 아래를 보지 말고

**당신은 당신의 환경을 통해 하나님을 보는가,
아니면 하나님을 통해 당신의 환경을 보는가?**

T. 오스틴 스팍스 T. Austin Sparks

내 책을 읽는 사람들은 내가 대놓고 T. 오스틴 스팍스를 지지하는 그의 팬이라는 것을 안다. 영적으로 말하면, 스팍스는 아무도 말릴 수 없는 대단한 사람이었다. 하지만 그리스도와 하나님의 목적에 대한 통찰력이 깊은 만큼 그에게도 멘토가 있었다.

한 번은 스팍스가 F. B. 마이어를 방문했다. 그는 그리스도인의 삶의 깊이에 관해 저술한 놀라운 작가이자 스팍스가 존경하는 사람이었다. 스팍스가 방문했을 때 마이어는 출타 중이었기 때문에 그는 마이어의 서재에서 마이어를 기다리라는 부탁을 받았다.

그는 마이어의 서재를 둘러보다가 금색으로 새겨진 두 단어가 포함된 나무판을 발견했다. 그 두 단어는 "아래를 내려다보아라Look Down"였다.

그때 마이어가 돌아와서 스팍스를 맞이했다. 스팍스는 나무판을 언급하며 "아래를 내려다보지 말고 위를 올려다봐야 하는 것 아닙니까?"라고 물었다.

이에 마이어는 다음과 같이 대답했다. "그것은 모두 당신이 어느 위치에서 보는가에 대한 질문입니다. 당신이 그리스도 안에 있다면 당신은 그분과 함께 하늘에 앉아서 내려다봅니다. 그러나 당신이 환경의 지배를 받는다면 당신이 할 수 있는 유일한 일은 위를 올려다보는 것뿐입니다."[1]

당신이 할 수 있는 한 최선을 다해 당신의 인생을 하늘의 관점으로 바라보라. 이생의 삶은 지나가고 있음을 기억하라. 그러므로 당신은 예수님을 따르는 사람으로서 이 땅에서는 나그네이자 순례자다.[2]

이것은 사실이다. 하늘 차원의 마음을 가진 사람은 이 땅의 선good이 아닐 수 있다. 그러나 세속적인 마음의 소유자가 하늘 차원 또는 이 땅의 선이 아닐 수 있다는 것은 훨씬 더 사실이다.[3]

환난 날에 당신이 어디 있는지를 기억하라. 그리고 위를 올려다보는 것만이 아니라, 아래를 내려다보는 법을 터득하라.

_____

1. 언젠가 나는 스팍스를 개인적으로 알았던 Lance Lambert로부터 이 이야기를 들었다.
2. 벧전 2:11, 히 11:13.
3. 이 주제에 관한 성서에 따른 고찰을 위해 다음을 들어보라.: episode 61 of *The Insurgence Podcast*, "Keeping the Eternal Perspective."

68. 하나님이 지체하실 때

당신의 과거로부터 배우라. 그러나 그 안에서 살지는 말라.

앤젤라 페리스 Angela Peris

시련을 겪을 때마다 나는 왜 하나님께서 문제를 빨리 해결하시지 않는지 의아해했다.

나중에, 나는 주님께서 나를 위해for 뭔가해방, 치유, 회복, 기쁨, 축복 등를 하시기 원하실 뿐 아니라 또한 내 안에서in 뭔가를 하시기 원하신다는 사실을 발견하게 되었다.

그리고 매우 자주, 하나님은 그분이 하고자 하시는 내적인 일이 완성될 때까지 개입하지 않으실 것이다.

> 모든 은혜의 하나님 곧 그리스도 안에서 너희를 부르사 자기의 영원한 영광에 들어가게 하신 이가 잠깐 고난을 당한 너희를 친히 온전하게 하시며 굳건하게 하시며 강하게 하시며 터를 견고하게 하시리라. 벧전 5:10

다시 말해서, 하나님은 우리를 변화시키시고자 지체함delay을 사용하신다. 이것이 우리의 기도가 즉시 또는 조만간 응답하지 않는 주된 이유 중 하나다.

하나님께서 우리가 기도하는 환경을 바꾸기를 원하시는 것보다 우리를 바꾸기를 더 원하시기 때문에 아직 응답을 얻지 못한 것이다.

즉, **우리가 하나님을 기다리는 동안 그분은 우리를 기다리고 계시는 것**이다.

언젠가 릭 워렌이 다음과 같이 말하는 것을 들은 적이 있다. "당신이 기다리는 동안 하나님은 일하고 계십니다. 당신은 그것을 보지 못할 수도 있습니다. 그것은 은밀히 진행되고 있을 것입니다. 그러나… 하나님은 정말 일하고 계십니다. 그분은 바로 당신에게 일하고 계십니다."[1]

내 시련을 돌이켜보면, 내 기도에 대한 즉각적인 응답이 나 자신 또는 나와 관련된 다른 사람들에게 별로 도움이 되지 않았을 것을 깨닫게 되었다. 왜냐하면, 내가 문제를 해결할 준비가 되지 않았기 때문이다. 그리고 그 사람들도 마찬가지였다.

주님은 그분이 무엇을 하시는지 알고 계신다. 그분은 환경을 바꾸시기 전에 모든 기도가 준비되기를 기다리신다.

그러므로 만일 우리가 하나님이 우리 안에서 하고자 하시는 일을 발견한다면, 우리는 그것을 온전히 추구할 수 있다.

일단 그 일이 끝나거나 그 일이 한참 진행되면, 하늘은 우리 안에서 그 일을 할 준비가 되어 있고 우리를 시련에서 구해낼 것이다.

_____

1. Rick Warren, *While You Wait, God Is Working on You*, PastorRick.com, December 8, 2019, https://pastorrick.com/while-you-wait-god-is-working-on-you/.

69. 거절을 재구성하기

성공은 끝이 아니고, 실패도 끝이 아니다
중요한 것은 계속하는 용기다
무명

거절rejection은 다양한 모양과 크기로 다가온다. 그리고 그것은 벨 소리나 알림 신호가 울리지 않는 스마트폰을 멍하니 바라보는 것 그 이상이다.

거절은 당신의 영적 성장을 하려면 필요하다. 만일 당신이 거절당해도 그냥 버티며 절대로 당신을 거절하지 않으실 주 예수님께로 향하면, 거절당하는 경험이 당신을 더욱 강하게 만들 것이다. 더 인내하게 하고, 더 침착하게 하고, 더 만족하게 할 것이다.

절대로 실패와 거절을 액면 그대로 받아들이지 말라. 게임에 정신을 집중하고 당신을 위해 길을 만드실 주님을 신뢰하라.

만일 당신이 어떤 사람, 사역, 교회, 회사, 고용주 등에게 거절당하면, 당신을 거절하지 않을 다른 사람들이 있음을 알아야 한다.

그것이 당신이 기대하는 방식이 아닐 수도 있지만, 주님이 자주 역사하시는 방법은 우리의 생각이나 상상을 뛰어넘는다.

예수 그리스도는 우리에게 필요한 것을 주시고자 종종 우리가 원하는 것을 빼앗아 가신다.

내가 발견한바, 우리의 거절과 실패는 종종 훨씬 더 강력한 복으로 인도한다. 예를 들어, 만일 우리가 거절이나 실패의 등급을 5로 매긴다면, 다른 편에 있는 복은 9나 10 정도 될 것이다.

그러므로 버티는 능력의 열쇠는 다음과 같이 질문하는 것이다. "내가 어떻게 이 거절이나 실패를 선물로 받을 수 있는가?"

모든 실패와 거절과 좌절의 포장지 안에는 뭔가 긍정적인 것이 감춰져 있다. 우리가 처음 기대하거나 원했던 것 그 이상의 무엇이 있다.

주님은 종종 두 번째를 세우시려고 첫 번째를 빼앗아 가신다. 그리고 새 언약의 경우처럼, 언제나 두 번째가 더 좋다.[1]

나는 이것이 나 자신의 삶에서 벌어지는 것을 보았다. 내가 나의 역작이라고 여기는 책의 출판 과정이 그 좋은 예다.[2] 내가 쓴 원고가 다섯 개의 출판사로부터 거절당했는데, 거기엔 그것을 계약한 처음 출판사도 포함되었다.

이 일이 벌어졌을 때 나는 의아해하며 속으로 이렇게 생각했다. '내가 이제 한물갔나? 앞으로 책 저술가로서의 나는 없는 것인가?'

처음엔 그것을 받아들이기가 힘들었다. 그러나 정신 차리고 난 후에, 나는 주님께서 뭔가 더 좋은 것을 마음에 품는다고 믿게 되었다. 그것이 무엇인지는 내가 알지 못했지만.

요약하자면, 내가 내려놓은let go 것이다.

그리고 나서, 주님은 내가 결코 기대한 적이 없던 방법으로 처리하셨다. 두 개의 큰 기독교 출판사가 내 책을 출판하기로 했다. 그뿐만 아니라, 그들은 나와 두 개의 책을 계약하기를 원했다.

그다음에 벌어진 일은 입찰 경쟁이었다. 그리고 그 두 번째의 기회가 내가 받았던 처음 제안보다 훨씬 더 좋은 조건으로 바뀌어서 나타났다.

이것의 예로 적합한 이야기가 있다.

옛날에 아버지가 오른손에 들고 있던 막대사탕을 갖고 싶었던 어린 소년이 있었다.

그 소년은 막대사탕을 달라고 울고, 애원하고, 빌고, 요구했다.

그가 몰랐던 것은 아버지가 왼손에 등 뒤로 숨기고 있던 훨씬 더 크고 맛있는 사탕을 가지고 있었다는 사실이다.

그의 아버지는 아들이 볼 수 없었던 더 좋은 사탕을 주려고 그가 볼 수 있었던 작은 막대사탕을 '내려놓기let go'를 그냥 기다리고 있었다.

그것은 우리와 우리의 하늘 아버지 사이에서도 마찬가지다.

하나님께서 당신에게 뭔가 더 좋은 것을 주시도록 내려놓아라. 때때로 그것은 당신이 잃어버린 바로 그것의 2.0 버전일 것이다. 예수님의 부활하신 몸과 같은 것.

하지만 거절을 극복하려면 당신이 우선 그것을 내려놓아야 한다.3

-----

1. 히 10:9.
2. 프랭크 바이올라, 『인써전스: 하나님 나라의 복음 되찾기』(대장간, 2019).
3. 『주님은 베다니를 사랑했지 *God's Favorite Place on Earth*』(대장간 역간)에서 거절을 처리하는 법을 자세히 알아보자.

70. 최종적인 결과 안에서 살아가기

**믿음 곧 신뢰는 우리의 삶에서
하나님의 충분하심을 받아들일 준비태세를 여는 열쇠다**

달라스 윌라드 Dallas Willard

나는 당신이 겪고 있는 시련이 무엇인지 알지 못한다. 어쩌면 당신이 불치의 병이나 악화 일로에 있는 병에 걸려있을 수도 있다. 아니면 당신의 아들또는 딸이 정신 질환을 앓거나 감옥에서 형을 살고 있을 수도 있다. 또는 당신의 결혼 생활이 파탄 지경에 이르렀을 수도 있다.

당신이 직장을 잃었을 수도 있고, 재물을 다 잃기 일보 직전일 수도 있다. 당신의 사랑하는 사람이 중병에 걸려있을 수도 있다. 또는 당신이 일방적으로 고통스러운 이별을 맞이하고 있을 수도 있다. 그리고 당신과 가장 친한 친구와의 관계가 종말을 고할 수도 있다.

어떤 환경에 처하든 관계없이, 내가 터득한바 나의 마음을 안녕well-being의 상태로 이끌어줄 것 중 하나는 **최종적인 결과 안에서 사는 것**이다.

이것이 무슨 뜻인가?

지금 당장, 원하는 결과가 이미 벌어졌다고 상상하며 머릿속에 그려보라. 당신은 병에서 완치되었다. 당신의 결혼은 부활을 경험했다. 집을 나가서 방황하던 당신의 자녀가 집으로 돌아왔다. 당신이 너무 괜찮은 새 직장을 얻게 되었다. 당신의 사랑하는 사람이 앓던 병이 고쳐졌다. 당신의 남자친구또는 여자친구, 또는 약혼자가 당신에게 돌아왔다. 당신과 가장 친한 친구 사이의 관계가 회복되었다.

지금, 그 결과 안에서 살아가라.

다시 말해서, 원하는 결과가 벌어진 것처럼 행동하라.

당신은 매일 당신에게 주어진 시간에 무엇을 할 것인가?

당신의 마음가짐은 어떤 상태인가?

당신의 삶과 당신의 관계에 대해 어떻게 느끼는가?

그런 관점으로 살기를 선택하라.

물론 이것이 어렵지만 불가능한 것은 아니다.

하나님과 그분의 말씀에 매달리는 동안, 결과에서 손을 내려놓는 것은 최종적인 결과가 당신의 삶을 질식시키지 않도록 산다는 의미다. 그것이 좋든 나쁘든 관계없이.

당신은 여전히 앞으로 나아간다. 당신은 내적 평안과 안녕의 상태로 산다.

성서는 이것을 믿음이라고 부른다.

내가 진실로 너희에게 이르노니 누구든지 이 산더러 들리어 바다에 던져지라 하며 그 말하는 것이 이루어질 줄 믿고 마음에 의심하지 아니

하면 그대로 되리라. 막 11:23

마지막 부분을 주목하라. 만일 그가 "말하는 것이 이루어질 줄 믿고 마음에 의심하지 아니하면 그대로 되리라."

믿음은 육체적 감각의 영역을 초월한다. 당신이 육신의 눈으로는 볼 수 없는 것이 믿는 것이다.[1]

믿음은 당신이 믿고 있는 것이 사실이므로 이미 그대로 된 것처럼 사는 것이다. 이와 관련하여, 믿음은 지식과 대립하지 않는다. 그것은 보는 것과 대립한다.

그러므로 하나님을 믿음으로 행하라.

무슨 일이 벌어지든 관계없이 같은 방식으로 살아가라.

이것이 바로 최종적인 결과 안에서 살아간다는 의미다.

이것을 연습할 때, 당신의 안녕well-being이 날로 더해질 뿐만 아니라, 그 연습이 또한 당신의 변화를 촉진해줄 것이다.

─────
1. 히 11:1.

71. 아무것도 개인적으로 받아들이지 말라

**종국에는, 이것들이 가장 중요하다.
당신이 얼마나 잘 사랑했는가?
당신이 얼마나 충만하게 살았는가?
당신이 내려놓는 법을 얼마나 깊이 배웠는가?**

잭 콘필드 Jack Kornfield

당신은 007 영화 속의 주인공 제임스 본드James Bond에 대해 고찰해본 적이 있는가? 그 친구는 아무것도 개인적으로 받아들이지 않는다.

그는 짜증을 내는 법이 없다. 사람들이 그를 욕하고, 무시하고 피하고, 오만가지 감정을 그에게 표출하고, 심지어 무시하려는 시도에도 그는 신경 쓰지 않는 것처럼 행동한다.

그에게는 개인적인 것이 없다.

어째서? 그리고 어떻게?

그것은 그가 채택한 사고방식과 관련이 있다. 그는 자신이 누구인지를 안다. 그래서 다른 사람들이 그에게 무엇을 퍼붓든 그들의 문제이지 그의 문제가 아니다.

그는 자신 안에서 완전히 안전하다.

마찬가지로, 당신의 사랑이 보답으로 돌아오지 않았거나, 다른 사람이 당신을 모욕하고, 경멸하고, 무시하고, 회피하고, 또는 억누른다고 느낄 때, 그것들은 단지 **느낌**feelings일 뿐이다. 즉, 그것들은 당신이 그것에 연연해서 행동할 필요가 없는 느낌이다.

물론, 당신에게 일어난 일을 당신이 개인적으로 **느낄** 수 있지만, 당신이 그것을 허용할 때만 개인적이다. 이것은 읽고 또 읽을 가치가 있는 말이다.

당신은 당신의 느낌을 믿지 않는 법을 터득해야 한다.

언젠가 누가 이렇게 말했다. "느낌은 아이들과 같다. 당신은 아이들이 차를 운전하는 것을 원하지 않지만, 그들을 차의 트렁크에 집어넣는 것도 원하지 않는다."1 속으로 집어넣은 느낌stuffed feelings은 지하실로 내려가서 역기를 들어 올린다. 그런 다음 더 강해져서 돌아온다.

감정은 하인일 때는 착하지만 주인이 되면 끔찍하다.

당신의 감정을 느낀 다음 그것을 내려놓아라. 그리고 당신의 차선lane으로 다시 돌아오라.

다시 말해서, 당신의 감정을 식별하는 법을 터득하고 당신이 결정한 것을 그것에서 분리하라.

그것은 다음의 둘 사이의 차이다. 관계 안에서 불안정하게 느끼고 그 불안정한 감정을 당신 혼자만 알고 있는 것, 그리고 다른 사람과의 불안정한 상태에 대해 길고 지루한, 속에 있는 것들을 쏟아 내는 시간을 갖기로 하는 것. 이것은 절대 잘되지 않는다.

만족을 여는 열쇠는 당신의 감정을 **조절하는 것**controlling에 관한 것이 아니다. 그것은 그 감정을 흘러가게channeling 하는 것에 관한 것이다.

예를 들어, 상처받은 느낌은 당신이 주 예수님께 매달리고 그분의 사랑을 받도록 동기를 부여할 수 있다. 그리고 분노의 느낌은 당신 자신 안에 단호한 변화가 일어나도록 동기를 부여할 수 있다.

당신이 당신의 감정을 흘러가게 하고 그 감정에 기초해서 결정을 내리지 않는다면, 어떤 역경도 헤쳐나갈 수 있다. 그것은 롤러 블레이드를 타고 하수구를 빠져나와도 여전히 깨끗한 냄새가 나는 비결이다.

이것은 우리가 우리 자신에게 말하는 이야기로 되돌아가게 한다. 다른 사람들의 기준의 틀에서 벗어나 당신 자신의 차선으로 이동하라. 그런 다음 당신의 차선을 지키라.

다른 사람들이 그들의 폭풍과 붕괴와 추한 순간을 겪게 하라.

언젠가 누가 이렇게 말했다. "그 사람의 행동이 당신에게 그랬던 것보다 그의 내적 투쟁과 더 관련이 있다는 것을 당신이 마침내 알게 될 때… 당신은 은혜를 배운다."[2]

당신이 맺고 있는 어떤 관계에서도, 당신이 할 일은 감정의 에너지를 부정적이고, 방어적이고, 분노하고, 비판하는 영으로부터 멀리 보내는 것이다. 어떻게? 반응하지 않음으로.

불안정은 우리가 무엇이든 개인적으로 받아들이게 하고 과잉 반응을 하게 만든다.

근본적으로, 실수는 당신 자신의 가치를 다른 사람에게또는 다른 것에게 위임하는 것이다.

어떤 관계도 당신의 열망이 뜻하는 의미를 당신의 삶에 줄 수 없다. 당신이 어떤 관계를 당신의 전부로 만든다면 당신은 단지 인간에 불과한 한 사람을 위해 당신의 정체성을 희생하는 것이다.

그 결과는 이렇게 나타난다. 그 관계는 필연적으로 불안정을 일으킬 것이고, 그것은 당신이 이미 가지고 있는 모든 문제에 불을 붙일 것이다. 그것은 모닥불에 등유를 붓는 것과 같다.

달리 표현하자면, 다른 사람이 당신의 시간과 에너지를 독차지하려 할 때, 그 관계는 점점 멀어질 것이다. 그 사람이 당신의 자녀이건, 가까운 친구이건, 배우자이건, 아니면 중요한 다른 사람이건 관계없이. 왜냐하면, 당신이 그 사람으로부터 행복을 얻으려고 너무 많은 압력을 그 사람에게 가하기 때문이다.

그런 관계는 모든 산소를 소비하고 관련된 사람들을 질식시키는 것으로 귀결한다.

당신이 '이 한 사람' 외에는 다른 아무것도 중요하지 않다고 느낄 때, 당신은 그 관계를 독성으로 물들게 하고, 당신을 절망으로 빨아들이는 블랙홀이 되게 하는 것이다.

궁극적으로는 갈등이 생기고 대화는 밑바닥을 향해 질주하게 될 것이다.

표면 바로 아래에서, 상대방의 사랑에 대한 당신의 불안정한 느낌은 서서히 끓어오르며 결국 눈에 보이는 모든 사람을 열나게 하면서 팔팔 끓는다.

내 할아버지는 이렇게 말하곤 했다. "너의 안녕을 위해 다른 사람이 꼭 필요하다고 절대 믿지 마. 그 믿음은 계속해서 재생되는 드라마로 끝날 거야. 끝나지 않는 쓰레기 롤러코스터야. 날짜만 바뀌고 똑같은 쓰레기지."

물론 내 할아버지가 그런 말을 한 적은 없다. 하지만 그것이 나름 괜찮고 현명하게 들리니까 그가 말한 것으로 해 두자.

사실인즉슨, 당신이 다른 사람들을 당신의 정신 건강에 필수적인 요소로 두지 않고 어떤 것도 개인적으로 받아들이지 않을 때, 모든 것이 더 단순하다. 당신은 또한 다른 사람들이 열연하는 드라마에 심리적으로 면역이 된다.

만일 누가 당신을 공격하거나 회피한다면, 그 사람의 감정적인 소용돌이에서 벗어나라. 그리고 폭풍우 속에서 침착함을 유지하라.

돌고 도는 드라마는 당신의 에너지 전부를 고갈시키고 결국 당신은 잿더

미처럼 불타고 말 것이다.

이것이 뜻하는 바는, 글쎄, 나는 그것이 무엇을 뜻하는지 전혀 알지 못한다. 하지만 당신을 도전하면서 이 장을 끝내고 싶다.

이 모든 불안과 불안정의 배후에 있는 뿌리는 당신이 사랑스럽지 않다는 거짓된 생각이다. 어쨌든 애정과 깊은 보살핌을 받을 가치가 당신에게 없다는 그런 생각.

그러므로 계속해서 당신 자신에게 이렇게 말하라. "하나님은 나를 사랑하신다. 예수님도 나를 사랑하신다. 모든 것을 창조하신 분께서 사랑과 보살핌을 받을 가치가 나에게 있다고 보신다." 이것이 당신이 하나님께서 만드신 당신이라는 존재 안에서 안정감을 느끼게 도와줄 것이다.

퓨마 에너지와 안정감 있는 사고방식은 지금 당장 당신에게 필요하다. 하지만 당신이 그것을 위해 애쓰지 않는다면 당신은 결코 그것의 옷자락도 만질 수 없을 것이다.

정기적으로 애쓰지 않는다면.

-----

1. Stuart Blumberg and Matt Winston, *Feelings are like children*, in Thanks for Sharing. Lionsgate/Olympic Pictures/Class 5 Films (2012), directed by Stuart Blumberg.
2. 이 말은 일반적으로 Allison Aars가 한 말이라고 알려져 있다.

72. 절박한 사람들을 위한 레시피

**현재의 것들에 항복하고,
과거의 것들을 내려놓고,
미래의 것들에 대한 믿음을 가지라.**

소냐 리코티 Sonia Ricotti

절대 잊지 말라. 당신이 지금 어떤 일을 겪고 있든 하나님은 당신의 큰 에이스 카드ace card다.

하지만 당신은 그분의 길을 가로막기 쉽다. 특히 당신이 두려움으로 행동할 때 그렇다.

그러므로 침착함을 유지하고, 차분하고, 긴장을 풀고, 강하게 버티라.

여기에 당신이 절망적인 상황의 한복판에 있을 때 어떻게 행하고 승리할지에 관한 레시피가 있다.

이 목록의 하나하나에 **자기 관리**self-care라는 표시를 붙일 수 있다.

나는 자기 계발 업계the self-help industry에서 **자기 관리**라는 말이 다르게 사용한다는 것을 아주 잘 안다. 그들에게 이 말은 자기애narcissism에 의해 추악한 방종을 변명하는 것으로 전락해버린 편리한 용어다.

"나와 내 친구 애쉴리는 프랑스 파리 산 한정판 거품 목욕용 비누를 3천 달러를 주고 샀습니다. 당신도 알다시피 자기 관리를 하려고. 그것 정말 중요하지요."

글쎄.

내가 이 말을 사용할 때, 자기 관리는 전부 당신의 정신적, 육체적, 영적인 건강에 관한 것이다. 그것은 생존하고, 번성하고, 다른 사람들을 돕는데 있어 절대적으로 중요한 것이다.

우리 자신이 먼저 산소마스크를 쓰지 않는 한 다른 사람들을 도울 수 없다는 것은 간단한 이치다. 성서가 다른 사람들을 우리 자신과 같이 사랑하라고 권하고 있음을 주목하라.[1]

이제 당신 자신에게 투자하여 당신에게 닥친 위기를 활용할 때가 왔다.

방법은 다음과 같다.

당신 주변을 청소하라. 당신의 아파트나 집을 청소하고 정리하라. 안팎을 모두. 지저분한 환경은 지저분한 마음을 의미한다. 문질러 닦고, 정리하다.

당신 자신을 깨끗하게 하라. 정기적으로 면도하고, 목욕하고, 솔질하라. 집에서 일하더라도 단정함을 유지하라. 기분이 나아질 것이다.

옷 잘 입어라. 옷을 잘 입으면 당당해지고 자신을 재개발하는 데 도움이 된다. 새 옷을 사는 것도 고려해보라.

밖으로 나가라. 햇빛sunshine이라는 옛 친구를 기억하는가? 지금이 그 친구와 다시 가까워질 때다.

규칙적으로 운동하라. 이렇게 하면 스트레스를 관리하고 당신의 전반적인 안녕well-being을 최적화하는 데 도움이 된다.

음식을 건강하게 먹어라. 여러 개의 팩을 묶어서 파는 아이스크림을 사서 먹고 싶은 충동에 저항하라. 불량식품junk food을 먹고 싶은 강박에 저항하라. 당신이 무엇을 먹고 있는지에 대한 인식을 높이려고 음식 저널food journal을 써보라. 이것이 당신을 집중하게 할 것이다. 체중을 측정하고 매주 허리둘레를 측정하여 건강한 범위를 유지하고 있는지 확인하라. 목표를 세우고 그것을 고수하라.

뭔가를 하라. 아무것이라도. 몸을 움직이라. 단순한 즐거움을 위해 뭔가를 해보라. 오. 그리고 치실을 사용하기 시작하라 – 드디어! J. P. 모건이 했다고 알려진 말이 있다. "어딘가에 도달하려는 첫 번째 단계는 지금 당신이 있는 곳에 머물지 않겠다고 결정하는 것이다." 당신의 신체적 움직임은 당신이 시련에서 벗어나 뭔가 더 나은 곳으로 나아간다는 신호sign가 될 것이다.

여행하라. 당신이 잠시 그늘에서 벗어날 시간이다. 이 모든 것이 어떻게 될지 궁금해하는 매일의 고뇌에서 벗어날 수 있도록 머리를 비우라. 새로운 환경과 새로운 사람들 주위에 있는 것은 당신의 원기를 돋우는, 영혼에 좋은 강장제다. 그것은 당신이 감정적으로 회복하는 데 도움이 될 것이다.

궁금해하고 배우라. 읽을거리를 찾아 읽고, 비디오를 보고, 음악을 듣고, 팟캐스트를 사용하라. 당신의 성경책을 닳게 하라. 교육과정을 수강하라. 당신의 마음을 펴라.

감사의 마음을 가지라. 지금은 악취가 나지 않는 삶의 부분에 초점을 맞추라. Suck*이라는 단어는 내 어휘에는 없지만, 악취가 난다는 단어로 대체할 수 있다. 둘 다 같은 뜻을 품는다.

당신 자신에 대해 당신이 어떻게 느끼는지를 다른 사람들이 좌지우지하도록 허용하지 말라. 어떤 사람들은 절대로 당신을 좋아하지 않을 것이다. 또 어떤 사람들은 당신을 완전히 거부할 것이다. 그래서 어쨌다는 것인가? 그것들을 내려놓아라. 다른 사람들은 당신에게 고마워하고 사랑할 것이다. 사람들이 그렇게 선택한다면 그들이 당신의 삶에서 벗어날 수 있는 여지를 주라. 당신을 아끼는 사람들과 시간을 보내라.

필요하다면, 내려놓아라.let go 복음서를 읽어보면, 예수님께서 어떤 사람들을 잃어버린 양이라고 여기시고 그들을 그분의 제자로 삼으시려고 찾으셨음을 알 수 있다.[2] 그러나 그들이 예수님을 거절하면 그분은 그들을 뒤쫓지 않으셨다. 그는 그들을 내려놓으셨다. 즉, 그들이 그들의 길을 가도록 놔두셨다는 말이다.[3] 당신도 이처럼 시작하라.

주님을 기다리라. 주님은 당신이 상상하는 것보다 훨씬 더 많은 일

---

*역자 주: 속어로 '더럽다'라는 뜻이다.

을 하실 수 있다.4 그러나 시간이 필요하므로 인내심을 배우라.

건설적인 결단을 내리라. 결단은 당신이 다음 단계를 결정할 때 지침이 될 희망과 힘의 사고방식을 채택하는 데 도움이 될 것이다. 내가 가장 혹독한 시련을 겪는 동안 결단했던 몇 가지 예를 소개한다.

- 나는 이 위기에서 그 어느 때보다 더 강하고, 더 차분하고, 더 사랑스럽게 나타날 것이다.

- 나는 내가 반응했던 방식에 대해 기뻐할 것이다.

- 내 정체성은 내 직업에서, 그리고 배우자, 부모, 가장 친한 친구 등의 역할에서 찾을 수 없다.

- 나는 나 자신의 새로운 버전, 즉 최고의 버전인 2.0 버전이 될 것이다.

- 나는 이 시련을 견디는 나를 지켜보는 사람들에게 긍정적인 롤모델이 될 것이다.

- 나는 나의 주님을 더 잘 알게 될 것이고, 그 어느 때보다 그분 더 가까이에 있을 것이다.

- 내가 기다리는 동안 나는 예수님께 의지하는 법을 배울 것이다.

당신은 선택권을 가진다. 그냥 누워서 죽거나, 아니면 굳건히 서서 바람에 기대어 나아가라.

직관에 반하는 것처럼 보일 수 있지만, 당신의 가치와 평안과 행복은 다른 사람들의 손에 달려 있지 않다는 것을 기억하라. 가족, 친구, 다른 누구든 상관없이.

다른 사람들이 당신에 대해 좋은 감정을 갖기 원한다면, 당신은 당신 자신에 대해 좋은 감정을 가져야 한다. 즉, 당신은 **당신 자신**을 구출하고자 하는 소원이 당신의 상황을 구출하려는 소원보다 더 큰 곳에 도달해야 한다.

-----

1. 막 12:31.
2. 눅 15:1-7.
3. 마 19:21-22; 요
4. 엡 3:20.

73. 이것을 중단하고, 저것을 시작하라

**우리가 자유로울 때 우리는 집착하던 것을 내려놓는다.
우리가 어떤 것을 즐길 수 있지만,
우리의 행복을 위해 그것을 필요로 하지는 않는다.
우리 자신의 외부에 있는 어떤 것이나
어떤 사람에 대한 의존도가 점진적으로 감소한다.**

데이비드 호킨스 David Hawkins

당신이 지금 연옥을 통과하는 것처럼 느낀다면, 희망을 잃지 말라.

다이아몬드를 캐려면 많은 양의 흙을 파내야 한다.

당신이 지금 겪고 있는 시련 중 무엇을 **중단**해야 하고, 무엇을 **시작**해야

하는지 그 목록을 여기에 소개한다. :

이것들을 행하지 말라(stop)

무엇이든지 개인적으로 받아들이지 말라.

매일 당신의 상황에 관련된 사람들의 온도를 측정하지 말라.

환경만 변하기를 원하지 말라. **당신 자신이 변화되라.**

무슨 성과를 내려고 안달하지 말라.

집요하게 추구하지 말라.

결과를 통제하려고 시도하지 말라.

너무 빨리 너무 많은 것을 기대하지 말라.

중심을 잃지 말라.

확실성certainty을 추구하지 말라.

다른 사람의 기분에 따라 좌우되는 희생자가 되거나 그들의 행위를 박해하는 사람이 되지 말라.

다른 사람들의 드라마에 휘말리지 말라.

"왜 나에게 이런 일이 벌어졌는가?"라고 질문하지 말라.

그 대신, "내가 이것에서 무엇을 배울 수 있는가?"라고 질문하라.

하나님을 포함해서 다른 사람들을 비난하지 말라. 애통해하는 것이 성서적이긴 하지만 즉, 하나님을 향해[to] 불평할 수는 있지만, 하나님에 **대해** 불평하는 것은 반역 행위다.[1]

당신의 고통을 통제하려고 노력하지 말라. 당신은 할 수 없다. 하지만 당신이 겪는 고통에 대해 당신이 어떻게 생각하는지는 당신이 통제할 수 있다.

그저 환경이 달라지기를 바라지 말라. 당신 자신이 달라지기를 바라면서 매일 그 작업을 수행하라.

단지 당신 자신, 당신의 필요, 그리고 당신의 시련에만 초점을 맞추지 말라.

다른 사람들의 필요를 채워주는 것에도 초점을 맞추라.

당신의 부정적인 감정을 억누르지 말라. 감정을 억누르면 오로지 트라우마trauma만 악화하고 감염될 뿐이다. 중요한 것은 부정적인 감정을 제거하는 것이 아니라 그것을 잘 사용하는 것이다.

당신의 실수에 대해 당신 자신을 학대하지 말라. 죄책감은 역효과를 낳는다. 우리는 누구나 죽은 개미 정도의 감각밖에 없을 때가 있기에 실수를 한다. 이 클럽에 온 것을 환영한다.

서두르지 말라. 우리가 서두르면 실수를 한다.

당신이 미래를 알아야 한다고 생각하지 말라. 당신은 알지 못한다.

당신의 행한 일에 대해 즉각적인 결과를 기대하지 말라.

당신의 머릿속에 있는 이야기가 당신을 지배하도록 허용하지 말라. 이것은 당신의 지뢰에 의해 높이 올려지는 지름길이다. 이것은 셰익스피어의 표현으로써, 당신 자신의 폭탄이 당신을 폭파한다는 뜻이다.

특정한 결과를 내려면 계산된 말과 행동을 하지 말라.

불안에 굴복하지 말라. 당신의 불안의 에너지는 다른 사람들을 당신의 삶에서 정통으로 끌어낼 것이다. 당신 자신에 만족하고 안식하는 법을 터득하라.

조건 없는 사랑과 동떨어진 위치에서 무엇을 말하거나, 쓰거나, 행동하지 말라. 당신의 에너지가 침착하고, 당당하고, 결과와 따로 노는 한 당신의 가치와 신념에 따라 행동하지 않을 이유가 없다. 하지만 조심스럽게, 그리고 현명하게 행하라.

다른 사람들을 심문하지 말라. 너무 많은 질문을 하면 압박감이 생기고 사람들은 도망치고 싶어한다.

조바심내지 말라.

비관하지 말라.

당신의 기분을 좌우하려고 외부로부터 와서 당신의 자제력을 잃게 하는 그 무엇도 허용하지 말라.

다른 사람들의 인정과 수용에 자존감을 두지 말라.

극단적인 사고 패턴obsessive thought patterns을 허용하지 말라.

당신의 생각을 남outsider이라고 여기라. 당신은 그 패턴을 믿거나, 그것에 반응하거나, 그것에 응답할 필요가 없다.

다른 사람들의 기분, 행동, 그리고 당신의 안녕에 영향을 주는 말을 허용하지 말라.

당신의 부정적인 생각을 믿지 말라. 그 생각에 도전하고 없애 버리라.

너무 꽉 붙잡지 말라. 당신이 잡은 손을 느슨하게 하라.

당신의 진보를 방해하고 하나님께서 하시고자 하는 것을 질식시키는 불안정한 감각을 허용하지 말라.

분노를 수용하지 말라.

당신 자신에 대해 당신이 어떻게 느끼는지에 영향을 주는 권한을 누구에게도 주지 말라.

긴장의 에너지를 발산하지 말라. 당신 자신에게 이렇게 말하라. :

"나는 내가 괜찮다는 것을 알고 아주 잘 안다."

다른 사람을 당신의 행복의 근원으로 삼지 말라.

지금 당장 벌어지고 있는 일이 당신 이야기의 끝이라고 믿지 말라.

당신의 머릿속에서 최악의 시나리오를 재생시키지 말라.

과잉 반응을 하지 말라.

지나친 생각을 하지 말라.

당신 자신을 부끄럽게 생각하지 말라.

다른 사람들에게 기대를 걸고 요구하지 말라.

이것들을 행하기 시작하라(Start)

당신이 처한 상황에서 당신이 해야 할 부분의 책임을 지기 시작하라.

다른 사람의 마음에 있는 것에서 방향을 바꾸어 자신의 차선을 유지하기 시작하라.

당신의 초점을 하나님과의 친밀함으로 옮기기 시작하라.

당신이 바꿀 수 없는 것을 받아들이기 시작하라. 그냥 순리에 맡겨라.

걸음마 단계라도 앞으로 나아가기 시작하라.

당신의 에너지를 바꾸기 시작하라.

매일 아침 식사로 간과 양파를 먹기 시작하라. 아니, 이건 잊어버리라.

이것은 당신이 여전히 주의를 기울이고 있는지를 보려고 그냥 확인해본 것이다.

당신을 사랑하고, 당신에게 감사하고, 당신 그대로의 모습을 받아들이는 사람들에게 둘러싸이기 시작하라.

당신 인생의 새로운 의미를 구축하기 시작하라.

적극적으로 당신 인생의 개인 목록personal inventory을 작성하기 시작하라. 이 어려운 시기에 변화되어야 할 사항을 기록하고, 그것들을 매일 실행에 옮기라.

자기 인식 기술the art of being self-aware을 터득하기 시작하라. 조직 심리학자 타샤 유리크는 다음과 같이 옳게 말했다. "자기 인식은 21세기의 차원 높은 기술이다." 즉, "오늘날의 세상에서 성공하려면 가장 중요한 자질감성 지능, 공감 능력, 영향력, 설득력, 의사소통 및 협력과 같은 것들은 모두 자기 인식에서 비롯한다."[2]

당신의 머리 밖으로 나와서 현재의 순간에 머무르는 작업을 시작하라.

이 시련이 당신을 향해to 일어나는 것이 아니라는 것을 깨닫기 시작하라.

그것은 당신을 위해for 일어나는 것이다. 그것이 일어난 것은 당신을 파멸시키려 함이 아니라 당신을 발전시키기 위함이다.

다른 사람들에게 공간을 제공하기 시작하라.

다른 사람들에게 연민, 만족, 내적 안녕의 에너지를 날라주기 시작하라.

공감을 실천하기 시작하라.

현재 상황을 받아들이기 시작하라.

당신이 다른 사람을 통제할 수 없음을 받아들이기 시작하라. 이 통제할 수 없는 것에 그들이 생각하고 느끼는 것도 포함한다.

존중과 이해를 전달하기 시작하라.

당당하고, 침착하고, 일관되고, 논쟁의 여지가 없는 자세를 갖기 시작하라.

물러서서 정착하기 시작하라.

다른 사람, 특히 당신과 가장 가까운 사람들의 행동, 느낌, 말과 관계없이 당신 자신의 내면에 있는 나침반과 연결하기 시작하라.

카누에 다른 사람들을 초대하기 시작하라. 하지만 생존을 위해서 그들이 거기에 필요한 것은 아니라는 사실을 알라.

전진을 위한 리트머스 테스트로써 당신 자신의 내적 안녕의 감각을 사용하기 시작하라.

당신이 원하고 또 그 일이 일어나야 한다고 생각하는 모든 것을 공개하기 시작하라. 그리고 다른 사람들을 있는 그대로 철저하게 받아들이라.

자랑스럽게 기억할 수 있는 방식으로 행동하기 시작하라. 당신은 뒤를 돌아보고 이렇게 말할 수 있게 되기를 원할 것이다. "내가 그것을 받아들였고, 그것은 나의 기대를 저버리지 않았다."

미래에는 상황이 달라질 것을 깨닫기 시작하라.

최종적인 결과에서 당신 자신을 분리하기 시작하라.

적극적으로 듣기 시작하라. 이것은 사람이 가질 수 있는 가장 중요한 기술 중 하나다.

당신의 새로운 틀과 새로운 차선에서 긴장을 풀기 시작하라.

당신이 정말 좋아하는 사람, 바로 그 사람이 되는 데에 집중하기 시작하

라. 당신 자신이 불행하면 다른 사람들도 불행하게 만든다.

당신이 실제로 통제할 수 있는 미래에 관한 이야기로 희망의 힘을 조종하기 시작하라.

밧줄을 내려놓기 시작하라. 밀물이 빠지면서 배가 바다로 떠내려가는 것을 지켜보라. 당신의 내적 상태가 풍요롭고 평안하다면 당신의 외적인 삶의 모든 것도 그것을 뒤따를 것이다.

당신이 가진 모든 것이 지금, 이 순간임을 깨닫기 시작하라. 당신 앞에 놓인 옳은 것을 다루라. 지금 당장 당신의 마음이 큰 위협이다.

침착하고 당당하게 살기 시작하라. 다른 사람들은 당신이 침착함으로 그들과 함께 있어 주는 것과 당신의 꾸준한 사랑을 필요로 한다. 당신이 지금 대응하고 행동하는 방식이 뒤따르는 모든 것에 대한 분위기를 설정할 것이다.

복된 초연함blessed detachment을 적용하기 시작하라.

다른 사람들이 스스로 실수하도록 놔두기 시작하라.

저널을 쓰기 시작하라. 당신의 고통, 두려움, 투쟁struggles에 대해 기록하라. 또한, 당신이 시련을 통해 배우게 된 교훈을 꼭 포함하라.

다른 사람들을 붙잡고 있는 당신의 죽음의 손을 내려놓기 시작하라.

당신이 붙잡고 싶은 것은 오직 하나님과 그분의 약속밖에 없다.

당신 자신의 가치를 인식하기 시작하라.

당신의 가장 큰 위협이 당신이라는 사실을 받아들이기 시작하라.

당신의 불안정함과 이전의 생각 패턴 같은 위협을 포함해서.

결핍이 아니라 풍요의 사고방식을 유지하기 시작하라.

다른 사람을 구조하고, 고치고 또는 구해야 할 필요성을 억제하기 시작하라. 그들이 기능 장애가 되고, 독해지고, 무책임하고, 비합리적이고, 회피적이고, 비합리적이고, 공격적이고, 또는 어려운 사람이 되지 않도록 당신이 나서야 한다는 필요성을 말한다.

당신의 인생을 되찾기 시작하라. 당신 자신의 탱크에 연료를 공급하라.

당신의 영혼에 덕을 세우라.

촉발 요인을 식별하고 그 촉발 요인자극과 반응 사이의 시간을 늘리기 위해 자신을 훈련하기 시작하라. 이것은 꾸준한 연습이 필요하다.

당신의 마음 안에서 긴장이 풀린 상태에 의해 평온하게 정제된 당신의 힘과 인내를 다른 사람들이 느끼도록 허용하기 시작하라.

불확실성uncertainty에 익숙해지기 시작하라.

말을 적게 하기 시작하라.

침착하게 대응하고 주어진 순간에 꼭 필요한 일만 하기 시작하라.

이런 식으로 행동하면 당신은 환경이 바뀌는 것을 알아차리기 시작할 것이다.

더 나은 미래를 구축하기 시작하라.

침착하고, 신중하고, 자기를 인식하고, 자제력이 있는 사람이 되기 시작하라. 무엇을 하든지 내적 평안, 안정감, 만족의 길을 아는 그런 사람.

당신의 일

절대적인 침착함, 명료함, 당당함의 상태에 도달하려면 당신 외부의 그 어떤 것도 당신을 완성할 힘이 없다는 사실을 꽉 붙잡아야 한다.

당신이 예수 그리스도의 진정한 제자라면, 하나님은 당신의 외부에 계시지 않는다. 그분은 성령에 의해 당신 안에 거주하신다.

필요하다면, 처음부터 시작하기에 충분할 만큼 용기를 내라.

백지상태에서, 이제 당신이 원하는 방식으로 자신을 되돌릴 기회가 당신에게 있다.

당신이 지금 겪고 있는 시련은 당신 자신에게 당신이 뭔가를 해야 할 절호의 기회다. 당신이 누구이며, 어떤 사람이 되고 싶으며, 인생에서 무엇을 원하며, 어디로 가는지를 분명히 해야 할 기회.

이것이 바로 당신이 당신의 인생의 운전석으로 되돌아가는 방법이다. 그리고 목적지가 아닌 여정을 위해 살기 시작하라.

지금이 시작할 가장 좋은 시간이다.

-----

1. 이렇게 구분하는 법을 나에게 알려준 Rick Warren에게 공을 돌린다.
2. Tasha Eurich, *Insight: How Small Gains in Self-Awareness Can Help You Win Big at Work and in Life* (New York: Currency, 2017), 2018), 5.

74. 나 자신에게 쓰는 메모 나의 저널에서 발췌한 것들

길이 쉬우면, 당신이 잘못된 길을 가고 있을 확률이 높다.

테리 굿킨드 Terry Goodkind

내 인생에서 겪은 시련을 통해, 나는 어떻게 섭씨 5000도가 넘는 오븐 안에서 타지 않고 앉을 수 있는지를 배웠다. 내가 이 책에서 공유하고 있는 원리는 나 자신의 생존과 변화에 필수적인 열쇠다.

아래에 소개하는 것들은 내 개인적인 저널 일부분이다. 시편에서 힌트를 얻어 나는 다양한 시련을 견디며 나 자신에게 말했다. 아래의 구절들은 시편 기자가 자기 자신의 영혼에 한 말이다.

> 내 영혼아 네가 어찌하여 낙심하며 어찌하여 내 속에서 불안해 하는가 너는 하나님께 소망을 두라 그가 나타나 도우심으로 말미암아 내 하나님을 여전히 찬송하리로다. 시 43:5

> 내 영혼아 여호와를 송축하라 내 속에 있는 것들아 다 그의 거룩한 이름을 송축하라 내 영혼아 여호와를 송축하며 그의 모든 은택을 잊지 말지어다. 시 103:1-2

내 저널에서 발췌한 것들을 공유하면서 내가 바라는 것은, 당신이 당신 자신의 개인적인 폭풍우 속에서 통찰력을 얻고 격려를 받는 것이다.

* * * * * *

주님은 무슨 일이 벌어지고 있는지를 아신다. 벌어지고 있는 일은 궁극적으로 그분의 돌보심 아래에 있다. 그것이 지금 당장 어떤 모습인지 또는 어떻게 느껴지는지는 상관없다.

나는 내 인생의 지금, 이 계절에 벌어지고 있는 일을 영화라고 상상해본다. 내가 주인공이고, 감독은 성령이시다. 그리고 그분이 대본 전체를 쓰셨다.

나는 줄거리가 어떻게 끝날지 모른다. 하지만 나는 하나님께서 이 대하드라마에 긍정적인 결말을 주실 것을 알고 기대하며 지켜볼 것이다.

긴장을 늦출 수 없는 드라마처럼 아슬아슬한 순간과 불안한 장면이 많을 것이다. 그러나 나는 각각의 빈약한 분기점에서 주님이 어쨌든 나타나실 것을 기대할 수 있다.

결과는 어떤 한 개인에 의존하지 않는다. 나에게는 모든 산을 왁스같이 녹이시는시 97:5 하나님이 계신다. 그분은 인간의 마음에도 똑같이 하실 수 있다.

나의 고뇌 속에서, 나는 변하지 않는 다섯 가지 사실을 기억할 것이다.

하나님은 선하시다.
하나님은 그분의 약속에 충실하시다.
하나님은 나를 변화시키기 원하신다.
하나님은 나의 상황을 바꾸실 능력을 갖추고 계신다.

하나님은 나를 돌보신다.

주님은 결코 나의 기도에 귀를 막지 않으실 것이다. 그분은 부지런히 그
분을 찾는 자들에게 상을 주실 것이라고 약속하셨다히 11:6. 그리고 나는 매
일 그분을 부지런히 찾는다.

나는 밤에 잠자리에 들기 전에 TV 프로그램이나 영화를 보곤 했다. 하지
만 더는 그렇게 하지 않는다. 왜냐하면, 내가 그렇게 할 때 곧 흥미를 잃기
때문이다.

나는 책과 글들을 읽고, 교육용 비디오를 보고, 기도하고, 성서를 읽는
다. 지금, 이 계절에 내가 보고, 또다시 볼 수 있는 유일한 영화는 「그라운드
호그 데이」Groundhog Day」다. *

나는 나 자신을 최적화하는 이 일에 내가 가진 모든 것여기에 50g 정도 더 얹어
서을 투자한다.

주님은 나의 이야기를 기록하고 계신다. 그분은 소매를 걷어 올리시고,
위대한 예술가처럼 나의 이야기를 우아하고, 아름답고, 매력적으로 만드실
것이다. 그리고 그분이 모든 영광을 받으실 것이다.

그 이야기가 내가 원하거나 기대하는 것이 아닐 수도 있지만, 좋은 것이
어야 한다. 왜냐하면, 하나님은 그분의 말씀에서 이것을 약속하셨기 때문

---

* 역자 주: 이 영화는 한국에서는 「사랑의 블랙홀」이라는 제목으로 상영되었는데, 이 영
화의 원제목인 「Groundhog Day」는 한국의 '경칩'에 해당하는 미국과 캐나다에 있는
날을 뜻한다. 이날은 Groundhog라는 동물이 땅에서 나온 것을 보고 겨울이 얼마나 남
았는지를 가늠하는 날이다. 이 제목을 단 영화는 Groundhog Day 행사를 취재하러 시
골 마을로 간 주인공이 잠을 자고 일어나도 그다음 날 다시 Groundhog Day가 시작되
고, 그 다음 날도 또 Groundhog Day가 반복되는 신비한 상황을 맞는다는 내용인데, 저
자 프랭크 바이올라가 매일 똑같은 겨울과 같은 날이 반복되는 자신의 삶을 이렇게 표
현한 것이다.

이다.

내 싸움은 예견되어 있다. 나는 투쟁에 나 자신을 던졌다. 나는 역경에 기댄다. 나는 고난과 화평을 이루었다. 시련과 환난은 예외적이고 탁월한 삶을 살고자 치러야 할 대가다.

나는 실패를 통해 진보를, 실수를 통해 지혜를 추구할 것이다. 나는 하나님께서 가까이 계심을 안다. 그분은 뭔가 위대한 것을 위해 나를 정제하시고, 깨끗하게 하시고, 정화하시고, 세우시려고 어려움을 사용하고 계신다.

이것은 믿음의 테스트다. 내가 할 일은 굳게 서 있는 것이다. 내가 하나님의 사람이 되기 위하여.

> 사람의 선물은 그의 길을 넓게 하며 또 존귀한 자 앞으로 그를 인도하느니라. 잠 18:16

나는 내 마음을 향해 이렇게 말하겠다. "네가 무엇을 보든지, 듣든지, 느끼든지, 포기하거나 낙심하지 말라. 하나님이 이것을 다 해결하신다!"

인간의 마음은 그가 초점을 맞추는 곳으로 간다. 나는 지금, 이 순간 내 삶의 무너지지 않는 영역에 초점을 맞춘다.

"그냥 매달리고hang on… 그냥 내려놓아라let go." 이 말은 나의 음식이고 나의 음료다.

나는 무슨 일이 일어나게 하려고 노력하지 않을 것이다. 나는 나 자신의 외부에 있는 무엇을 바꾸려는 시도에서 손을 내려놓았다.

나는 나의 기쁨이나 안녕을 위해 다른 어떤 것도 의존하지 않는다. 나는 내가 가지고 있지 않은 것에 초점을 맞추지 않을 것이다. 나는 내가 가지고 있는 것에 초점을 맞출 것이다.

나는 밧줄을 내려놓았다.

하나님은 내가 그 어느 때보다 더 깊은 수준에서 하나님 나라의 복음을 살아내고 있는 영역 안에 나를 두셨다.

각각의 새로운 경험은 지음을 받은 그대로의 내가 되도록 금속과 같은 나를 단단하게 해준다. 내가 다른 쪽 신발이 떨어지기를 기다리며 자동 조종 장치autopilot로 살아가는 동안, 성령님은 내 안에서 심오한 일을 하고 계신다.

지금, 이 순간, T. 오스틴 스팍스가 한 말이 딱 들어맞는다.

당신은 십자가가 당신의 삶에 적용되어 당신이 깨지고, 비워지고, 가루가 될 정도로 충분히 준비되어 있어야 한다. 그렇게 함으로써 주님이 뭔가 하시지 않으면 당신은 끝장나는 곳으로 인도될 것이다. 당신이 그렇게 준비한다면 당신은 주님을 알게 될 것이다. 이것이 유일한 방법이다. 그것이 연설이나 강의 때문에 될 수 없다. 그것들은 그 가치를 갖고 있지만, 당신은 그 선에서 영적으로 주님을 알지 못한다…
그러므로 당신이 아주 공허하고, 철저히 끝장났고, 맨 끝에 있다고 느낄 때 두려워하지 말라. 이것이 진정으로 주님 십자가의 역사라면 그것이 그분이 당신을 위해 의도하시는 일 안에서 잘되도록 주님께 간구하라. 그리고 그것이 잘 된다면, 당신은 이전보다 더 높은 위치에 있게 될 것이다.[1]

그리고 아래의 내용도 마찬가지다.:

나는 그것이 크게 쓰임 받은, 복된 하나님의 종들 대부분이 끔찍한 시간을 보내면서 경험한 것임을 안다. 영적으로 그들은, 주님이… 실제로 곁에 서서 주관하시고 그들을 꿰뚫어 보지 않으신다면 그들의 오랜 영적 경험까지도 끝장나는 그런 곳에 이르게 되었다. 주님이 새로운 방식으로 오시지 않는 한 과거의 모든 것은 설 땅이 없다. 많은 사람에게 그렇지 않은가? 그렇다. 이것이 그분이 하고 계시는 일이다. 그분은 두 인류의 토대에서 역사하고 계시는데, 하나는 본성적으로 존재하는 우리이고, 다른 하나는 그리스도 안에 있는 우리다. 그러므로 이 시간에 우리가 주목해야 할 것은 무엇보다 먼저 사람을 바라보는 것이다. 바로 그 사람The Man을 바라보는 것이다.2

최근에, 내 친구 하나가 다음과 같은 말로 나를 격려해주었다.

그들의 말과 행동또는 행동하지 않음에 대한 내 생각이 내가 고통을 느끼도록 내 마음속에 어떤 의미가 있도록 허용하지 않는 한 아무도 나를 해칠 수 없습니다. 공감은 이것을 돕는 아주 좋은 방법입니다. 그것은 거의 개인적으로 받아들이지 않고, 결과적으로 감정이 상하지 않도록 도와줍니다.

다른 친구도 다음과 같은 메시지를 나에게 보냈다.

하나님께서 비록 겉으로 보기에는 다른 사람을 위해 당신의 목숨을 버리라고 당신에게 요구하시는 것 같아도일종의 보조 목자로서, 그분은 모든 세부 사항을 아시고, 또한 당신의 유익과 당신과 관련된 모든 사람의 유익, 그리고 그분의 영광을 위해 모든 것글자 그대로 모든 것이 합력하

여 선을 이루도록 무엇을 계획하시고 행하시는지를 알고 계십니다. 그
들은 오직 예수님께서 알고 계신 그분이 하실 수 있는 방식으로 예수
님의 실재를 볼 필요가 있을지도 모릅니다… 당신이 직면하고 있는 것
이 무엇이든지, 그분은 당신을 통과시키실 수 있습니다. 때때로 우리는
아무것도 하지 않고 그분이 그분의 완전한 일을 하시도록 해야 합니
다. 이것은 '성도들의 인내'를 요구합니다. 나도 마리아가 혼인 잔치에
서 하인들에게 한 말을 하고 싶습니다. 그분이 '너희에게 무슨 말씀을
하시든지 그대로 하라.' 그리고 그들이 그것을 했을 때 그들은 '아귀까
지' 채웠고, 기적이 일어났습니다. 우리에게 기적이 필요하지만, 예수님
과 함께할 때 기적을 기대할 수 있습니다. 그렇지 않습니까? 한동안은
상황이 더 나빠 보이더라도 말입니다.

수고하고 무거운 짐 진 자들아 다 내게로 오라 내가 너희를 쉬게 하리
라. 마 11:28

너는 여호와를 기다릴지어다. 시 27:14

내가 주님께 집중하지 않고 보고 듣는 것에 초점을 맞추고 있을 때, 또 다
른 친구가 이 짧은 쪽지를 보냈다.:

적군은 종종 패배한 전투에서 최후의 모욕을 가하는 것처럼 보입니다.
버티십시오. 그러면 성벽이 무너질 것입니다. 왜냐하면, 그분은 강하시기
때문입니다!

내 친구들과 그들이 성령의 감동으로 나에게 들려준 말이 정말 고맙기
짝이 없다. 그들이 없었으면, 내가 이 폭풍우를 통과할 수 없었을 것으로 생
각한다.

-----

1. T. Austin-Sparks, *Prophetic Ministry* (Shippensburg, PA: Destiny Image, 2000), 56, 58.

2. T. Austin-Sparks,*The Great Transition from One Humanity to Another*, Originally published by A Witness and Testimony magazine (1968). This version is from a pamphlet published by Emmanuel Church, Tulsa, OK.

75. 조각들은 살아있다

우리는 그리스도께 항복할 때 이 똑같은 의지를 드리고자 힘써야 한다.
우리는 영혼을 풀어주고 이완시켜야 줘야 한다.
이것이 바로 믿음과 신뢰가 뜻하는 바다.

프랭크 로박 Frank Laubach

위기는 사람의 생명을 앗아갈 수 있다. 만일 당신이 지금 불 속에 있다면, "왜?" 그리고 "어떻게?"라는 질문이 피구를 할 때의 상대편처럼 당신을 향해 공격을 퍼붓는다. 그것은 체스chess를 두는 것과 같지만 체스판chess board에서 추격당하는 사람은 당신이다.

당신은 어디로 향해야 할지 모른다. 당신은 혼란스럽고, 지치고, 바닥에 내리쳐졌다고 느낀다.

나는 탑의 꼭대기가 아니라 참호에서 글을 쓴다. 당신의 인생은 무너지고 있고, 나는 내가 배운 것, 즉 나 자신의 생생한 악몽nightmares [아니, 더 정확히 말하자면, 생시에 겪는 끔찍한 **체험**daymares]에 효과가 있었던 원리들을 당신과 공유하고자 한다.

이 힘들게 얻은 교훈은 나 자신의 엄청난 고통과 싸움을 하여 느낀 것이다.

지금부터 이 책의 나머지 부분을 통해 나는 당신에게 높은 수준의 코치coaching를 제공하기 원한다. 내가 아래의 내용을 전화로 또는 커피 한 잔을 마시며 당신과 공유한다고 상상해보라.

나는 당신이 겪고 있는 일 중 적어도 일부는 이해한다. 왜냐하면, 내 인생이 가장자리에서부터 무너지고 있을 때 불확실한 영역에 내 눈이 멀어 있었기 때문이다. 나는 당신이 내가 하는 말의 의미를 알 것으로 생각한다. 당신은 당신의 감정 안에서 무자비하고 칼로 찌르는 듯한 날카로운 고통을 견디느라고 잠을 잘 수 없다.

만일 당신의 위기가 다른 사람들과 관련되어 있다면, 당신은 체스판chess board 위의 모든 기물chess pieces이 살아 있어 그것들 자체의 자유 의지 때문에 움직이는 체스 게임을 둔다.

당신은 그 기물들이 다시 상아ivory로 변하기를 간절히 원하지만, 그것들은 그렇게 하지 않을 것이다.

그것을 이런 식으로 생각해보라. 당신의 인생은 퍼즐puzzle이었다. 절대 완전하지는 않지만 아무도 손대지 않은 원래 그대로였다.

그러다가 하루는 큰 망치가 그 퍼즐을 강타했고, 그림은 산산조각이 나서 이리저리 흩어져버렸다.

일어난 일은 당신의 희망과 꿈에 사망 선고를 내렸다.

당신의 임무는 그 퍼즐을 전부 원래대로 복구하는 일이다. 그러나 잠깐, 하나님은 그림이 다시 조립될 때 완전히 다르게 보이도록 정하셨다. 그리고 그것은 훨씬 더 좋아 보일 것이다.

당신 앞에는 두 가지의 주요 임무가 있다.

1. 당신은 새 그림을 볼 수 없을지라도 주님은 그것을 보신다는 것을 신뢰하라.

2. 주님께서 각 조각의 모양을 만드시고, 틀을 잡으시고, 퍼즐을 한 번에 한 조각씩 재조립하는 방법을 당신에게 가르쳐 주시도록 하라.

당신의 인생이 끝난 것처럼 느껴질지라도, 당신에겐 미래가 있고 또 새롭게 출발할 기회가 있다.

당신은 벗어나기를 원한다. 당신은 고통이 끝나기를 원한다. 사실, 당신은 고통에서 벗어나고자 무엇이든 할 것이다.

그러나 당신이 더 큰 손해를 끼치지 않고는 결코 그 바다를 가르지 못할 것이다. 이것이 바로 당신이 무엇을 고치려고 하는 당신의 타고난 충동을 내려놓아야 할 지점이다. 문제를 해결하는 것은 주님만이, 오직 주님만이 주관할 수 있는 영역이다.

당신이 겪고 있는 폭풍은 하나님을 놀라게 하지 않는다. 그것은 당신을 변화시키고자 설계된 것이다. 왜냐하면, 잔잔한 바다에서는 선원을 만들 수 없기 때문이다.

처한 상황에도 불구하고 침착하고, 당당하고, 만족하는 법을 배울 때 모든 것이 제자리에 놓일 것이다.

그러므로 사람들이 당신에게 한 말이나 행동에 과잉 반응하지 말라.

당신은 새로운 존재 방식을 채택했다. 오늘이 당신의 훈련 날이다.

당신은 당신을 위한 2.0 버전이 되고자 스스로 노력한다. 다른 누구를 위해서가 아니다. 당신은 또한 주목을 받거나 특정한 결과를 얻고자 함이 아니라, 하나님을 위해 그것을 하는 것이다.

당신은 당신이 하는 일이 효과가 있는지 없는지 확인하고자 어깨너머로 보고 있지 않다. 당신은 자신을 자제한다. 이것은 마지막 게임의 일부다.

달리 말하자면, 당신은 그냥 당신의 환경이 변하기를 바라지 않는다.

당신이 변화 그 자체다.

그리고 변화가 당신 안에서 일어날 때, 당신의 주변 환경도 변화될 것이다.

그러므로 당신의 에너지를 바꾸기 시작하라. 퓨마를 상기하라. 이것이 바로 다시 조립될 때 보이는 새로운 퍼즐의 모습이다.

당신은 바로 지금 주님께서 지정하신 지옥 같은 교착 상태 안에 있다. 그러므로 길게 잡고 보라.

이것은 단거리 경주가 아니고 마라톤이다.

불안을 내려놓고, 당신이 지금 상황을 해결해야 한다는 느낌도 내려놓아라.

당신이 볼 수 있는 것보다 뭔가 한참 더 큰 일이 일어난다.

76. 견뎌내라

열린 귀는 열린 마음의 유일하게 믿을 만한 표시다.

데이비드 옥스버거 David Augsburger

회복력resilience은 하나님과 친밀하게 동행하는 사람들의 구별되는 특징 중 하나다.

회복력은 되돌아오는 능력이다. 고통에 직면해서도 계속 앞으로 나아가는 능력. 레몬을 레몬 소베sorbet로 바꾸는 능력. 회복력은 견뎌내는 능력이다.

바로 지금 당신이 초점을 맞춰야 하는 큰 부분은 심리적 회복력을 구축하는 것이다. 그렇게 하라, 그러면 아무도 당신을 멈추게 할 수 없을 것이다.

폭풍을 뚫고 싸워나가라. 앞 유리의 와이퍼를 더 세게 작동시키고 계속 운전하라.

동시에, 브레이크 위에 가볍게 발을 올려놓고 밟는 법을 터득하라. 머리를 써서 지뢰를 탐지하라.

천천히 움직이도록 연습해라. 왜냐하면, 움직임 하나하나가 중요하기 때문이다.

미래에 대해 지레 겁먹지 말라. 파도 앞에서 먼저 노를 젓기 시작하는 것은 현명하지 않다. 우리가 걱정하는 대부분의 일은 절대 일어나지 않는다는 것을 기억하라.

당신의 인생 안에서 다른 사람들이 무엇을 하든지 간에, 하나님의 계획 안에서 당신의 역할은 당신이 될 수 있는 최고의 사람이 되는 것이다.

좁은 시야tunnel vision의 함정에서 벗어나라. 당신의 시력을 개선하라. 인생에서의 당신의 사명과 목적에 집중함으로써 숨겨진 위험을 피하라. 당신이 통제할 수 있는 것에 초점을 맞추라. 당신 자신과 당신의 행동 같은 것.

당신의 존재에 대한 이유, 임무, 더 깊은 목적을 찾아라.

당신의 시련으로 이어진 상처는 너무 심해서 아스피린이나 반창고로는 치료할 수 없다.

당신은 바닥에 구멍이 있는 컵을 채울 수 없다. 당신의 임무는 두려움과 불안과 불안정의 구멍을 막고, 차분하고 당당한 명확성의 일관된 에너지를 받아들이는 것이다.

이것은 당신이 나선형으로 곤두박질하는 상태에서 벗어나 당신의 더 높은 목적과 연결되도록 해줄 것이다.

지금, 이 순간, 참는 것은 몹시 고통스럽다. 나는 이해한다.

하지만 당신은 자제할 수 있다. 그리고 당신은 새로운 인생과 새로운 운명을 창조할 수 있다.

다른 사람들에게 기대를 걸지 않는 그런 사람이 돼라.

책임을 지고, 퓨마 에너지의 사고방식을 유지하며, 타협할 수 없는 당신의 가치를 간직하라.

반응하는 것이 당신의 습관이라면, 당신이 부정적인 에너지를 발산해서 그것이 다른 사람들을 밀어낼 것이다. 압력을 방출하는 법을 배우라.

당신이 규정된 결과에 초점을 맞추면 참을성이 없어지고 짜증이 날 것이다. 당신이 두려움이나 불안에 반응할 때마다 그것은 당신의 얼굴에서 폭발할 것이다.

반응하는react 것이 아니라 **응답하는**respond 법을 배우라. 자극과 응답 사이에서 멈추는 것을 연습하라.

당신의 관계는 오직 당신 안에서 뭔가 변화될 때만 변화될 것이다.

당신은 이전의 삶을 원하지 않는다. 당신은 새로운 삶을 원한다. 아마도 그것은 같은 사람들이지만 새로운 관계와 새로운 에너지를 가진 그런 사람들과 함께하는 삶일 것이다.

희망을 품어라. 바위가 돼라. 이 위기를 그리스도께 더 가까이 다가가는 기회로 삼아라. 당신이 그렇게 할 때 성령님은 당신이 하나님을 더 깊이 알도록 돕기 위해 당신의 고통을 미끄러지는 길로 사용하실 것이다.

프랭크 로박은 이렇게 피력했다. "최고의 선은 하나님을 알고 그분과 교제하는 것이기 때문에, 하나님은 완전한 교제보다 낮은 모든 조건 뒤에 고통을 부으셔서, 궁극적으로 고통이 우리를 그분의 품으로 인도할 수 있게 하신다."[1]

-----

1. Laubach, *You Are My Friends*, 113.

77. 당신 스스로 노력하라

당신이 그리스도를 찾을 수 없을 때 다른 사람에게 그리스도를 드러내라. 그러면 당신이 바라는 그리스도를 모두 갖게 될 것이다.

캘빈 밀러 Calvin Miller

당신 스스로 노력하라. 이 말의 뜻은 이것이다. 당신의 마음, 의지, 감정, 그리고 몸을 2.0 버전으로 업그레이드하고자 노력하라.

이 작업의 비결은 그것이 전술이나 전략에 관한 것이 아니라는 데에 있다. 그것은 당신의 생각 안에서 일어나야 할 사고방식의 전환a paradigm shift에 관한 것이다.

이 전환은 신선한 존재 방식과 함께 새로운 행동, 느낌, 그리고 행동을 낳는다.

그것은 과거의 실수에 대해 자신을 학대하고 죄책감과 수치심에 빠지는 대신에 하나님의 용서를 받는 것을 포함한다.

내가 아무리 인용해도 지치지 않는 프랭크 로박은 이렇게 피력했다.

수많은 사람이 과거를 떨쳐 버릴 수 없으므로 그리스도에게서 멀어진다. 그러나 이것이 바로 십자가가 의미하는 바다. 십자가 위의 예수님은 그들의 과거를 떨쳐 버리셨다. 과거는 주님이 현재에 우리를 사용

하시는 것을 막지 못한다… 우리가 돌이켜 하나님께서 현재를 가지시
도록 한다면, 그분은 현재와 미래를 승리로 장식하실 수 있다.[1]

당신이 이 새로운 부류의 존재 방식을 실천함에 따라 그것은 당신에게
제2의 본성이 될 것이다. 당신의 선택은 새로운 마음가짐에서 나오게 될 것
이다.

이것에 대해 분명히 하라. 자신의 필요를 충족시키고자 다른 사람들에게
의존하는 사람들은 매력적이거나 신용이 가지 않는다. 당신 자신과 하나님
안에서 안전해지는 것에 관한 내면의 게임에 노력하라.

당신이 당신 자신의 최고의 버전이 되기 시작할 때, 당신은 당신의 관계
를 재창조할 수 있는 최고의 기회를 얻은 것이다.

그러나 당신에게 경고하겠다. 변화는 시간이 필요하다. 그것은 새로운
생각 패턴과 새로운 습관을 시종일관 연습할 것을 요구한다.

당신이 되어가고 있는 사람, 즉 침착하고, 당당하고, 공감하고, 일관성
있는 사람은 하나님께서 그렇게 되라고 만드신 당신이다.

이 새로운 마음가짐은 또한 예수님의 에너지와 같은 새로운 종류의 에너
지를 가져다준다.

긍정적인 변화를 가로막는 장애물 중 하나는 오래된 자아상self-image이
다. 그것은 원래의 상태를 유지하고자 열심히 싸울 것이다. 제한적인 믿음
이 들어오는 곳이 바로 여기다. "나는 이렇게 될 수 없다." 또는 "나는 언제
나 지금의 나 그대로일 것이다."

그것은 당신의 발전을 질식시킬 거짓말이다.

업그레이드될 당신은 이미 그리스도 안에 있는 당신의 정제된 모습이다.
당신은 불과 눈물의 수많은 침례를 통해 당신 자신의 옛 모습을 묻어버리면

서 많은 죽음을 맞이하게 될 것이다. 그리고 당신은 그것 때문에 더 살아 있게 될 것이다.

결과적으로, 당신이 앞으로 나아가는 과정은 시간이 지남에 따라 당신 자신의 침착함, 당당함, 참을성, 공감 및 안녕이 어떻게 성장하는지에 따라 측정한다.

당신은 바로 지금 인생의 신병 훈련소에 있다. 당신이 그것을 최대한 활용하기로 선택한다면 당신은 그 어느 때보다 더 강하고, 더 명료하고, 더 평안해질 것이다.

당신의 최선의 결정이 내려지는 곳은 그 퓨마 에너지가 있는 곳이다. 그 정착된 장소에서 당신은 다른 사람들에게 당신의 속에서 널뛰는 감정 없이 공간, 공감 및 조건 없는 사랑을 줄 수 있다.

거기서 당신의 생각은 맑을 것이다.

당신의 진보는 당신이 얼마나 쉽게 이 마음가짐 안으로 들어가서 계속 고수하는지에 의해 측정될 수 있다.

이 새로운 존재 방식에 충분한 시간과 노력을 기울이면 그다음 단계에 필요한 명확성clarity을 얻게 될 것이다.

당신의 위기가 어떻게 되든 괜찮을 것이라는 흔들리지 않는 이해력을 기르라.

지금 당신의 삶에 있는 긍정적인 것들에 대해 감사하는 마음이 자리를 잡도록 훈련하라.

절대로 잊지 말라. 행동은 언제나 단순한 말보다 더 나은 초대다. 두려움과 불안은 당신과 당신의 발전에 위협이 된다.

오직 투쟁을 통해서만 우리가 성장할 수 있다.

그러므로 천천히 하라. 특히 당신의 마음속에서. 당신은 무엇을 할do 필요가 없고, 무엇이 되는be 법을 배워야 한다.

과정이 직선인 경우는 거의 없다. 당신이 갈지자zigzag로 간다고 해도 하나님은 여전히 일하고 계신다.

약간의 조바심도 당신이 이룩한 진보를 무효로 할 수 있다. 그러므로 다른 사람들이 하는 말과 행동에 동요하지 말라. 당신이 할 수 있는 최선은 침착하고, 친절하고, 당당한 자세다. 그리고 감정적으로나 정신적으로 강인함을 유지하는 데 초점을 맞추는 것이다.

인생은 어렵고 잔인할 수 있다. 그러나 우리는 우리가 겪는 고통 속에서 궁극적으로 의미를 찾는다. 우리를 하나님께로 가까이 가게 하고 그분의 말씀에 묶어주는 것은 역경이다.

고난 당하기 전에는 내가 그릇 행하였더니 이제는 주의 말씀을 지키나이다. 시 119:67

고난 당한 것이 내게 유익이라 이로 말미암아 내가 주의 율례들을 배우게 되었나이다. 시 119:71

─────

1.) Frank Laubach, *Channels of Spiritual Power* (Westwood, NJ: Fleming H. Revell, 1954), 165.

78. 무엇을 고치는 계획은 없다

**당신은 뒤로 돌아가서 새로운 시작을 할 수 없지만,
지금 당장 시작하여 완전히 새로운 결말을 맺을 수는 있다.**

제임스 R. 셔먼 James R. Sherman

내가 지금 주고자 하는 이 조언이 핵심이다. 당신은 자신을 진정으로 좋아하는 법을 배워야 한다. 당신이 옷을 입고, 보고, 말하는 방식을 좋아해야 한다.

자신을 미워하는 사람들은 항상 무엇을 받기를 원한다. 당신은 당신 자신을 사랑하지 않는 한 다른 사람들을 무조건 사랑할 수 없다.

하나님은 쓰레기를 만들지 않으신다. 그분은 당신을 소중히 여기신다. 그러므로 당신은 당신 자신을 사랑해야 한다. 물론 다른 사람을 아래로 보지 않고. 온갖 흠이 있는 다른 사람들을 받아들이려면 자신을 받아들이는 것이 필요하다.

당신이 처한 위기에 연루된 다른 사람들과 교류할 때 조심스럽게 진행하라.

무엇을 고치는fix-it 계획은 없고, 오직 **당신을** 고치는fix-you 계획만 있다.

사람의 마음은 급히 서두를 수 없다. 그러므로 시간의 여유를 가지라. 상황이 바뀌기를 기다리는 데 익숙해지라.

당신 자신의 진보 및 하나님 나라의 높은 가치를 지닌 사람이 되도록 하나님이 당신 안에서 변화시키기 원하시는 것에 초점을 맞추라.

머리가 맑고, 당당하며, 만족스러운 큰 가치를 지닌 사람이 돼라. 다른 사람들이 당신에 대한 이것을 감지하도록 하라. 당신에게서 그것에 대해 듣는 것 말고.

새로운 사람이 되는 것이 당신의 주요 관심사다. 어떤 결과가 발생하든지 그것이 일어나야 한다는 것을 받아들이고 주님을 믿어라.

당신은 광야에서 기다리고, 기다리고, 또 기다리며 앉아있었던 모세와 너무 비슷하다고 느낄 것이다. 하지만 그리스도인의 삶의 많은 부분을 기다림이 차지한다. 코리 텐 붐Corrie Ten Boom이 했다고 알려진 말이 떠오른다. "기차가 터널 안으로 들어간 후 캄캄할 때, 당신은 기차표를 던져버리고 밖으로 뛰어내리지 않는다. 당신은 조용히 앉아서 기관사를 신뢰한다."

당신이 이 힘든 경험 때문에 변화될 것을 알고, 숨을 깊게 들이마시면서 이렇게 말하라. "괜찮습니다, 주님."

불확실성uncertainty이 당신의 기분을 납치하도록 허용하지 말라. 사실인즉슨, 확실성certainty에 대한 욕구를 포기하라.

많은 그리스도인에게 확실성은 하나님에 대한 순순한 신뢰를 대신하는 우상이다. 우리는 우리의 발걸음을 인도하시는 주님을 향해 믿음을 실천하기보다 앞에 놓인 길의 굴곡을 알고 싶어한다.

그러므로, 확실성에 대한 추구는 믿음을 잠식하고 우리가 하나님을 의지하지 못하도록 차단해버린다.

우리가 확신할 수 있는 유일한 것은 J. B. 필립스J. B. Phillips의 야고보서 5:8 번역본에서 궁극적인 확실성ultimate certainty이라고 부르는 주님의 재림이다. "그러므로 인내심을 갖고 궁극적인 확실성에 마음을 두어야 한다."

진정한 변화에 관해서는, 우리가 처음에는 고통에 따라 밀려난다. 우리가 우리의 진짜 상태true condition를 깨달을 만큼 충분한 고통을 경험하고 나서야 우리에게 극적인 변화가 시작된다.

그러나 우리가 일단 급진적인 변화의 여정을 시작하면, 다른 사람이 되는 즐거움에 끌린다.

지금은 안전과 만족을 위해 내면을 바라볼 때다. 밖을 내다보지 말고.

즉, 당신의 높은 가치를 자신에게 상기시키라. 뭔가 다르게 행동하라는 말이다. 당신이 가치 있는 사람이라는 것을 나타내고자 값비싼 콜론이나 향수를 살 수도 있을 것이다.

그리고 가능한 한 자주 주님을 당신 앞에 모시도록 하라.1

_____

1. 주님을 당신 앞에 모신다는 말은 시편 16:8에 근거한다. 그것을 어떻게 할 수 있는지에 대한 실제적인 힌트를 내가 쓴 글인 *Aware of His Presence*에서 밝혔는데, 이것을 다음 웹주소에서 내려받을 수 있다.: InsurgencBook.com, https://insurencebook.com/Aware.pdf.

79. 하나님의 선하신 손안에서

이 시련은 당신을 정의하지define 않을 것이다.
그것은 당신을 정제할refine 것이다.

아만다 에버슨 Amanda Everson

하나님의 선하심은 당신이 그분께 문을 열고 있는 한 계속해서 당신을 따를 것이다.

당신이 하나님의 손이 닿지 않도록 막는 것은 무엇이든 결국 죽고 말 것이다. 당신이 그분에게 무엇을 허락하든지, 그분은 그것을 선으로 바꾸실 것이다.

상황이 긍정적인 방향으로 움직이기 시작하면 당신의 본능과 관계없이 그 틀 안에 머물러있어라. 그리고 전보다 천천히 가라. 당신의 삶 속에서 다른 사람들의 행동 때문에 흔들리지 않는 당신 자신의 내적 나침반과 연결하는 법을 배우라.

큰 그림: 일관성을 유지하라. 특히 다른 사람들이 당신의 시련에 연루되어 있든지 없든지 신경 쓰지 말고. 드라마에서 벗어나고자 최선을 다하라. 당신이 될 수 있는 최고의 남자/여자가 돼라. 즉, 다른 사람들이 말하고 행동하는 것과 관계없이 강하고, 침착하고, 당당하고, 동요되지 않는

사람이 돼라.

이 과정을 도표화 하는 것은 길이 어떻게 바뀌든 상관없이 남은 생애 동안 당신에게 도움이 될 것입니다.

당신 자신의 변화 이외의 결과에 대한 기대나 집착은 잘 이루어지지 않을 것이다.

당신 자신에게 더 많은 일을 할수록 다른 모든 것은 점점 더 단순해질 것이다. 침착하고 참을성 있는 태도를 유지하면 시간이 지남에 따라 최상의 결과를 얻게 될 것이다.

받아들이는 것은 사람들이 안전하게 느끼도록 하는 방법임을 기억하라. 매일 기도하고, 주님께 그분의 뜻을 나타내시도록 간구하기를 지속하고, 그분의 주권에 따라 시기가 조정되도록 맡기라.

당신이 침착하지 않으면 그 누구도 구조하거나 도울 수 없다. 당신의 기분을 조정해야 한다. 과잉 반응하지 않도록 정신적, 정서적 안정을 유지해야 한다. 무엇을 급히 서두르지 말라. 왜냐하면, 당신이 완전히 새로운 존재 방식을 채택했기 때문이다.

매일 당신의 기분을 관리하는 법을 터득하라.

자기를 사랑하는 것이 지금 중요하다. 자기를 사랑하는 것은 자기중심적으로 행하는 것이 아니다. 그것은 하나님께서 사랑스러운 사람이 되라고 만드신 당신을 비판적으로 보지 않고 받아들이는 것이다. 당신이 절대 완전하지 않고 때때로 형편없지만, 그리스도께서 당신을 위해 죽을 만큼 가치가 있음을 알아야 한다.

자기를 사랑하는 것은 수치심과 죄책감을 내려놓는 것에 관한 것이다. 그것은 당신이 한 일에 대해 당신 자신을 학대하지 않고 그것에 대한 책임을 받아들이는 것에 관한 것이다.

내적 평안은 다른 사람이나 상황이 당신의 감정을 통제하려는 것을 당신이 거부할 때 시작한다.

당신 자신의 안녕과 가치에 대해 불안정한 것은 당신이 주먹을 꽉 쥐고 다른 사람을 붙잡게 할 것이다. 그리고 이것은 관계를 파괴한다.

새로운 것을 향한 길은 당신이 낡은 것을 내려놓고, 하나님께서 설계하신 강하고 정서적으로 안정된 사람이 될 것을 요구한다.

이 책 전체에서, 나는 당신에게 숲을 보여주는 중이다. 이제는 당신이 나무를 쳐다보기 시작할 수 있다.

당신 스스로 질문해야 할 것들

■ 나는 의도적으로 매일매일 더 나은 나 자신의 버전이 되고 있는가?

■ 나는 나 자신을 변화시켜 그것이 제2의 본성 습관second-nature habits 이 되고 또 나라는 사람의 일부가 되도록 하고 있는가?

■ 이 시련을 나에게 일어난 가장 최고의 일 중 하나로 만들려면 내가 어떻게 해야 하는가?

■ 어떻게 하면 이 경험을 내 인생의 결정적인 사건으로 바꿀 수 있는 가? 우리 인생에서 가장 중요한 순간은 종종 가장 힘든 순간이다. 그러나 시간이 지남에 따라 우리는 그런 순간에 대해 하나님께 감사할 수 있다.

■ 무엇을 결정할 때, 내가 가장 후회하지 않을 선택은 무엇일까?

■ 나에게 정말로 중요한 것은 무엇일까? 고통은 우리 인생에서 가장 중요한 것이 무엇인지를 명확하게 알 수 있도록 해준다.

당신이 위의 질문들을 제대로 파악하기 전에는 변화가 일어나지 않을 것이다.

당신은 지금 하나님의 과녁 안에 있다. 그분은 당신을 변화시키려고 하신다. 심오하게, 그리고 영구적으로.

아래는 당신이 지금 당장 읽고 또 읽을 가치가 있는 성서 본문이다.

백성들아 시시로 그를 의지하고 그의 앞에 마음을 토하라 하나님은 우리의 피난처시로다.셀라 시 62:8

오직 여호와를 앙망하는 자는 새 힘을 얻으리니 독수리가 날개치며 올라감 같을 것이요 달음박질하여도 곤비하지 아니하겠고 걸어가도 피곤하지 아니하리로다.사 40:31

하나님은 우리의 피난처시요 힘이시니 환난 중에 만날 큰 도움이시라 그러므로 땅이 변하든지 산이 흔들려 바다 가운데에 빠지든지 바닷물이 솟아나고 뛰놀든지 그것이 넘침으로 산이 흔들릴지라도 우리는 두려워하지 아니하리로다.셀라 시 46:1-3

내 형제들아 너희가 여러 가지 시험을 당하거든 온전히 기쁘게 여기라 이는 너희 믿음의 시련이 인내를 만들어 내는 줄 너희가 앎이라 인내를 온전히 이루라 이는 너희로 온전하고 구비하여 조금도 부족함이 없게

하려 함이라.약 1:2-4

내가 주 안에서 크게 기뻐함은 너희가 나를 생각하던 것이 이제 다시
싹이 남이니 너희가 또한 이를 위하여 생각은 하였으나 기회가 없었느
니라 내가 궁핍하므로 말하는 것이 아니니라 어떠한 형편에든지 나는
자족하기를 배웠노니 나는 비천에 처할 줄도 알고 풍부에 처할 줄도
알아 모든 일 곧 배부름과 배고픔과 풍부와 궁핍에도 처할 줄 아는 일
체의 비결을 배웠노라 내게 능력 주시는 자 안에서 내가 모든 것을 할
수 있느니라.빌 4:10-13

너는 하나님과 화목하고 평안하라 그리하면 복이 네게 임하리라 청하
건대 너는 하나님의 입에서 교훈을 받고 하나님의 말씀을 네 마음에
두라 네가 만일 전능자에게로 돌아가면 네가 지음을 받을 것이며 또
네 장막에서 불의를 멀리하리라 네 보화를 티끌로 여기고 오발의 금을
계곡의 돌로 여기라 그리하면 전능자가 네 보화가 되시며 네게 고귀
한 은이 되시리니 이에 네가 전능자를 기뻐하여 하나님께로 얼굴을 들
것이라 너는 그에게 기도하겠고 그는 들으실 것이며 너의 서원을 네가
갚으리라 네가 무엇을 결정하면 이루어질 것이요 네 길에 빛이 비치리
라 사람들이 너를 낮추거든 너는 교만했노라고 말하라 하나님은 겸손
한 자를 구원하시리라 죄 없는 자가 아니라도 건지시리니 네 손이 깨
끗함으로 말미암아 건지심을 받으리라.욥 22:21-30

나는 28절의 새 미국 표준 성서NASB의 번역을 선호한다.

너는 또한 무엇을 결정할 것이다. 그러면 그것이 이루어질 것이고, 빛이 네 길을 비출 것이다. 욥 22:28, NASB

그러나 무릇 여호와를 의지하며 여호와를 의뢰하는 그 사람은 복을 받을 것이라 그는 물가에 심어진 나무가 그 뿌리를 강변에 뻗치고 더위가 올지라도 두려워하지 아니하며 그 잎이 청청하며 가무는 해에도 걱정이 없고 결실이 그치지 아니함 같으리라. 렘 17:7-8

네가 만일 하나님을 찾으며 전능하신 이에게 간구하고 또 청결하고 정직하면 반드시 너를 돌보시고 네 의로운 처소를 평안하게 하실 것이라. 욥 8:5-6

아버지가 자식을 긍휼히 여김 같이 여호와께서는 자기를 경외하는 자를 긍휼히 여기시나니 이는 그가 우리의 체질을 아시며 우리가 단지 먼지뿐임을 기억하심이로다. 시 103:13-14

여호와를 바라는 너희들아 강하고 담대하라. 시 31:24

우리 하나님이 우리를 위하여 싸우시리라. 느 4:20

생각하건대 현재의 고난은 장차 우리에게 나타날 영광과 비교할 수 없도다. 롬 8:18

80. 통제하는 것을 포기하라

**일반적인 생각과는 달리,
인생은 우연에 의해 더 좋아지는 것이 아니라
변화를 통해 더 좋아진다**

케리 랜달 Kerry Randall

인간의 손은 무엇을 잡거나 다루도록 하나님에 의해 고안되었다. 그러므로 손은 통제control하려는 도구다.

당신이 문제를 당신의 손에 맡길 때, 당신은 내려놓지 않는다. 당신은 통제하고 있고, 그 문제를 붙잡는다.

금송아지를 만든 사람들은 "자기 손으로 만든 것을 기뻐"했다.[1]

한 손으로는 주님을 붙잡고, 다른 손으로는 결과를 내려놓아라.

다시 말해서, **통제하는 것을 포기하라.**

> 나 여호와가 말하노라 내 손이 이 모든 것을 지었으므로 그들이 생겼느니라. 사 66:2

당신은 누구의 손에 당신의 문제, 당신의 시련, 당신의 역경, 그리고 당신의 인생을 맡기고 있는가?

당신에게는 모든 것을 잘하실 수 있는 주님이 계신다.[2] 그러므로 다음과 같이 말한 다윗에게서 힌트를 얻어라. "내가 고통 중에 있도다. 청하건대 여호와께서는 긍휼히 크시니 우리가 여호와의 손에 빠지고 내가 사람의 손에 빠지지 아니하기를 원하노라."[3]

당신은 하나님을 신뢰할 수 있다. 당신은 모든 것을 하나님의 손에 맡길 수 있다. 특히 당신의 현재 상황을 맡길 수 있다. 왜냐하면, 그분의 손은 자비로 가득하기 때문이다. 그리고 그 누구도 그 손에서 당신을 빼앗지 못할 것이기 때문이다.[4]

당신의 현재 위기는 당신의 삶을 삼키는 재앙이 될 수도 있고, 당신 자신을 2.0 버전으로 변화시키는 전환점이 될 수도 있다.

선택은 당신에게 달려있다.

마무리하면서, 다음을 숙고해보라.

- 당신을 괴롭히는 모든 것은 당신에게 인내와 평정을 가르쳐준다.

- 당신을 저버리는 모든 사람은 당신 스스로 두 발을 딛고 설 방법을 당신에게 보여준다.

- 당신을 화나게 하는 모든 것은 당신에게 용서와 공감을 가르쳐준다.

- 당신을 힘으로 누르는 모든 것은 당신이 하나님의 능력을 얻도록 가르쳐준다.

- 당신이 싫어하는 모든 것은 당신에게 조건 없는 사랑을 가르쳐준

다.

- 당신이 두려워하는 모든 것은 믿음으로 사는 법을 당신에게 가르쳐준다.

- 당신을 향한 모든 공격은 화를 내지 않고 사는 법을 당신에게 가르쳐준다.

- 당신을 멸시하는 모든 사람은 당신이 주님을 우러러보라고 가르쳐준다.

- 당신이 통제할 수 없는 모든 것은 '내려놓고 하나님을 신뢰하는 법'을 당신에게 가르쳐준다.5

지금 당장은 적을수록 좋다.
나는 이것을 어렵게 배웠다.
당신의 역할을 다하고, 그분이 일하시는 것을 지켜보라.

---

1. 행 7:41.
2. 막 7:37.
3. 삼하 24:14.
4. 요 10:28.
5. Jack Kiddard가 인용한 것(decd., 1901)에서 발췌한 것으로서, 내가 성서에 따른 진리에 맞게 말을 좀 바꾸었다.

제4부

구름이 걷힌 후에

81. 소중한 교훈들

승리하는 삶의 비결은 실패에서 승리를, 가장 깊은 슬픔에서 기쁨을 가져오는 하나님의 뜻에 사람이 협력하는 것에서 발견한다. 그것은 하나님께서 단순히 우리의 희망을 꺾기 위해 일하시는 것이 아니라 우리 영혼을 세우기 위해 일하신다는 것을 알고, 우리에게 닥친 모든 상황에서 기뻐할 수 있는 비결이다.

잭 슐러 Jack Shuler

수년 동안, 나는 헤아릴 수 없는 많은 사람이 그들의 삶을 침범한 예상치 못한 시련 때문에 통제 불능 상태에 빠지는 것을 지켜보았다. 그들 중 일부는 너무 쓰라린 나머지 영적으로 폭발하여 방사능처럼 되었다.

그들의 독성toxicity은 일반적인 기준을 벗어나 버렸다. 그들은 단지 발에 총을 쏘지 않았다. 그들은 총구를 그들의 얼굴을 향해 똑바로 겨누었다.

내가 이 책을 쓴 가장 큰 이유는 당신이 그런 위험에 빠지지 않도록 하기 위함이다. 그것은 또한 내가 왜 역경을 통해 당신을 지도하는 보충 과정을 만들었는지의 이유이기도 하다. 부록 2: 그다음 단계들을 참조하라.

이 장에서, 나는 환난의 날 동안 내가 배운 귀중한 교훈의 목록을 작성했다. 이것은 구름이 걷히고 나서야 내가 깨닫기 시작한 것이다.

나는 당신이 그 목록을 주의 깊게 읽고 수시로 그것을 검토하기 바란다.

내가 바라는 것은, 이 목록이 당신이 지금 직면하고 있는 어두운 터널을 탐지하고 그 앞에 놓여 있는 지뢰밭을 피할 수 있도록 도움을 주는 것이다.

■ 하나님이 개입하지 않으실 때 그분은 내가 그분의 임재 안에 있음을 알게 하신다. 내가 그의 임재를 느끼지 못한다면, 나에게는 그분의 약속이 있다. 그분의 약속이 더는 나를 격려하지 않을 때, 나는 다음 생, 즉 주님께서 모든 눈물을 닦아 주실 새 하늘과 새 땅의 영원한 존재에 대한 소망이 있다.

■ 내려놓음let go에 의해 하나님의 역사를 위한 여지를 만들라.

■ 우리는 어려움, 좌절, 거절, 욕설 및 부당한 비판 때문에 성장한다.

■ 자신의 이익보다 원칙과 성실함이 먼저다.

■ 당신이 갈등에 제대로 반응하지 않는다면 사람들은 당신 주변에서 결코 편안함을 느끼지 못할 것이다.

■ 두려움을 완화하는 열쇠는 새로운 관점을 갖는 것이다.

■ 침착하게 갈등에 직면하라.

■ 사람의 감정은 이성적인 추론 때문에 사라질 수 없다.

■ 숨을 깊이 쉬고 상황이 지나가도록 허용하라. 당신은 반응할 필요

가 없다.

- 사랑받기를 기대하지 말고, 그것을 만들어내라.

- 과정을 신뢰하고 결과를 통제하려는 시도를 피하라. 하나님께서
  그 과정에 계신다.

- 사랑하는 사람들을 소중히 여기라. 높은 관심으로 그들을 보는 연
  습을 해라.

- 다른 사람들을 진정으로 사랑하고 그들과 공감하는 유일한 길은
  우리가 그들에게서 아무것도 **필요**로 하지 않는 지점에 도달하는
  것이다.

- 고통 없는 삶이란 없다.

- 당신은 당신이 선택한 것의 결과물이지, 환경의 희생자가 아니다.

- 만족은 투쟁과 관점의 변화를 요구한다.

- 당신이 거부반응을 느껴질 때, 그것은 상황에 대한 당신의 인식 때
  문이다.

- 지금 바로 당신 앞에 있는 것을 다루라.

■ 당신의 마음은 당신의 가장 나쁜 적enemy이다. 모든 부정적이고 두려운 생각에 도전하라.

■ 관계에 있어 더 나은 버전을 만드는 것은 당신 자신의 더 나은 버전을 만든다는 뜻이다.

■ 단 하나 확실한 것은 모든 것이 불확실하다는 사실이다.

■ 당신이 다른 사람을 위해 무엇을 할 때, 그것을 조건 없는 사랑으로 하고, 즐거움이나 개인적인 유익을 위해 하지 말라.

■ 당신을 불안하게 만드는 것들을 향해 전쟁을 선포하라.

■ 당신의 삶에 엄습하는 염려, 조급함 및 불안을 무자비하게 제거하라.

■ 관계 안에서 당신이 필요로 하는 것이 있고 또 불안정할 경우결과에 의존함을 나타냄 그 관계를 방해할 가능성이 크다.

■ 이 땅에서 가장 즐거운 사람들은 예수님을 눈이 먼 상태로 신뢰하는 사람들이다.

■ 당신이 당신 자신의 변화의 가속 페달에서 발을 떼면 원래의 당신으로 되돌아갈 것이다.

■ 당신의 인생에 건강한 새로운 습관과 일상적인 삶을 구축하라. 인생이 굴복할 때 일상적인 삶이 왕이다. 그것이 당신이 계속 집중하고 움직이게 할 것이다.

■ 하나님께서 당신의 기도에 대한 응답을 지체하실 때 일의 진행을 방해하는 것은 대개 하나님께 있지 않다. 그것은 당신에게 달려있다. 그러므로 변화를 일으킴을 의미하는 회개를 통해 그 문제를 해결하라.

■ 인생에서 유일하게 한결같은 것은 변화이다. 예외가 있다면 그것은 절대 변하지 않는 예수 그리스도이다.1

■ 절대로 주어진 순간에 일어나고 있는 일이 최종적인 결론이라는 결론을 내리지 말라.

■ 당신이 두렵거나 불안할 때 결정을 내리지 말라.

■ 당혹감, 혼란, 당황스러움은 하나님을 더 깊은 수준에서 알 수 있게 하는 문이다.

■ 상황을 통제하려고 시도하는 것은, 그것을 생각하는 것조차도, 당신을 좋은 결과로부터 멀어지게 한다.

■ 당신이 불안정하고, 불안하고, 두렵고, 지치고, 낙담하고, 또는 화

가 날 때 절대로 다른 사람과 대화하지 말라. 그 대화는 잘 안 될 것이다. 먼저 시간이 좀 지난 다음에 대화하라.

■ 싸울 것을 신중하게 선택하라. 상황을 무시하는 법을 배우라. 당신의 삶에서 어떤 사람들과 좋은 관계를 유지하는 비결은 입을 꽉 다무는 것이다. 사소한 것에 목숨을 걸지 말라.

■ 당신이 다른 사람들을 어떻게 경험하는지에 대한 책임은 당신에게 있다. 그것은 종종 가장 큰 상처와 고통을 준 상황에 대해 우리가 어떻게 생각하는지에 달려있다.

■ 모든 것이 바뀐다. 만일 그것이 살아 있다면 바뀔 것이다. 변하지 않는 유일한 것은 숨 쉬지 않는 것이다.

■ 역경에 직면할 때, 당신의 가장 큰 책임은 당신의 마음이 무너지지 않도록 확실히 하는 것이다.

■ 믿을 만한 친구들은 당신을 헌신적으로 도와줄 것이다. 그들을 가까이 두라. 그들이 위기 속에서도 당신을 받쳐줄 것이다.

■ 믿음은 지혜의 반대가 아니다. 그것은 염려의 반대다.

■ 당신이 일단 하나님 앞에서 당신이 처한 상황을 놓고 여러 달 동안 기도하고, 금식하고, 울고, 괴로워했다면, 당신이 기도한 것과 하

나님께서 다른 사람들을 통해 당신에게 말씀하신 것 위에 굳게 서 있어라. "모든 일을 행한 후에 서기 위함이라."[2] 과거의 기도와 다른 사람들을 통해 하나님께서 직접 말씀하신 것을 굳게 붙잡으라.

■ 당신 혼자서 총알을 장전할 필요가 없다. 당신 자신을 낮추고 당신이 신뢰할 수 있는 친구 몇 명과 함께 짐을 나누라.

■ 주야로 당신의 문제에 시달리는 충동에 저항하라. 그 충동은 당신에게 조금도 이롭지 않다.

■ 당신의 역경이 끝나려면 뭔가 변화가 일어나야 한다. 그리고 그것은 바로 당신이다.

■ 당신이 기도하면 염려하지 말라. 당신이 염려하면 기도하지 말라.

■ 고난은 우리가 주 예수님을 더 아름답고 찬란하게 볼 수 있을 때까지 우리를 깎고자 고안된 것이다.

■ 당신은 당신의 고통을 낭비할 힘을 지닌다. 이런 실수를 범하지 말라.

■ 빌립보서 4:4-20을 꾸준히 소화하라. 바울의 말이 당신의 지친 영혼에 닻이 되게 하라. 특히 이 부분을 주목하라. :

주 안에서 항상 기뻐하라 내가 다시 말하노니 기뻐하라… 아무것도 염려하지 말고 다만 모든 일에 기도와 간구로, 너희 구할 것을 감사함으로 하나님께 아뢰라 그리하면 모든 지각에 뛰어난 하나님의 평강이 그리스도 예수 안에서 너희 마음과 생각을 지키시리라 끝으로 형제들과 무엇에든지 참되며 무엇에든지 경건하며 무엇에든지 옳으며 무엇에든지 정결하며 무엇에든지 사랑받을 만하며 무엇에든지 칭찬받을 만하며 무슨 덕이 있든지 무슨 기림이 있든지 이것들을 생각하라… 내가 궁핍하므로 말하는 것이 아니니라 어떠한 형편에든지 나는 자족하기를 배웠노니 나는 비천에 처할 줄도 알고 풍부에 처할 줄도 알아 모든 일 곧 배부름과 배고픔과 풍부와 궁핍에도 처할 줄 아는 일체의 비결을 배웠노라 내게 능력 주시는 자 안에서 내가 모든 것을 할 수 있느니라… 나의 하나님이 그리스도 예수 안에서 영광 가운데 그 풍성한 대로 너희 모든 쓸 것을 채우시리라 하나님 곧 우리 아버지께 세세 무궁하도록 영광을 돌릴지어다 아멘.3

■ 상황이 아무리 악화하여도 당신은 주님 안에서 항상 기뻐할 수 있다. 물론 고난 중에 기뻐하는 것은 지나쳐 보인다. 그러나 당신이 처한 지금의 환경이 지나친 것이다.

■ 당신이 아무리 준비를 철저히 해도, 결코 모든 지뢰에 대비할 수는 없을 것이다. 여기가 바로 달라스 윌라드의 처방전이 유효한 곳이다. "우리는 최선을 다하지만, 우리의 최선을 신뢰하지는 않는다."4 잠잠하고 하나님이 배후에서 일하시게 하라.

■ 당신의 삶에 압력이 가해지면 당신은 자신이 누구인지, 그리고 무엇으로 만들어졌는지를 발견한다.

■ 대답하기 전에 **생각**을 먼저 하도록 당신 자신을 훈련하라.

■ 지금은 논리와 인간의 본성이 요구하는 만큼 반응할 때가 아니다. 조용히 죽어라.

■ 지금 예수님의 말씀을 기억하라. "누구든지 나로 말미암아 실족하지 아니하는 자는 복이 있도다."5 예수님은 침례 요한이 죽기 전 감옥에 있을 때 요한의 제자들에게 이 말씀을 하셨다.

■ 당신이 염려하고 있는 것 대부분은 절대 일어나지 않을 것이다. 그러므로 그런 정신적 열량을 소모하려는 충동에 저항하라.

■ 당신의 위기가 관계적이거나 관계적인 요소를 지녔을 때, 많은 대화와 질문을 피하라. 만일 당신이 관계 안에서 불안정하면 다른 사람이 실제로 당신에게 안도감이나 위안을 줄 수 없다. 당신의 안전과 안도감과 위안을 하나님 안에서 찾아라.

■ 옳아야 할 필요성을 내려놓아라. 이것을 연습하는 것은 판도를 바꾸는 것이다.

■ 갈등에 관한 대화를 할 때, 당신 자신을 방어하려는 충동에 저항하

라.

■ 해결되지 않은 갈등과 함께 사는 기술을 배우라. 이것은 나처럼 무엇을 고치는[fix-it] 유형에게는 괴로운 일이지만 숙달해야 할 중요한 삶의 기술이다.

■ 당신의 시련이 초래하는 고통이 더 클수록, 당신의 변화도 더 커질 것이다.

■ 과거를 떨쳐 버리고, 미래를 고치려는 충동에 저항하는 법을 배우라. 이것이 당신이 낙하하는 동안 평안을 찾는 방법이다.

■ 성장은 다른 사람들을 향한 비난이 멈출 때 일어난다.

■ 다른 사람에게 당신이 줄 수 있는 가장 중요한 선물 중 하나는 능동적으로 듣는 것이다. 능동적으로 듣는 것은 호기심을 표현하고(예를 들면, "이것에 대해 더 말해주세요") 때때로 말한 내용을 반복함으로써 이해했음을 나타낸다는 뜻이다.

■ 하나님께서 당신의 상황을 돌이키기 시작하실 때 홈런을 치려고 방망이를 휘두르지 말라. 안타를 치는 데 집중하라.

■ 사람들이 당신에게 상처를 줄 때, 그들과 공감하기 위해 최선을 다하라.

- 하나님이 개입하셔서 그분의 일을 하시도록, 당신은 손을 떼고 물러나 있어야 한다.

- 예수님은 길the Way이시다. 그분은 그저 목적지destination가 아니라 여정journey이시다. 당신의 여정은 우회 도로와 움푹 파인 길을 포함하고, 당신이 도중에 길을 잃을 수도 있다. 그러나 당신이 버티면 hang on 예수님께서 당신을 다시 그 길로 안내하실 것이다.

- 당신이 길을 잃었다고 느낄 때 멈추라. 기도하고 바로 앉아서 하나님의 다음 단계를 기다리라. 당신이 주님을 기다리면 그분이 당신을 찾으실 것이다. 그동안 방황하지 말라. 그냥 가만히 있어라.

- 당신이 있는 곳은 미지의 영역이다. 그곳의 지도는 존재하지 않는다. 당신이 방향을 잃었더라도 다른 사람들이 당신보다 먼저 거기에 도달했다는 것을 알라. 그곳에 도달한 사람들은 하나님에 대해 어렵게 배웠다. 그들의 눈에는 보이지 않지만, 지혜가 충만하신 안내자 하나님을 만난 것이다. 바로 지금 당신이 배워야 할 가장 큰 교훈 중 하나는 믿음으로 하나님의 안내를 따르는 방법이다.

- 우리는 언덕과 골짜기에 의해 성장한다. 하지만 우리가 가장 변화되는 곳은 골짜기다.

- 분노는 상처를 덮는 덮개다. 그것은 또한 두려움에 대한 응답이다. 분노가 있는 곳은 어디든지 두려움이나 상처가 근처에 숨어있다.

분노는 종종 당신이 기대하는 것이나 받을 자격이 있다고 믿는 것을 얻지 못할 것 같은 두려움에서 비롯한다.

■ 투쟁은 실제다. 그것을 부인하지 말라. 하지만 그것이 의도된 바를 하게 하라. 이 기도를 배우라. "아무것도 낭비하지 마시옵소서, 주님."

■ 당신의 위기가 전화위복a silver lining일 수도 있다. 그것이 그냥 아주 가느다란 은silver 가닥처럼 보일락 말락 할지라도 그것은 분명히 존재한다. [역자 주: silver lining이라는 말은 먹구름 뒤에서 비치는 햇빛에 의해 구름의 가장자리에 희미하게 나타나는 은silver 줄무늬를 가리킨다. 고로, '위기에 a silver lining이 있다' 라는 말은 우리가 흔히 사용하는 '전화위복' 이라는 말의 의미와 비슷하다.]

■ 만일 하나님께서 산이 그 자리에 그냥 있기를 원하시면, 우리는 결코 그 산을 옮길 수 없을 것이다. 어떤 산은 당신을 옮기려는 것이므로 등반을 즐기라.

■ 나는 누가 이 말을 만들었는지 모르지만 인용할 만한 가치가 있다. "이것도 지나갈 것이다. 그것이 신장 결석처럼 지나갈 수는 있지만, 결국 지나갈 것이다."

■ 여배우 소피아 부시Sophia Bush가 말했다고 알려진 이 말을 붙잡아라. "당신은 걸작이면서 동시에 진행 중인 작품이 될 수 있다." 맞

는 말이다.

■ 하나님 아버지를 신뢰하고, 아들 예수님께 순종하고, 성령님 안에
  서 행하라.

■ 부드럽게, 살며시, 끈기 있게 발걸음을 옮기라. 가벼운 발을 유지
  하라.

■ 당신의 마음이 당신에게 그 반대라고 말할지라도, 항상 다른 사람
  들의 최선을 생각하면서 그들에게 유리한 쪽으로 생각하라.

■ 당신이 밧줄을 놓치면 다른 사람과 줄다리기를 할 수 없다.

■ 주님은 당신을 위해 싸우신다. 고로, 당신은 패배할 수 없다.

■ 인내는 결과를 얻고자 하나님을 신뢰한다는 뜻이다.

■ 조바심은 믿음의 결핍을 보여준다.

■ 당신 자신을 당신이 사랑할 수 있는 정도가 당신이 다른 사람을 사
  랑할 수 있는 정도다.

■ 그리스도의 피가 당신을 용서하고 모든 죄와 실수에서 당신을 깨
  끗하게 하심을 당신 자신에게 상기시킴으로써, 당신 위에 떨어져

서 짓누르는 죄책감의 눈사태를 피하라.

■ 과거를 내려놓아라. 그렇게 하지 않으면, 인생은 당신의 치유를 지연시키기만 할 상처의 딱지 떼기가 될 것이다.

■ 하나님과 당신 자신을 다시 연결하라. 다른 사람들이 거기서 넘쳐나는 것을 받게 될 것이다.

■ 당신이 아무리 강하게 예수 그리스도를 붙잡을지라도, 그분은 언제나 당신을 더 크게 붙잡으실 것이다.

■ "만약 그렇다면what-if"의 시나리오 대신 "그렇다 할지라도even-if"의 길을 걷는 법을 배우라. 이것이 믿음을 공급하며 사는 삶과 그 반대로 두려움을 공급하며 사는 삶의 차이다.

■ 성서에 의하면, 영성spirituality은 결코 다른 사람들을 변화시키는 것에 관한 것이 아니다. 그것은 당신 자신을 변화시키는 것에 관한 것이다.

■ 상처를 귀하게 여기라. 왜냐하면, 이것이 빛이 들어오는 곳이기 때문이다.

■ 누군가 다음과 같이 옳게 말했다. "하나님은 가장 강한 군사에게 가장 어려운 싸움을 주시지 않는다. 그분은 인생에서 가장 어려운

싸움에서 가장 강한 군인을 만드신다."

■ 어떤 시련은 우리가 원하는 방식으로 끝나지 않는다. 그런 경우, 우리는 건전한 방식으로 슬퍼한다는 것이 무엇을 의미하는지를 배워야 한다.이것은 이 책의 범위를 벗어나는 주제다. 침몰하는 배의 항해 책임자가 되는 것은 절대 현명하지 않다.

■ 당신의 차선은 언제나 가장 최선의 차선이다. 방향을 틀지 않도록 주의하라.

■ "모든 지킬 만한 것 중에 더욱 네 마음을 지키라 생명의 근원이 이에서 남이니라."6

■ "말을 아끼는 자는 지식이 있고 성품이 냉철한 자는 명철하니라."7

-----

1. 히 13:8.
2. 엡 6:13.
3. 빌 4:4, 6-8, 11-13, 19-20.
4. Dallas Willard, *Living in Christ's Presence*(Downer's Grove, IL: IVP Books, 2014), 40.
5. 마 11:6.
6. 잠 4:23.
7. 잠 17:27.

82. 결과

돌이킬 수 없는 과거를 그분의 손에 맡기고
그분과 함께 불가항력적인 미래로 나아가라.

오스왈드 체임버즈 Oswald Chambers

대부분의 시련을 거치면서, 나는 하나님이 개입하시지 않으면 시련이 절대 끝나지 않을 것이라는 피할 수 없는 결론에 도달했다.

그러나 지금까지 모든 경우에 그분의 개입은 그 모습을 드러냈다. 궁극적으로. 마침내 땅이 옮겨졌다. 주님께서 다윗에게 하셨던 것처럼 돌파구를 열어놓으셨다.

> 다윗이 바알브라심에 이르러 거기서 그들을 치고 다윗이 말하되 여호와께서 물을 흩음 같이 내 앞에서 내 대적을 흩으셨다 하므로 그곳 이름을 바알브라심이라 부르니라. 삼하 5:20

그 결과: 한때 절망적으로 보였던 것이 희망을 드러내기 시작했다.

종국에는, 주님께서 내가 희망했던 것을 능가하는 결과를 만들어내셨다.

그분은 내 인생에서 항상 이렇게 해오셨다. 내가 기대했던 것과는 거의 거리가 멀었다. 때로는 내가 원했던 것이 아니었다.

철거가 수리를 선행한다. 죽음이 부활의 여운 속에서 사는 것을 선행한다.

당신이 이 책의 처방전을 따른다면, 당신에게 닥친 시련의 어떤 시점에서 예수 그리스도께서 당신의 상황을 활짝 열어놓으실 것을 나는 확신한다.

그것은 극적일 수도 있고 미묘하게 일어날 수도 있다.

그러나 당신이 여전히 연기가 나는 옷을 입고 불에서 나올 때, 당신의 주님은 당신의 영혼 안에 거대한 영역을 확보하실 것이다. 당신의 인생의 한 페이지가 바뀌게 될 것이다.

당신이 견뎌낸 시련은 희미한 기억으로 남을 것이다. 그리고 당신이 그 속을 통과할 때는 그것이 영원할 것처럼 느껴졌을지라도, 당신이 뒤를 돌아볼 때 그것은 아주 짧게 보일 것이다.

당신이 완전하고 실수하는 것에서 자유롭게 될까?

아니다.

당신이 다시 역경에 대처해야 하는 것으로부터 해방될까?

아니다.

그러나 당신은 영토를 얻게 될 것이다. 당신을 가장 잘 아는 사람들이 알아차리기에 충분할 정도로.

저녁에는 울음이 깃들일지라도 아침에는 기쁨이 오리로다. 시 30:5

83. 평온함, 침착함, 그리고 차분함

의심스러울 때는 입을 다물고 있어라.

웨인 레바인 Wayne Levine

내 인생을 통틀어, 나는 항상 평온하고 침착하며 차분해 보이는 소수의 사람을 알고 있었다. 몇 년 동안, 나는 그 옷을 입으려고 노력했지만, 단추가 제대로 채워지지 않았다.

그렇지만, 오늘 나는 예수 그리스도께서 내가 재킷의 단추를 채울 수 있을 만큼 내 인생에서 충분한 영역을 얻으셨다고 말할 수 있다. 그리고 내 목표는 매일 아침 그 옷을 입는 것이다.

하지만 나는 여전히 내가 누구이며 어떤 사람이 되고 있는지를 상기해야 한다. 그리고 이것은 내 차선을 유지하고 나의 감정에 수갑을 채운다는 의미다.

그런데도 나의 모든 시련은 하나님의 비범하신 속성을 구현했다. 그분은 각각의 시련을 통해 그분이 무엇을 하고 계시는지 정확히 아셨다.

여기서 당신과 당신의 시련으로 돌아가 보자.

당신이 인식하지 못할지라도 주님은 바로 지금 총력전을 하고 계신다.

종국에는, 한때 단어의 끝에 느낌표를 붙이고 있던 당신의 두려움은 완화될 것이다.

불안은 사라질 것이다.

이것을 알라. 당신이 슬픔의 쓰라린 잔을 받고 나면, 반대편에는 기쁨이
기다린다.

> 우리 살아 있는 자가 항상 예수를 위하여 죽음에 넘겨짐은 예수의 생
> 명이 또한 우리 죽을 육체에 나타나게 하려 함이라 그런즉 사망은 우
> 리 안에서 역사하고 생명은 너희 안에서 역사하느니라. 고후 4:11-12

기쁨은 종종 슬픔의 샘에서 흘러나온다.

> 주께서 나의 슬픔이 변하여 내게 춤이 되게 하시며 나의 베옷을 벗기
> 고 기쁨으로 띠 띠우셨나이다. 시 30:11

> 내가 그들의 슬픔을 돌려서 즐겁게 하며 그들을 위로하여 그들의 근심
> 으로부터 기쁨을 얻게 할 것임이라. 렘 31:13

당신이 매달리고 내려놓으면hang on and let go 패배의 문턱에서 승리를 낚아
챌 수 있을 것이다. 그리하면 주님께 대한 당신의 확신이 "믿음에서 믿음으
로", 당신의 변화가 "영광에서 영광으로" 옮겨질 것이다.[1]

> 내가 여호와를 기다리고 기다렸더니 귀를 기울이사 나의 부르짖음을
> 들으셨도다 나를 기가 막힐 웅덩이와 수렁에서 끌어올리시고 내 발을
> 반석 위에 두사 내 걸음을 견고하게 하셨도다 새 노래 곧 우리 하나님
> 께 올릴 찬송을 내 입에 두셨으니 많은 사람이 보고 두려워하여 여호

와를 의지하리로다 여호와를 의지하고 교만한 자와 거짓에 치우치는 자를 돌아보지 아니하는 자는 복이 있도다… 나를 향하여 하하 하하 하며 조소하는 자들이 자기 수치로 말미암아 놀라게 하소서 주를 찾는 자는 다 주 안에서 즐거워하고 기뻐하게 하시며 주의 구원을 사랑하는 자는 항상 말하기를 여호와는 위대하시다 하게 하소서 나는 가난하고 궁핍하오나 주께서는 나를 생각하시오니 주는 나의 도움이시요 나를 건지시는 이시라 나의 하나님이여 지체하지 마소서. 시 40:1-4, 15-17

어둠의 숲 끝에 빛이 있다.

─────
1. 롬 1:17; 고후 3:18.

84. 크리스천 사역자들을 향한 특별한 제언

하나님의 일에서는 일꾼이 일보다 더 중요하다.
하나님께서 마땅한 사람을 찾지 못하시면
차라리 그분의 일을 미루신다.

워치만 니 Watchman Nee

이 장은 에베소서 4:7-13에 언급된, 예수님께서 승천하실 때 주신 은사 중 하나인 사람들을 위해 특별히 할애한 것이다.[1]

당신이 주님의 일에 부르심을 받았다면, 고통은 당신의 인생에서 특별한 의미와 목적이 있다.

이것을 얻으려는 당신의 개인적인 지침서manual는 고린도후서에 있다. 거기서 바울은 목숨을 건 사역의 비결이 깨어짐과 자기 죽음으로 인도하는 고통임을 설명한다.

> 우리가 사방으로 우겨쌈을 당하여도 싸이지 아니하며 답답한 일을 당
> 하여도 낙심하지 아니하며 박해를 받아도 버린 바 되지 아니하며 거꾸
> 러뜨림을 당하여도 망하지 아니하고 우리가 항상 예수의 죽음을 몸에
> 짊어짐은 예수의 생명이 또한 우리 몸에 나타나게 하려 함이라 우리
> 살아 있는 자가 항상 예수를 위하여 죽음에 넘겨짐은 예수의 생명이
> 또한 우리 죽을 육체에 나타나게 하려 함이라 그런즉 사망은 우리 안

에서 역사하고 생명은 너희 안에서 역사하느니라. 고후 4:8-12

당신이 하나님의 사역자로 섬긴다면 대학살이 기다릴 것이다.

고린도후서 11장에서, 바울은 그가 사도로 부르심을 받았기 때문에 받았던 많은 고통에 대해 말한다. 다음은 바울이 그의 부르심의 한 부분으로 견뎌낸 깨어짐의 종류를 요약한 것이다.

- 감옥에 갇힘여러 번
- 매질 당함
- 죽음에 노출됨
- 39대의 매를 맞음여러 번
- 태장으로 맞음여러 번
- 돌로 맞음
- 파선함
- 밤낮을 깊은 바다에서 지냄
- 강의 위험과 강도의 위험
- 거짓 형제들로부터 공격을 당함구두로, 그리고 육체적으로
- 수고하며 애쓰고 여러 번 자지 못함
- 주리고 목마름
- 춥고 헐벗음
- 그가 세운 모든 교회를 위한 염려의 압박

바울은 또한 예수님이 이 땅에서 사셨을 때 그러하셨던 것처럼 악의로 가득 차서 비난을 퍼붓는 종교인들의 목표물이 되었다.3

고린도후서 12:1-10을 주의 깊게 읽어보면, 바울이 위에 열거한 고난을 하나님께서 그를 깨뜨리시는데 사용하신 "육체의 가시"와 연결하게 했음을 발견하게 될 것이다. 사탄이 이 가시를 갖다 주었지만, 그것은 바울에게 주어진was given 것이었다7절. 이것은 그 가시가 하나님의 주권적인 허락 때문에 왔음을 내포한다.

그 최종적인 결과는 바울이 그의 고난에 의해 겸손해진 것으로 나타났다. "이는 그리스도의 능력이 내게 머물게 하려 함이라."4

그렇다면, 하나님 나라를 진전시키시고자 하나님의 사람을 만드시는 하나님 아버지의 목표는 자기중심적인 삶self-life을 깨뜨리고 파괴하는 것이다.

하나님께서 그분의 주권적인 손 아래에서 누구를 깨뜨리시기로 하실 때, 그 사람은 그 대신 지옥을 선택하고 싶다고 느낄 수도 있다. 그것은 아주 고통스럽다. 가차 없는 고문이다.

그리고 그 타격은 무자비할 수 있다.

만일 예수 그리스도께서 당신을 깨뜨리시기로 하셨다면, 당신의 친구들은 지옥에서 천국까지 울리는 비명을 듣게 될 것이다.

내가 위에서 설명한 용량capacity으로 하나님의 일에 부르심을 받은 모든 사람은 극심한 테스트를 예상할 수 있다. 그것은 다양한 허들various hurdles로 가득한 장애물 경주다.

예상치 못한 도전이 당신의 인생 속으로 침투해 들어올 것이다. 경기장의 왼쪽에서, 오른쪽에서, 관람석에서, 아니면 경기장 밖의 거리에서. 그리고 당신은 아름다운 난장판a beautiful mess 속에 있는 당신 자신을 발견하게 될 것이다.

> 분명히 사람은 자기의 시기도 알지 못하나니 물고기들이 재난의 그물
> 에 걸리고 새들이 올무에 걸림 같이 인생들도 재앙의 날이 그들에게
> 홀연히 임하면 거기에 걸리느니라. 전 9:12

일부는 심각한 건강의 위기를 견뎌야 할 수도 있다. 어떤 사람들은 급격한 재정의 위기에 직면할 수 있다. 또 다른 사람들은 고통스러운 관계의 위기를 경험할 수 있다.

심지어 어떤 사람들은 시기하고, 창을 휘두르고, 미쳐 있는 사울 왕 뺨치는 사람과 맞닥뜨리고 살아남기 위해 방법을 찾아야 할 수도 있다.

그리스도인의 삶의 장애물 경주에서 하나님이 당신에게 가르치시기를 원하는 가장 큰 교훈 중 하나는 느슨한 손으로 모든 것을 잡는 것이다. 당신이 쌓아온 모든 것을 포함하여 당신이 소중히 여기는 모든 것을 순식간에 기꺼이 잃을 수 있도록.

당신이 하나님 나라에서 영향력을 발휘하려면 깨어지고, 산산조각이 나고, 구타를 당하고, 피를 흘리는 기간을 갖게 될 것이다.

깨어짐brokenness에 대한 좋은 정의는 이것이다. 당신의 인생에 무슨 일이 닥치더라도, 그것이 주님에게서 오든, 사탄에게서 오든, 또는 사람에게서 오든 관계없이, 그것이 당신을 적대적으로 만들지 않을 정도로 하나님에 의해 철저하게 낮아진다는 뜻이다.

이런 맥락에서, 폴 빌하이머는 이렇게 말한다.

> 사람은 하나님과 사람에 대한 모든 원망과 반역이 제거될 때까지 깨지
> 지 않는다. 비난과 반대 또는 감사의 부족함에 대해 분개하고, 화를 내

거나, 보복하는 사람은 깨지지 않는다. 모든 자기 합리화와 자기방어는 깨어짐의 정신을 배반한다… 진정한 깨어짐은 대개 수년간의 부서짐, 마음의 고통, 슬픔이 필요하다. 그렇게 함으로써, 자기 의지가 항복되고, 굴복과 복종의 정도가 깊이 있게 형성한다. 이것 없이는 아가페 사랑을 거의 찾아볼 수 없다.5

당신이 장애물 경주에서 실패한다는 것은 아래의 결과 중 하나라는 의미다.

■ 당신은 하나님을 섬기는 것을 중단하고 세상으로 돌아갔다.
■ 당신은 쓴 뿌리가 나서, 당신의 영적인 삶을 파괴하고 다른 사람들을 오염시켰다.6
■ 당신이 사역 활동을 유지하고는 있지만 부패한 상태다. 어쩌면 심지어 당신 자신이 시기하고 창을 던지는 사울처럼 변질하였을지도 모른다.

오직 하나님의 주권적인 손을 꽉 붙잡는 사람만이 자신의 마음에 쓴 뿌리가 나는 것을 방지할 수 있다. 그리고 오직 그런 사람만이 하나님의 사람들에게 안전하다.

간단히 말해서, 깨어지지 않은 사람은 하나님의 일에 아무런 소용이 없다.

당신의 현재 시련에서 연기가 걷힌 후에, 당신에게 볼 수 있는 눈이 있다면 당신이 주권자이신 주님의 얼굴을 바라본다는 사실을 깨닫게 될 것이다.

주님이 다음과 같이 말씀하셨을 때 이 말씀은 하나도 그냥 땅에 떨어지지 않는다. "네가 네 목숨에 매달리고자 노력하면 네 목숨을 잃게 될 것이다."7

그러니 긴장을 풀라. 빨리 포기하고 느슨하게 만드는 법을 배우라. 이 교훈을 배우지 못하면 당신을 파괴할 것이다.

반면에, 만일 당신이 주님의 오래 참으심을 안다면, "당신이 인생을 바쳤던 대상들이 깨어지는 것을 지켜볼 때" 당신은 "몸을 낮추고", "낡은 도구들로 그것들을 세울 것"이다.8

하나님 나라는 어려운 곳이지만 그곳은 또한 즐겁고 평화로운 곳이다.

삶이 당신에게 고약한 거래를 건네줄 때그렇게 할 것이다, 당신은 자신을 낮추고 몇몇 친구들에게 자신의 연약함을 드러내는 것이 중요하다. 많은 크리스천 사역자가 동료를 두기를 거부했기 때문에 추락하고 불타버렸다.

당신은 이렇게 되지 않도록 하라.

모든 폭풍이 파괴하러 오는 것이 아니다. 어떤 폭풍은 장벽을 휩쓸어버리고 새로운 기회로 문을 열기 위해 온다. 그리고 하나님의 일을 위해 손에 쟁기를 잡은 모든 사람에게도 마찬가지다.

내가 이 책의 서두에서도 밝혔듯이, 나는 이 책이 하나님의 사람들이 고난의 불을 통과할 때 그들을 돕는 실제적인 지침서manual로 쓰임 받기를 바란다. 이것은 하나님의 포도원에서 일하라는 그분의 부르심에 항복한 사람들을 포함한다.

절대 잊지 말라. 당신이 십자가 없이는 면류관을 얻을 수 없음을. 고통 없이는 능력을 얻을 수 없음을.

하나님이 실패를 통해 베드로를 어떻게 체질하sift하셨는지에 대해 말하면서, 해리 포스터는 이렇게 피력했다.

베드로가 살아남기 위해 해야 했을 일을 한마디로 표현할 수 있다면, 나는 그것이 '내려놓는 것to let go'으로 생각한다. 그리고 이것은 실천하기에 가장 힘든 것이다. 내려놓는 것. 즉, 천국을 내려놓는 것, 당신의 사도직을 내려놓는 것, 당신의 지도력을 내려놓는 것, 주님을 향한 당신의 헌신을 내려놓는 것, 사물에 대한 당신의 이해를 내려놓는 것.9

사역에 있어 능력을 얻는 길은 매달리고 내려놓는 것의 여정다the journey of hanging on and letting go. 특히 당신이 이 땅 위의 지옥을 통과하며 걷고 있을 때 그렇다.

하나님께서 사용하시는 남자는 그리스도 안에서 그의 필요를 충족한다.

하나님께서 사용하시는 여자는 안식을 누린다.

영적인 능력을 얻는 길에 관한 이 주제가 내가 다음에 집필한 책의 주제가 될 것이다.10

_____

1. 『유기적 교회 세우기』(대장간, 2010)에서, 나는 이런 은사를 받은 사람들에 관해 설명했다. 바울은 그들을 사도, 선지자, 복음 전하는 자, 그리고 목자-교사로 불렀다.
2. 고후 11:23-28.
3. 그 악의로 가득 찬 비난의 목록은 내가 쓴 이 글에서 참조할 것: *Rethinking Your Reputation*, frankviola.org/reputation.
4. 고후 12:9.
5. Paul Billheimer, *Don't Waste Your Sorrows*(Minneapolis: Bethany House, 1977), 75.
6. 히 12:15.
7. 막 8:35.
8. 이 인용문의 출처: Rudyard Kipling, *If* (1895), public domain. 『유기적 교회 세우기』(대장간, 2010)에서, 나는 하나님의 일에서의 견딤과 인내의 의미를 발전시켰다.
9. Harry Foster, *The Sifting of Peter*, A Witness and a Testimony 17, no. 1 (January-Feb-

ruary 1939): 145. 이 에세이는 또한 무료 팜플렛으로도 제공한다.: *The Sifting of Peter*, published in 2011 by Emmanuel Church, Tulsa, OK.

10. 새 책은 2022년 언젠가 출간될 예정이다.

부록

누가 당신에게 시련을 갖다 주었는가?

어려움의 한복판에 기회가 놓여 있다.

존 A. 휠러 John A. Wheeler

나보다 훨씬 더 현명한 다른 사람들이 복잡한 신학적인 문제들에 대해 놀라울 정도로 우아한 설명을 해 놓았지만, 나는 이 부록에서 실을 꿰는 작은 바늘 정도를 소개하려 한다.

내가 바라는 것은, 이 부록이 간단한 설명을 담고 있을지라도, 당신이 이 부록을 통해 같은 효과를 얻게 되는 것이다. 그래서 나는 설명하기 힘든 것을 알기 쉬운 용어로 설명해보겠다.

이 책 전체에서, 나는 우리 시련의 기원을 하나님의 주권에 돌렸다.

이것은 어떤 그리스도인들에게는, 즉 우리 인생에 닥치는 모든 고통이 마귀에게서 온다는 사상을 배운 사람들에게는, 문제시될 것이다.

그러나 이것이 정말 그런 경우일까? 나는 이런 믿음이 맞기는 하지만 완전하지 않다는 것을 논하고자 한다.

이것을 설명해보겠다.

예수님을 십자가에 못 박은 책임이 누구에게 있는가? 하나님인가, 사탄인가, 아니면 타락한 인간들인가?

그 대답은 "그렇다"다.

인간의 관점으로 보면, 우리 주님을 죽음으로 내몬 것은 타락한 인간이다. 특히, 예루살렘의 유대 지도자들과 로마인들이 공모해서 한 일이다.

그러나 당신이 커튼을 열면 예수님을 죽인 것은 사탄이 한 짓이다. 타락한 인간들을 통해 활동하는 영적 세계의 통치자들과 권세들과 연합해서 벌인 일이다.[1]

그러나 잠깐. 당신이 커튼을 더 뒤로 당기면 모든 시련을 주관하시는 주권자 하나님을 보게 될 것이다. 성서는 하나님께서 예수님을 죽음에 "내 주셨다"라고 분명히 말한다.[2]

초기 그리스도인들의 입에서 나온 다음의 기도가 이 요점을 반영한다.

> 과연 헤롯과 본디오 빌라도는 이방인과 이스라엘 백성과 합세하여 하나님께서 기름 부으신 거룩한 종 예수를 거슬러 하나님의 권능과 뜻대로 이루려고 예정하신 그것을 행하려고 이 성에 모였나이다. 행 4:27-28

마찬가지로, 우리 인생에 닥치는 모든 시련에는 이 세 배역three players이 반드시 등장한다. 타락한 인간들, 사탄, 그리고 우리 하나님 아버지.

나는 이것을 발견했다. 우리가 우리의 역경 중에 주권자 하나님을 따라야 하는데, 그렇지 않으면 결코 우리의 고통을 올바로 이해하거나 그것에 대응하지 못할 것이다.

마귀에게 시험을 받도록 예수님을 광야로 인도하신 분이 하나님의 영이었음을 기억하라.[3]

하나님은 절대로 우리가 죄를 범하도록 시험하시지 않는다. 하지만 그분

은 우리가 시련을 통과하는 것은 허락하신다.4

　많은 성서 번역판은 마태복음 6:13에 있는 주님께서 가르쳐 주신 기도의 문구를 "우리를 시험에 들게 하지 마시옵고"로 번역한다. 하지만 나는 더 좋은 번역인 F. F. 브루스F. F. Bruce의 번역에 동의한다. "우리가 우리를 시험에 넘겨주지 않게 해주시고."5

　나는 우리가 우리를 시험에 들도록 인도하시지 말라고 하나님께 간구하는 것이 필요한지 확신이 서지 않는다.6 왜냐하면, 그분은 결코 우리를 시험하시지 않기 때문이다. 그러나 하나님이 우리를 강하게 하셔서 우리가 시련 속에서도 실패하지 않고, 시험을 받을 때도 넘어지지 않도록 해주실 것을 간구하는 것은 분명 지혜로운 일이다.

　나의 요점으로 돌아가 보자. 당신이 욥의 이야기를 주의 깊게 읽는다면, 하나님께서 결코 욥을 괴롭게 하시지 않았음을 발견하게 될 것이다. 욥을 괴롭힌 것은 사탄이었다. 무엇보다도, 도둑질하고 죽이고 멸망시키려고 오는 존재는 하나님이 아닌 마귀다.7 하지만 욥기 1장과 2장에 의하면, 하나님께서 그 사건 전체를 허락하셨고 또 감독하셨다.

　나는 하나님이 결코 직접 해를 끼치시지 않는다고 말하는 **구속적 철회**redemptive withdrawal라는 신학 사상에 동의한다. 그 대신, 그분은 때때로 그분의 보호를 철회하신다. 그리고 원수가 해를 입히기 위해 등장한다. 그러나 그 해로움 속에서, 특히 하나님의 자녀들에게 있어서 하나님은 그분 자신과 그분의 영광을 위해 뭔가를 얻으신다.

　이것이 처음에는 간단하게 들리지만 잠시 곰곰이 생각해보면 당신의 머리를 휘저어 놓을 것이다.

　다음 세 구절을 숙고해보라.

보라 숯불을 불어서 자기가 쓸 만한 연장을 제조하는 장인도 내가 창조하였고 파괴하며 진멸하는 자도 내가 창조하였은즉. 사 54:16

여호와께서 온갖 것을 그 쓰임에 적당하게 지으셨나니 악인도 악한 날에 적당하게 하셨느니라. 잠 16:4

여호와여 일어나 그를 대항하여 넘어뜨리시고 주의 칼로 악인에게서 나의 영혼을 구원하소서. 시 17:13

실로, 사탄은 멸망시키려고 보냄을 받은 주님의 "칼"이고 "진멸하는 자"다.

다윗이 인구 조사를 한 것은 지상에서 일어나는 일에 관해서 하나님과 사탄이 어떻게 활동하는지를 우리가 또 한 번 엿볼 수 있게 해준다. 같은 사건을 묘사하는 이 두 구절을 숙고해보라.

여호와께서 다시 이스라엘을 향하여 진노하사 그들을 치시려고 다윗을 격동시키사 가서 이스라엘과 유다의 인구를 조사하라 하신지라. 삼하 24:1

사탄이 일어나 이스라엘을 대적하고 다윗을 충동하여 이스라엘을 계수하게 하니라. 대상 21:1

첫 번째 구절은 하나님이 다윗을 격동하셔서 그가 해서는 안 되는 일을 하게 하셨다고 말한다. 그러나 두 번째 구절을 보면, 다윗이 그렇게 하도록

부추긴 것은 사탄이었다.[8]

여기서 우리는 타락한 영적 존재가 인간이 죄를 범하게 시험하도록 허용하시는 주권적인 주님의 상호 작용을 본다.

실제는 인간의 마음우리가 믿는 것처럼 정교한 마음이 우주 전체가 어떻게 작동하는지 이해할 수 없도록 하나님께서 그것을 그런 식으로 설정하셨다는 사실이다.

어떤 의미에서, 우리는 아버지가 핵물리학자라는 사실을 이해하지 못하는 세 살짜리 여자아이와 같다. 하지만 아버지가 자기를 사랑하고 필요한 것을 채워준다는 사실을 그 아이가 이해하듯 우리도 그렇다.

마찬가지로, 전능하신 창조자는 그분이 이 세상에서 일하시는 방식의 복잡함을 이해하는 인간 두뇌의 용량을 제한하셨다.

왜 그렇게 하셨는가? 그렇게 함으로써, 우리가 그분을 신뢰하든 하지 않든 둘 중의 하나를 선택해야만 하도록.

> 깊도다 하나님의 지혜와 지식의 풍성함이여, 그의 판단은 헤아리지 못
> 할 것이며 그의 길은 찾지 못할 것이로다. 롬 11:33

종국에는, 하나님께서 사탄과 타락한 인간이 악으로 의도한 것을 선으로 바꾸신다. 내가 다른 곳에서 말했듯이, 당신의 주님은 구부러진 선을 사용해서 똑바로 쓰는 데 있어 전문가이시다.

요약하자면, 우리에게는 고통을 노래로, 시련을 간증으로, 불행을 사명으로, 역경을 유익으로, 환난을 승리로, 희생자를 승리자로 바꾸시는 하나님이 계신다.

하나님은 사랑의 주권자이시고, 당신의 고통에 대한 그분의 최종 목표

는 항상 축복, 변화, 회복, 그리고 기쁨이다.

사탄은 직접 파괴를 일으키는 자이지만 그의 활동은 항상 하나님의 주권 아래 있다.

하나님의 경륜 안에서 선과 악이 어떻게 함께 작용하는지에 대한 나의 분석에 당신이 동의하든 하지 않든, 당신의 하나님 아버지께서는 항상 선하시고, 항상 사랑하시고, 항상 당신의 최선을 염두에 두고 계신다. 이 원리는 우주의 구조에 내장되어 있다. 그리고 그것은 당신이 항상 기댈 수 있는 참된 진리다.

야고보서 5:11을 풀어쓰기 한 것을 인용하면서 마무리하고자 한다.

> 우리는 하나님께서 욥을 향한 그분의 목적을 어떻게 이루셨고, 또 욥을 향한 그분의 계획이 선하게 끝났다는 것을 안다. 왜냐하면, 주님께서는 언제나 부드러운 동정심과 자비로운 호의로 우리를 대하시기 때문이다.9

-----

1. 고전 2:8.
2. 행 2:23; 롬 8:32.
3. 마 4:1.
4. 약 1:2-18.
5. F. F. Bruce, *Answers to Questions* (Milton Keynes, UK: Paternoster Press, 1972), 44. 브루스는 이렇게 썼다.: "나는 '우리가 우리를 시험에 넘겨주지 않게 해주소서'라는 C. C. Torrey의 말을 지지하는 쪽으로 기운다 (The Four Gospels, pp. 12, 143). 즉, 이것은 '우리가 시련 아래서 실패하지 않도록 우리를 지켜 주소서'라는 뜻이다."
6. 약 1:13.
7. 요 10:10.

8. 나는 당신이 사무엘 상을 읽고 주님의 것으로 여겨지는 부정적인 사건과 긍정적인 사건 둘 다에 밑줄 긋기를 권한다. 이 연습은 성경의 저자들이 지상에서 일어나는 모든 일이 하나님의 주권 아래 있음을 어떻게 이해했는지 보여줄 것이다.

9. Rick Warren, *A Faith That Handles Delays Patiently*, Message Action Plan, Saddle-back Valley Community Church, June 27, 2020, https://saddleback.com/connect/ Articles/MAP/2020/7/1/delays-paiently.

그다음 단계들

마음을 교육하지 않고 정신을 교육하는 것은 전혀 교육이 아니다.
무명

이제 당신은 이 책 읽기를 끝마쳤다. 여기서 나는 세 가지를 당신에게 권하고 싶다.

첫째, 하나님께서 시련과 환난을 통해 우리를 인도하실 때 그분이 목표로 하시는 것이 무엇인지에 대한 더 폭넓은 맥락을 이해하려면, 나의 획기적인 책인 『인써전스: 하나님 나라의 복음 되찾기』대장간, 2019를 추천한다.

둘째, The Insurgence PodcastTheInsurgence.net를 참고하라. 많은 에피소드가 이 책에서 제시된 원리를 설명한다.

마지막으로, 현재의 역경을 헤쳐나가도록 지도하면서 중심으로 더 깊이 들어가게 하는 보조 자료와 강력한 과정에 관한 정보를 다음 웹 사이트에서 얻을 수 있다.

HanOnLetGo.com